中国青少年成长必读书

青少年文化常识一本通

石 侃/编著

珍藏版

当代世界出版社

图书在版编目（CIP）数据

青少年文化常识一本通/方言编著：—北京：当代世界出版社，2010.8

ISBN 978 - 7 - 5090 - 0665 - 8

Ⅰ.①青… Ⅱ.方… Ⅲ.①科学知识—青少年读物
Ⅳ.①Z228.2

中国版本图书馆 CIP 数据核字（2010）第 142964 号

书　　名：青少年文化常识一本通
出版发行：当代世界出版社
地　　址：北京市复兴路 4 号（100860）
网　　址：http：//www.worldpress.com.cn
编务电话：（010）83908400
发行电话：（010）83908410（传真）
（010）83908408
（010）83908409
（010）83908423（邮购）
经　　销：新华书店
印　　刷：香河宏润印刷有限公司
开　　本：710×1000　1/16
印　　张：16
字　　数：200 千字
版　　次：2011 年 5 月第 1 版
印　　次：2011 年 5 月第 1 次印刷
书　　号：ISBN 978 - 7 - 5090 - 0665 - 8
定　　价：29.80 元

前　言

本书以趣味性和知识性相结合来导引青少年的求知欲望，以广博的知识扩展青少年的求知视野，这是编著本书的宗旨。

作为中国人，理所当然应该了解自己的文化。一位海外华人说过：虽然已经加入美国国籍，但她一定要教自己孩子中国文化，如果不懂得自己民族的文化，在国外也会被人瞧不起。因为，文化是每个人的根。缺少文化常识，对我们来说有以下几个方面的坏处：首先，会大大妨碍我们了解自己祖国的历史。其次，会使我们对生活中许多和传统文化有关的现象感到费解。此外，不懂文化常识，还可能使我们在许多场合“出糗”。为了使读者在较短的时间内获得丰富的文化常识，扩大自己的文化视野，本书选取了读者感兴趣又实用的文化常识，内容丰富，集知识性、趣味性、实用性于一体，涵盖了在生活中及与人交往谈话中所能涉及到的几乎所有领域，如天文历法，民族地理，王朝皇族，官制法律，礼仪宗法，军事兵器，宗教风俗，饮食器用，建筑交通，文化艺术，医药科技等。这既是一本精华版的、方便的百科辞典，又可以成为您休闲生活中不可缺少的文化快餐。

那么什么是中国文化呢？

中国文化是指居住在中国地域内的中华民族及其祖先所创造的、为中华民族世世代代所继承发展的、具有鲜明民族特色的、历史悠久、内涵博大精深、传统优良的文化。

中国文化主要可以归纳为三种：宗法文化、农业文化和血缘文化。

这三种文化构成了中国传统文化的主流，并且随着历史的演变它们之间相互渗透作用越来越紧密。例如：在封建社会的大家庭里面，血缘关系十分重要，特别强调辈分和地位的等级差距，因此十分重视家族家规，它们在一定程度上甚至比国家的一些制度更具有凝聚力和威信，在鲁迅先生的小说里我们常常可以看见宗法文化对封建统治和人们思想产生的影响；我国自古以来直至今日还是一个农业大国，正所谓经济基础决定上层建筑，以农业为主的经济形态必然会产生与之相适应的文化制度。

中国文化不但对韩国、日本，对东南亚、南亚一些国家如菲律宾、新加坡、越南等国家和地区都产生了深远的影响，郑和七下西洋更是加深了这种影响。由此形成了世所公认的以中国文化为核心的东亚文化圈。随着中国国力的强盛，随着中国国际地位的提高，世界各国包括亚洲、欧洲在内的一些国家都对中国文化给予了高度的认同和重视。

中国文化具有着力四个显著特点：

1. 世代相传。中国的传统文化在某些短暂的历史时期内有所中断，在不同的历史时期或多或少的有所改变，但是大体上没有中断过，总的来说变化不大。

2. 民族特色。中国的传统文化是中国特有的，与世界上其他民族文化不同。

3. 历史悠久。有五千年的历史。

4. 博大精深。“博大”是说中国传统文化的广度——丰富多彩，“精深”是说中国传统文化的深度——高深莫测。

中国文化体现了万事由来，对众多事物的由来，即它们的来龙去脉作了简明扼要的介绍。其范围涉及地理，历史、政治、军事，经济，科学技术，天文、节气、历法，节日、纪念日，习俗礼仪，民族、姓名，文化教育，新闻、出版、文学，哲学、宗教，体育娱乐，日常生活诸多方面，读来趣味盎然，既可消闲遣兴，又可增长知识。

在全球化的潮流中，我们似乎没有时间打量自己，没有时间回望我们的根、我们的来处，中国社会正兴奋地奔跑在“现代化”的路上，我们说 OK、说 BYE - BYE、说 YES、说 NO，可从来不说“人之初、性本善、性相近、习相远”。

一个中国人如果不能很好地认知中国文化，就不能很好地认识自我，最终会导致自我的迷失。

本书内容丰富而具有代表性，选取了与现实生活密切联系的文化常识，都有简要的介绍。本书具有深沉的历史感和深厚的趣味性，是不可多得的精神食粮。我们选编此书的目的就是让读者在最少的时间内获得最多的文化知识补给，系统地了解博大精深的中国文化。

目 录

第一章　天文历法

第二章　习俗礼仪

第三章　称谓称呼

第四章　绘画与工艺

第五章　音乐、舞蹈及戏曲

第六章 宗教信仰

第七章　地理名胜

第八章　医药卫生

第九章　经济贸易

第十章　科学技术

第一章　天文历法

黄道吉日

古时人们以星象来推算吉凶，认为青龙、明堂、金匮、天德、玉堂、司命六大星宿是吉神。因此此六神值日之时，诸事皆宜，不避凶忌。现用来泛指可以办事的吉利日子。

黄历

黄历，又作皇历，是在农历基础上产生的表示当天吉凶的一种历法。黄历相传是由轩辕黄帝创制，故称黄历，民间又俗称为“通书”。但因通书的“书”字跟“输”字同音，因避忌故又名通胜。黄历的主要内容为二十四节气的日期表，以及每天的吉凶宜忌、生肖运程等。

祭祀、安葬、嫁娶、开光（佛像塑成后供奉上位之事）、动土、解除（攘除凶恶）、栽种、开市等，均有预测记载于黄历之上，人们在开展上述活动时都会翻看黄历，这成为民间的一种传统风俗。

历法与《周易》

古代历法的发展过程中，《周易》起了积极的作用，而且这种作用在不同时期有着不同的特征。早期主要表现为用易数解释历数，这种作用在唐以后逐渐消失。汉代时，孟喜提出“卦气说”，将《周易》的六十四卦与二十四节气、七十二物候相配合。他的这种学说所包括的“四正卦说”、“十二月卦说”，成为后世不少历法的重要内容之一。此外，《周易》的“治历明时”思想对于历法研究一直起着重要的作用。

什么叫“斗建”

“斗建”指农历的月建。根据黄昏时北斗星斗柄的指向确定季节，斗柄东指为春，南指为夏，西指为秋，北指为冬。

为了使斗柄指示的方向与月份配合地更加紧密，人们将地面分成12个方位，分别以十二地支表示：正北为子，东北为丑、寅，正东为卯等。夏正十一月黄昏时斗柄指北方子，十二月、正月指东北方丑、寅，二月指东方卯等，下一个十一月又回到北方子。这就是古代天文历法中经常提到的“十一月建子、十二月建丑、正月建寅”等十二月建。

什么叫朔、望

朔和望，都属于月相的范畴。

朔是指月球与太阳的地心黄经相同的时刻。这时月球处于太阳与地球之间，几乎和太阳同起同落，朝向地球的一面因为照不到太阳光，所以从地球上是看不见的。它出现在新月之前。

望是指月球与太阳的地心黄经相差180°。的时刻。这时地球处于太阳与月球之间。月球朝向地球的一面照满太阳光，所以从地球上看月球呈光亮的圆形，叫做满月或望月。

从朔到下一次朔、或者从望到下一次望的时间间隔，称为一个朔望月，约为29.53059日。不过这只是一个平均数，因为月球绕地球和地球绕太阳的轨道运动都是不均匀的，两者之间也没有具体的联系，所以需要通过定朔来调整。每两次朔之间的时间是不相等的，最长与最短之间约差13小时。在中国古代历法中，把包含朔时刻的那一天叫做朔日，把含有望时刻的那一天叫做望日，并以朔日作为一个朔望月的开始。在日历的安排中，通常为大小月相间，经过约17个月，才会有两个大月出现。

四时的划分

我国古代历法把一个历法年分为四时，也就是现在的四季，每季三个月，有闰之季则为四个月。其中，正月、二月和三月为春，四五六月为夏，七八九月为秋，十、十一、十二月为冬。因每隔3个月又可称为孟、仲、季月，这样每个月都可以用时名叫出，如孟春是正月，仲夏是五月，季秋是九月等。四时是根据历法月而定的，与天体运转规律没有直接关系。我国古代史书中凡提到月份时总是冠以时名，了解这一点对读古书有很大的帮助。

上元积年是怎么回事

古代历法中一般都设有历元，作为推算的起点，这个起点习惯上取一个理想时刻。通常情况下，人们取一个甲子日的夜半，它是朔，又是冬至节气。从历元往上推算，求一个出现“日月合璧，五星联珠”天象的时刻，即日月的经纬度正好相同、五大行星又聚集在同一个方位的时刻，这个时刻称为上元，上元实际就是若干天文周期的共同起点。从上元到编历年份的年数，叫做积年，通称上元积年。有了上元和上元积年，历法家计算日、月、五星的运动和位置时就比较方便。中国推算上元积年的工作，首先是从西汉末年的刘歆开始的，但这种推算起点的方式过于复杂，后被元代天文学家郭守敬废除。

岁星纪年

古时人们很早就认识到木星约12年运行一周天。人们把周天分为12分，称为12次，木星每年行经一次，就用木星所在星次来纪年。因此，木星被称为岁，这种纪年法被称为岁星纪年法。此法的起源年代不清楚，但在春秋战国之交很盛行。因为当时诸侯割据，各国都用本国年号纪年，岁星纪年可以避免混乱，便于人民交往。《左传》、《国语》中所记载的“岁在星纪”、“岁在析木”等大量记录，使用的就是岁星纪年法。

岁星实际约11.86年运行一周。但是过80多年，岁星实际位置将会超过理想的计算位置。因此，岁星纪年法用久之后，就与实际天象不符，于是必须改革历法，调整岁星和太岁的位置。因此，当时各种历法的岁星纪年法相互之间是有出入的。

二十四节气

二十四节气是表示季节更替和气候变化的时间划分方法，它对农事活动有着重要的指导作用，影响着千家万户的衣食住行，是我国古人一项独特的文化创造。人们根据太阳在黄道上的位置（黄径），将全年划分为24个等份，统称二十四节气。

二十四节气具体分为立春、雨水、惊蛰、春分、清明、谷雨、立夏、小满、芒种、夏至、小暑、大暑、立秋、处暑、白露、秋分、寒露、霜降、立冬、小雪、大雪、冬至、小寒、大寒。二十四节气中，四立（立春、立夏、立秋、立冬）表示季节的开始，是划分四季的起始；二分（春分、秋分）、二至（夏至、冬至）表示季节的转折点；小暑、大暑、处暑、小寒、大寒等表示温度；雨水、谷雨、白露、寒露、霜降、小雪、大雪等表示气候的变化；而惊蛰、清明、小满、芒种等，则表示物候现象和农事活动。

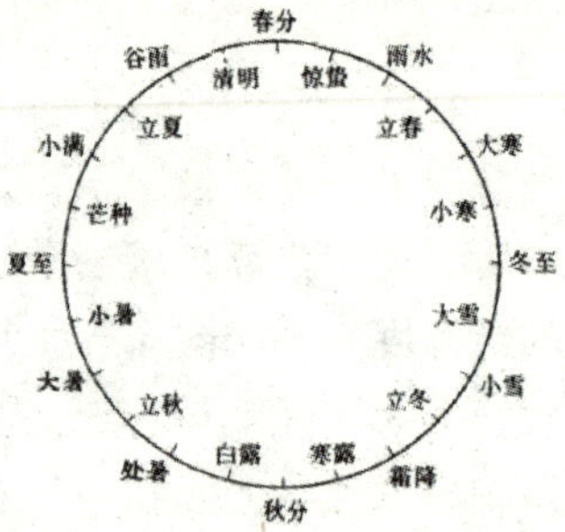

二十四节气在黄道上的位置

为了便于记忆，人们还编出了二十四节气歌诀：春雨惊春清谷天，夏满芒夏暑相连，秋处露秋寒霜降，冬雪雪冬小大寒。

古人的计时方法

从西周开始，人们就根据日月运行规律定出了计时的方法。古时一天划为12个时辰，汉代将其命名为夜半、鸡鸣、平旦、日出、食时、隅中、日中、日跌、晡时、日入、黄昏、入定。同时，时间又可以用十二地支来表示，以夜半23点至1点为子时，1点至3点为丑时，3点至5点为寅时，依次递推。有时为了区分得更细，也有将12个时辰中的每一个时辰分为初、正两段，如子初、子正、丑初、丑正等，这样就和现在的一天24小时相吻合了。

古代的计时器最常见的有3种：圭表、日晷和漏刻。圭表是我国最古老的一种计时器，通过直立一根长柄形的物体，由土、玉、石制成，利用太阳射影的长短来判断时间。日晷则比较常见，是由一根长针和一个带有刻度的圆盘组成，也是靠日影来判断时间。与圭不同，它是利用太阳射影的方向来判断时间的，长针的影子就好像今天时钟的指针一样。但是如果遇到阴雨天气，没有太阳要怎么办呢？古代人又发明了用水计时的漏刻，就是通过漏斗中水的流动时间来计时，原理很像沙漏。

此外，常见小的计时单位还有一盏茶、一柱香等，具体换算方法是一个时辰（12时辰制）有四刻，一刻有三盏茶，一盏茶有两柱香，一柱香有五分，一分有六弹指，一弹指有十刹那。一刹那就是一秒钟，以此类推，一弹指为十秒钟，一炷香为五分钟，一盏茶为十分钟，一刻为半小时。

十二生肖

生肖即属相，代表一个人出生的年份。古人把地支与某些动物相配，组成十二生肖，依次为：子鼠、丑牛、寅虎、卯兔、辰龙、巳蛇、午马、未羊、申猴、酉鸡、戌狗、亥猪。每年都以一种动物为代表，作为这一年出生人的生肖，依此类推。

生肖的使用约在夏商时期，甲骨文中就有所记载。到了南北朝时期，十二种属相的称谓有了明确的排列顺序。至于十二生肖为何按现有次序排列，历史上众说纷纭。较有说服力的一种方法是，这些动物的足趾不论单双奇偶，它们足趾数目前后腿或左右腿都相同。唯独鼠足特殊，前足四趾而后足五趾，只好排在第一位。十二属相中之所以没有猫，是因为猫从汉朝以后才从印度传入中国，故不能登上十二生肖榜。

中国一些近邻的民俗中也有十二生肖，例如越南、印度的生肖与中国的十二生肖就十分相似。

《夏小正》

《夏小正》是中国现存最古老的历法学文献，原是《大戴礼记》中的一篇，为农历之起源。隋朝已有《夏小正》的单行本流传。1949 年，农历仍称为夏历，1970 年才改为农历。

《夏小正》按夏历 12 个月的顺序，分别记述每个月中的星象、气象、物候以及所应从事的农事和政事，记载了很多先秦时期的社会发展及农业生产状况，以及天文历法及物候状况。对中国古代天文历法、物候学、教育学史的研究，都有很高的参考价值。现在流传下来的《夏小正》，内容已有部分残缺和错乱，且正文与后来注释的传文混杂在一起，难以分辨，所以有时也将其称为《夏小正传》。

《太初历》

《太初历》是中国第一部有完整文字记载的历法，它的朔望月和回归年的数据尽管仍不十分精确，但有以下几个显著的进步：以正月为岁首，以没有中气（古代天文学家把 24 节气中的单数称为节气，双数称为中气）的月份为闰月，调整了太阳周天与阴历纪月不相合的矛盾，使月份与季节配合得更合理；将行星的会合周期测算得十分准，如水星为 115.87 日，只比现在的测值小 0.01 日；根据天象实测和多年来史官的记录，得出了 135 个月的日食周期。

《太初历》于汉武帝太初元年（前 104 年）推出，一直实行至东汉章帝元和二年（公元 85 年），对农业生产的指导意义十分重大。虽然《太初历》原著已经失传，但它在中国历法的设计上功不可没，在当时世界上也是最先进的历法，它对日月运行规律推算的精确度，远远超过了西方同时代的计时方法。

七夕节与牛郎织女的传说

农历七月初七是七夕节，也称“乞巧节”或“女儿节”，是中国传统节日中最具浪漫色彩的节日。七夕节的来历，一直和牛郎织女的凄美传说联系在一起。

相传很久以前，一个叫牛郎的小伙子在大山里遇到了一头生病的老牛，他细心地照料老牛一个月，将老牛的病治好。一天，天上的织女和诸仙女一起下凡，在河里游戏。牛郎在老牛的帮助下认识了织女，二人互生情意。于是织女就偷偷地留在凡间，做了牛郎的妻子。他们生了一男一女两个孩子，一家人生活得很幸福。

不料这件事惊动了王母娘娘，她强行把织女带回天庭，让这对有情人天地相隔。就在牛郎为上天无路而发愁时，老牛告诉牛郎，把它的皮做成鞋，穿着就可以上天。牛郎听了老牛的话，穿上牛皮鞋，带着一双儿女上天去追织女。眼看就要追到的时候，王母娘娘拔下头上的金簪一划，一条天河出现了，再次把牛郎和织女阻隔在了两岸。但是，牛郎织女的忠贞爱情感动了喜鹊，千万只喜鹊一起飞来，搭成鹊桥，让牛郎、织女走上鹊桥相会。王母娘娘感到无奈，只好允许两人每年七月七日在鹊桥相会。

后来，每到七月初七，人们便仰望星空，希望看到银河两岸的牛郎、织女一年一度的相会，并祈祷自己能有称心如意的美满婚姻。

农历月份的别称

我国农历的 12 个月各有别名。一月为一年的开始，自古称一月为正月（或端月）。二月，杏花含苞欲放，又称杏月。三月桃花开，称桃月。四月，万物皆生枝叶，称为余，此时槐树吐花絮，因而称余月或槐月。五月，逢端午节，古人用菖蒲叶做剑，与艾叶等并扎悬于门首，用以辟邪，故称蒲月。六月，荷花开放，正值大伏，故称荷月或伏月。七月，妇女在七月初七晚有乞巧的风俗，故称巧月。八月桂花盛开，称桂月。九月，恰逢九九重阳，菊花盛开，称菊月。十月，史称为阳，故为阳月。十一月，革故取新，故即辜，称辜月，又称冬月。十二月，古人要进行腊祭，便以此月为腊月。

“正月”与“征月”

正月，是农历一年中的第一个月。秦始皇统一中国后，开始以孟冬之月为正月。正，本来当念成“正大光明”的“正”，而现在人们却习惯将“正”念作“征”，这便是从秦始皇称帝时开始的。因为秦始皇姓嬴名政，“政”和“正”两音相同，为了避讳，就下令全国将正月的“正”读作“征”。从此人们不再叫“正月”，而念成“征月”。以后念熟了，就一直沿传于后世。汉武帝时，司马迁以夏历为基础编写《太阳历》，从此，以孟春之月，即一年第一个月为正月的传统就定了下来。

古历中的日、气

我国古人从殷商时代开始，就采用干支纪日法。从甲子到癸亥，六十干支日各轮流循环使用，所以“日”的周期为60天。

“气”是古历的阳历成分。从冬至点开始到下一个冬至点为一年（回归年）。一年分成24个“气”，称为二十四节气。古代二十四节气的划分方法不尽相同，按时间等分的叫平气，按一年中太阳所走的路程等分的叫定气。

十二时辰与生肖的对应关系

古人将十二地支与一天中的12个时辰巧妙地联系起来，形成了中国特有的十二时辰说。一昼夜可分为12个时辰，而每一个时辰又与一个动物（生肖）相关联。

一般认为天地生于子时，即夜间23点至凌晨1点，这时天地还没分开，只有被老鼠咬破之后才能打开天体，故子时属鼠。丑时为凌晨1点至3点，鼠开天地之缝后，牛才能出来耕耘，故丑时属牛。寅时是指3点至5点，这时人们最怕老虎，故寅时属虎。卯时是早晨5点至7点，这时天还不是很亮，得靠月亮映照，而月宫中只有一种动物，那就是兔，所以卯时属兔。辰时是指7点至9点，正是群龙行雨之时，故辰时属龙。巳时是指上午9点至11点，此时蛇不会在路上爬行伤人，所以巳时属蛇。午时是指11点至13点，这时候正是阳气达到极点，预示阴气将要产生，而马属阴类动物，故午时属马。未时是指13点至15点，据说此时羊吃草但并不影响青草的生长，所以未时属羊。申时是下午15点至17点，人们认为猴子善于伸屈攀登，有“申”之意，所以申时属猴。酉时为17点至19点，这时鸡要从外面归窝，于是酉时属鸡。戌时是晚上19点至21点，天黑后狗开始看门守夜，故戌时属狗。亥时为晚上21点至23点，万籁俱寂，而猪不吃即睡，也与天地混沌一样，所以亥时属猪。

天文学家张衡

张衡（78—139年），字平子，南阳西鄂（今河南南阳县石桥镇）人。他是我国东汉时期伟大的天文学家，为我国天文学的发展作出了不可磨灭的贡献。张衡是东汉中期浑天说的代表人物之一，他指出月球本身并不发光，月光其实是日光的反射。他还正确地解释了月食的成因，并且认识到宇宙的无限性以及行星运动的快慢与其距离地球远近的关系。

张衡观测记录了两千五百颗恒星，创制了世界上第一架能比较准确地表演天象的漏水转浑天仪，第一架测试地震的仪器——候风地动仪，还制造出了指南车、自动记里鼓车、飞行数里的木鸟等等。

《灵宪》是张衡有关天文学的一篇代表作，全面体现了他在大文学上的成就。原文被《后汉书·天文志》刘昭注所征引而传世。著作介绍的天文学要点有：宇宙的起源；宇宙的无限性；天地的结构；日、月的角直径；月食成因；五星的运动；星官；流星和陨星。

张遂与《大衍历》

《大衍历》是由唐代僧人一行（俗名张遂，673 或 683—727 年，天文学家）编订的历法，它系统周密，比较准确地反映了太阳运行的规律，标志着中国历法体系的成熟。张遂自幼天资聪颖，刻苦好学，青年时代到长安拜师求学，研究天文和数学，成为著名的学者。他用“浑天铜仪”、“黄道游仪”等仪器，重新测定了 150 多颗恒星的位置，并多次测定了二十八宿距天体北极的度数。在张遂以前，许多天文学家都认为恒星是不运动的，但张遂却用自己的发现，推翻了前人的观点，得出恒星其实是运动着的结论。英国天文学家哈雷也提出了恒星自己移动的观点，但比张遂的发现晚了一千多年。在《大衍历》的基础上，元朝编制了《授时历》，明朝在《授时历》的基础上颁行了《大统历》，一直沿用至今。

郭守敬与《授时历》

郭守敬（1231—1316 年），是元朝天文学家、数学家、水利专家和仪器制造家。

郭守敬幼承祖父郭荣家学，攻研天文、算学、水利。至元十三年（1276 年），元世祖忽必烈攻下南宋首都临安，在统一前夕，命令制订新历法，由张文谦等主持成立新的治历机构——太史局。太史局由王恂负责，郭守敬辅助。在学术上王恂主推算，郭守敬主制仪和观测。至元十五年（或十六年），经过四年努力，郭守敬终于编出新历，经忽必烈定名为《授时历》。

《授时历》是中国古代一部很精良的历法。为了编历，郭守敬创制和改进了简仪、高表、候极仪、浑天象、仰仪、立运仪、景符、窥几等十几件天文仪器仪表；还在全国各地设立了 27 个观测站，进行了大规模的“四海测量”，测出的北极出地高度平均误差只有 0.35；新测二十八宿距度，平均误差还不到 5′；测定了黄赤交角新值，误差仅 1′多；取回归年长度为 365.2425 日，与现今通行的公历值完全一致。

为纪念郭守敬的功绩，人们将月球背面的一座环形山命名为“郭守敬环

形山”，将小行星2012命名为“郭守敬小行星”。

三垣、二十八宿

三垣、二十八宿是中国古代的星空区划体系，类似现在天文学上的星座。

三垣是指紫微垣、太微垣、天市垣。三垣是3个天区的主体，这些天区也以三垣的名称为名。紫微垣包括北天极附近的天区，大体相当于拱极星区；太微垣包括室女、后发、狮子等星座的一部分；天市垣包括蛇夫、武仙、巨蛇、天鹰等星座的一部分。

二十八宿从角宿开始，自西向东排列，与日、月运动的方向相同。二十八宿分东方七宿、北方七宿、西方七宿、南方七宿。东方七宿有角、亢、氐、房、心、尾、箕；北方七宿有斗、牛（牵牛）、女（须女或婺女）、虚、危、室（营室）、壁（东壁）；西方七宿有奎、娄、胃、昴（mǎo）、毕、觜（觜觽）（z īxī）、参；南方七宿有井（东井）、鬼（舆鬼）、柳、星（七星）、张、翼、轸。

什么叫四象

把二十八宿按次序分为四组，每组七宿，再分别与4个地平方位、4种颜色和4组动物形象相匹配，叫做四象或四陆。它们之间的对应关系如下：东方苍龙（或青龙），青色；北方玄武（即龟、蛇），黑色；西方白虎，白色；南方朱雀，红色。

二十八宿与四方相配，是以古代春分前后初昏时的天象为依据，此时朱雀七宿在南方，苍龙七宿在东方，玄武七宿在北方，白虎七宿在西方。而与4种颜色的相配，则与古代的五行说有关。至于龙、龟蛇、虎、鸟匹配天象的由来，人们的说法不一，有人认为是与原始部落的图腾有关，也有人认为可能与星座中时所代表的季节特征有联系。

第二章　习俗礼仪

寒食节和介之推

寒食节，又称熟食节、禁烟节、冷节、百五节。它在冬至之后的第105日，现在已经基本与清明节合为一体了。这个节日的主要节俗就是禁火，不许生火煮食，只能吃准备好的熟食、冷食，故而得名“寒食节”。相传，这个节日为了纪念春秋时期的介之推（姓介名推，又称介子推，之为虚词，子为敬称）而设立的。

介之推是晋国有名的贤臣，追随侍奉公子重耳（后为晋文公）。晋国发生内乱时，公子重耳被迫逃亡国外长达19年。这19年间，介之推不畏艰难地跟随重耳到处流亡，还曾割下自己腿肉熬汤，献给重耳。重耳返国即位成为晋文公之后，开始时还铭记介之推，但时间久了，就渐渐把他淡忘了。介之推心中十分难受，就和其年迈的母亲回到家乡，隐居山中。有一天，晋文公突然发现左右少了介之推，这才想起忘了奖赏这个“割股奉君”的贤臣，心中十分内疚，于是亲自跑到他隐居的山中去寻找。但是山中峰峦叠嶂，树木葱苍，根本就见不到介之推的影子。晋文公想，介之推是个孝子，如果放火烧山，他一定会背着母亲出来，于是就下令放火烧山。结果火一下蔓延数十里，连烧三日不熄，但介之推还是没有出来。火熄灭后，人们进山察看，才发现介之推和他的老母抱在一起，已经被烧死在深山之中了。这天正是四月初四。

这件事传出以后，人们感怀介之推的“忠”和“孝”，便在四月初四纪念他。因为介之推是被火烧死的，所以人们在这天都不忍心举火，宁愿吞吃冷食，并把这天称做“寒食节”。

清明节的来历

清明既是一个节气，也是我国民间的一个重要传统节日，一般在阳历4月5日前后。清明节最重要的一项活动就是以扫墓、祭拜等形式纪念祖先。关于清明节的来历，向来说法不一。

有一种说法是，清明节由寒食节延伸而来。寒食节在冬至后第105天，也就是清明之前的两天。寒食节时，从朝官到庶民都严禁点火，家家户户要断火三日，冷饮冷食。因为寒食和清明的日子相近，而古人在寒食中的活动又往往延续到清明，久而久之，寒食和清明也就没有严格区分了。一般寒食节期间，朝廷会给官吏们放假几天，让人们上坟扫墓，踏青春游。

关于清明节比较流行的说法是，它经历了一个相当长的历史演变过程。上古时代的大禹治水，是天清地明之功；而历史上著名的武王伐纣，又被誉为“肆伐大商，会朝清明”。因这一切都发生在“清明风至”之时，所以公元732年，唐明皇颁布了一道御旨“寒食上坟，礼经无闻，近世相传，已成习俗……使之永为例程。”这就是古代帝王将相“墓祭”之礼。后来民间进行仿效，于此日举行祭祖扫墓的活动，历代沿袭下来，清明就成为了固定的祭奠先人的节日。

还有人认为清明节起源于节气，“春分后……甲十五日，则清明风至。”清明风至之时正值阳春三月（农历），因此清明节又称“三月节”。

端午节的由来

农历五月初五的端午节，是我国八大重要传统节日之一。端午亦称端五，“端”的意思和“初”相同，称“端五”也就如称“初五”；端五的“五”字又与“午”相通，按地支顺序推算，五月正是“午”月。又因午时为“阳辰”，所以端五也叫“端阳”。五月五日，月、日都是五，故称“重五”，也称“重午”。

关于端午节的来源，至少有四、五种说法，

诸如纪念屈原说、吴越民族图腾祭说、起于三代夏至节说、恶月恶日驱邪说等等。不过迄今为止，流传最广、影响最大的说法还是端午节是为了纪念伟大的爱国诗人屈原。不仅如此，人们把端午节的赛龙舟和吃粽子这两大民俗活动也与屈原联系起来。传说屈原于五月五日这一天投江而死，当地人民伤其死，便驾舟奋力营救，因此衍生出了龙舟竞渡的风俗。而人们为了祭奠屈原，常用竹筒贮米投到水中，但这些祭品经常被蛟龙所食，后来人们开始用楝树叶包饭，外缠彩丝，做成后来的粽子模样。这就是我们今天端午节所吃粽子的来历。

中秋节吃月饼的由来

农历八月十五日是中秋佳节，是我国传统中仅次于春节的第二大节日。按中国古代历法的解释，八月是秋季的第二个月，称“仲秋”，八月十五日又在仲秋之中，所以叫“中秋”。中秋节当天，一轮圆月高悬天际，象征着团圆，因而中秋节又名“团圆节”。

每逢中秋节，人们必定要吃的食物就是月饼。相传这一习俗始于唐代。唐高祖年间，大将军李靖征讨匈奴得胜，正逢八月十五这天凯旋。当时有经商的吐鲁番人向唐朝皇帝献饼祝捷。高祖李渊接过华丽的饼盒，拿出圆饼，笑指空中明月说：“应将胡饼邀蟾蜍”，说完把饼分给群臣一起吃。从此民间就有了中秋吃月饼的习俗。

另一种说法是中秋吃月饼起源于元代末年的农民起义。当时，中原广大人民不堪忍受元朝统治阶级的残酷统治，纷纷起义抗元。朱元璋想要联合各路反抗力量准备起义，但朝廷官兵搜查得十分严密，传递消息十分困难。军师刘伯温便想出把“八月十五夜起义”的纸条藏在饼子里面，再派人分头传送到各地起义军中，通知他们在八月十五日晚上起义响应的主意。结果因为这条妙计，起义军取得了抗元的胜利。为了纪念这件事，中秋夜吃月饼便在民间流传开来了。

重阳节登高

农历九月初九，是中国一个古老的传统佳节——重阳节。中国古人以九为阳数，九月初九，两阳相重，故名“重阳”。重阳这一天，人们会赏玩菊花，佩戴茱萸，还要与亲朋好友登高望远，欢饮畅游。

登高是重阳节的一大习俗。历代以来，九月初九，无论是上层的皇室、官吏，还是下层的平民百姓，都会成群结队去爬山登高。一说登高可以驱邪免祸，另一说是重阳前后秋高气爽，登高远望可达到心旷神怡、健身祛病的目的。此外，登高特别受老年人重视，因为“高”有高寿的意思，人们因此认为登高可以长寿。

冬至吃饺子的由来

冬至是我国农历上的一个节气，同时也被古人当作一个比较重要的节日，有“冬至大如年”的说法，而且有庆贺冬至的习俗。人们认为，过了冬至，白昼一天比一天长，阳气回升，是一个节气循环的开始，也是一个吉日，应该加以庆贺。到如今，一些地方农村仍然把冬至作为一个重要节日来过。北方地区有冬至宰羊、吃饺子、吃馄饨的习俗，南方地区在这一天则有吃米团、长线面的习惯。

在华北、东北、中原一带，冬至吃饺子的习俗流传比较广，据说是为了纪念东汉时的“医圣”张仲景。张仲景曾任长沙太守，后辞官回乡，为乡邻治病。他返乡之时正是冬季，看到白河两岸乡亲面黄肌瘦，饥寒交迫，不少人的耳朵都冻烂了。于是他便让弟子在南阳东关搭起医棚，支起大锅，在冬至那天施舍“祛寒娇耳汤”医治冻疮。他把羊肉、辣椒和一些驱寒药材放在锅里熬煮，然后将羊肉、药物捞出来切碎，用面包成耳朵样的“娇耳”，煮熟后，分给来求药的人每人两只“娇耳”，一大碗肉汤。人们吃了“娇耳”，喝了“祛寒汤”，浑身暖和，两耳发热，冻伤的耳朵都治好了。后人学着“娇耳”的样子，包成食物，也叫“饺子”或“扁食”。冬至吃饺子，就是为了不忘“医圣”张仲景“祛寒娇耳汤”之恩。至今南阳仍有“冬至不端饺子碗，冻掉耳朵没人管”的民谣。

腊八节与腊八粥

农历十二月初八，是我国传统的腊八节。“腊”是我国远古时代一种祭礼的名称，古人去野外猎取禽兽，用于祭祀祖先和天地神灵，以祈求来年五谷丰登，家人平安吉祥。由于腊祭活动常在农历十二月举行，故称该月为腊月。南北朝时，据传腊祭之神有八种，于是腊月初八便成了固定的祭日。古称“腊日”，俗称腊八节。

每逢腊八节这天，不论是朝廷、官府、寺院还是黎民百姓家都要做腊八粥。到了清朝，喝腊八粥的风俗更为盛行。在宫廷，皇帝、皇后、皇子等都要向文武大臣、侍从宫女赐腊八粥，并向各个寺院发放米、果等供僧侣食用。在民间，家家户户也要做腊八粥祭祀祖先，同时合家团聚在一起食用，并馈赠亲朋好友。在一些农村地区，农民们还会将腊八粥抛洒在门、篱笆、柴垛等上面，用以祭祀五谷之神。吃腊八粥，已经成为了腊月八日特有的节日饮食文化。

小年祭灶的由来

腊月二十三又称“小年”，是民间祭灶的日子。祭灶是一项在我国民间影响很大、流传极广的习俗。旧时，几乎家家灶间都设有“灶王爷”的神位。

据说每年腊月二十三这一天，灶王爷都要上天向玉皇大帝禀报这户人家过去一年中的善恶，再由玉皇大帝决定这一家在新的一年中应该得到的吉凶祸福。为了免灾和祈福，“小年”这一天，人们要为灶王爷送灶行，希望他在玉皇大帝面前多说好话。送灶时，人们在灶王像前的桌案上供放饴糖、清水、料豆、秣草，其中饴糖是为灶王爷准备的，后三样是为灶王升天的坐骑备料。祭灶时，要把关东糖用火融化，涂在灶王爷的嘴上。这样，他就不能在玉帝那里讲坏话，而只能讲“甜言蜜语”了。另外，民间有一“男不拜月，女不祭灶”的习俗，因此祭灶王爷一般只限于男子。

腊月二十四扫房子的习俗

“腊月二十四，掸尘扫房子”这一习俗，据《吕氏春秋》记载，从尧舜时代就已经开始了。所谓扫尘，用我们现代用语说起来就是年终大扫除，北方称为“扫房”，南方叫做“掸尘”。按民间的说法“尘”与“陈”谐音，于是新春扫尘就有了“除陈布新”的涵义，其用意是要把一切穷运、晦气统统扫出门。每逢春节来临，家家户户都要打扫环境，清洗各种器具，拆洗被褥窗帘，洒扫六闾庭院，掸拂尘垢蛛网，疏浚明渠暗沟。可以说，到处都洋溢着欢欢喜喜搞卫生、干干净净迎新春的气氛。扫尘的习俗寄托着人们破旧立新的愿望和辞旧迎新的祈求，所以至今仍然被广大民众广泛接受。

结婚喝交杯酒的习俗

喝交杯酒，是我国婚礼程序中的 个传统礼节。据说这一习俗始于周朝，当时举行结婚仪式时，要把一个瓜剖成两个瓢，新郎新娘各拿一半用酒漱口后少饮，叫做“合卺”。北宋以后就演变成了喝“交杯酒”。

还有一种说法，称这一习俗源于先秦时期：新郎新娘各执一片一剖为二的瓢饮，其意象征一对新人自此合二为一，婚后相亲相爱，百事和谐。到了唐代，除用瓢作酒器外，也可以杯替代。到了宋代，新婚夫妻喝交杯酒时用的是两个酒杯，先饮一半后再换杯共饮，饮完后将酒杯一正一反掷于床下，以示婚后百年好合。清末，交杯酒仪式已发展成为“合卺”、“交杯”、“攥金钱”三个部分。今天的婚仪中，“安杯合卺于床下”之礼已被革除，“攥金钱”则为“掷纸花”所代替，只有“交杯酒”的礼仪仍然实行。不管形式上如何演化，交杯酒是为了祝福新婚夫妇相亲相爱的含义是永远不变的。

春节贴门神的由来

春节，又叫阴历年，俗称“过年”，是我国最隆重、最热闹的一个传统节日。过春节时，民间有很多习俗讲究，其中之一就是贴门神。门神是道教和民间信仰的守卫门户的神灵，旧时人们都将其神像贴于门上，用以驱邪避鬼，卫家宅，保平安，助功利，降吉祥等，是民间最受欢迎的保护神之一。

据说，大门上贴上两位门神，一切妖魔鬼怪都会望而生畏。古人认为，相貌出奇的门神具有神奇的禀性和不凡的本领，他们手里拿着各种传统武器，随时准备同上门来的鬼魅战斗。我国过去民居的大门，通常都是两扇对开，所以门神总是成双成对的。最早的门神是神荼、郁垒二将。到了唐代，一次唐太宗生病，听见门外鬼魅呼号，彻夜不安。于是，他让秦叔宝和尉迟恭两位武将手持武器立于门旁镇守，就再也没有鬼魅搔扰了。后来，唐太宗让人把这两位将军的形象画下来贴在门上，这一习俗从此开始在民间广为流传。

春节拜年的习俗

拜年是过春节时民间的一项传统习俗，是人们辞旧迎新、相互表达美好祝愿的一种方式。正月初一这一天，人们都会早早地起来，穿上最漂亮的衣服，打扮得整整齐齐，出门去走亲访友，相互拜谒，恭祝来年大吉大利。

拜年的习俗从何而来的呢？传说远古时代有一种叫做“年”的怪兽，头顶长独角，口似血盆，每逢腊月三十晚上，它便窜出山林，掠食噬人。为了躲避这种怪兽，人们只好备些肉食放在门外，然后把大门关上，躲在家里，直到初一早晨，“年”饱餐后扬长而去，人们才开门相见，作揖道喜，互相祝贺。

拜年的方式多种多样，一般是由家长带领小辈出门谒见亲戚、朋友、尊长，以吉祥语向对方祝颂新年，卑幼者叩头致礼，主人家则以点心、糖食、红包（压岁钱）热情款待。除此之外，还有同事相邀几个人一起去拜年，或者大家聚在一起相互祝贺“团拜”的形式。随着时代的发展，拜年的习俗亦不断增添新的内容和形式，现在又兴起了短信拜年和电话拜年等。

元宵节闹花灯的由来

农历正月十五夜，是我国民间传统的元宵佳节，俗称“灯节”。元宵之夜，城里乡间，到处都是一片张灯结彩、火树银花的欢乐景象。到那时，不论皇室国戚，还是平民百姓、深闺淑女，都可以破常规，顺习俗，制灯玩赏，出游嬉闹。人们观花灯、猜灯谜，可谓是一年中难得一见的盛况。

元宵夜的燃灯之俗始于汉朝。东汉顺帝年间，张道陵创立道教，把正月十五定为“上元节”，规定这天要燃灯祭祀“太乙神”。从此这个风俗历代相袭。到隋朝时，又增加了盛大灯会，以招待各国使节。到了唐代中期，元宵节即灯节已成定俗。唐玄宗曾于先天二年（公元713年）正月十五开放宵禁，命点万盏花灯，张灯三夜，成为一时之盛。到了北宋乾德年间，放灯时间增加到五夜，起于十四、止于十八，而且规模也更为宏大兴盛。宋朝出现了灯谜，就是把谜语系在花灯之上，人们在赏灯之际还可伴以猜谜，更添情趣。明朝永乐七年，宫廷下诏“元宵节自十一日始，赐节假十日”，这成为历代最长的灯节，并形成了全民性的节日。到了清代，灯节假日改为四天，盛况却不减从前，从正月的“十三上灯，十四试灯，十五正灯”，要一直热闹到“十八落灯”。“落灯”之后，整个新春佳节才算彻底落下帷幕。

青龙节的习俗

农历二月初二是我国传统的青龙节，又称“龙抬头”。传说这一天是天上主管云雨的龙王抬头的日子，自此日之后，雨水就会逐渐增多。青龙节早晨，在我国北方的大部分地区，家家户户都会打着灯笼到井边或河边挑水，回到家里便点灯、烧香、上供，人们把这种仪式叫做“引田龙”。这天，人们还要吃面条、炸油糕、爆玉米花，喻意“挑龙头”、“吃龙胆”、“金豆开花，龙王升天，兴云布雨，五谷丰登”，以示吉庆。

“龙抬头”时的“金豆开花”，源自我国北方民间流传的一个神话故事。相传武则天自立为皇帝惹恼了玉皇大帝，遂命令四海龙王三年内不得向人间降雨。但不久之后，司管天河的龙王看到饿死人的惨景，担心人间生路断绝，便违抗玉帝旨意，偷偷地为人间降雨。玉帝得知后十分气恼，于是把龙王打下凡间，压在一座大山下受罪，山上立碑“龙王降雨犯天规，当受人间千秋罪；要想重登灵霄阁，除非金豆开花时。”人们为了拯救龙王，到处寻找开花的金豆。第二年的二月初二，人们在翻晒玉米种子时突然发现这玉米就像金豆，炒一炒开了花，不就是金豆开花了吗？于是家家户户爆玉米花，并在院子里设案焚香，供上开了花的“金豆”。玉帝看到家家户户院里“金豆花”开放，只好传谕召龙王回天庭，继续给人间兴云布雨。从此，每到二月初二，人们就爆玉米花吃，并称之为“金豆开花”。

泼水节的习俗

泼水节是傣、布朗、德昂、阿昌等民族传统节日，是傣族最隆重的节日，也是云南少数民族节日中影响面最大、参加人数最多的节日。它是傣历的新年，相当于公历的四月中旬，一般持续 3 至 7 天。

泼水节源于印度，曾经是婆罗门教的一种宗教仪式，后为佛教所沿袭，经缅甸、泰国和老挝传入云南傣族地区，又称“浴佛节”。节日一大早，男女老幼就沐浴更衣，上山采摘野花做花房，家家户户都要贴剪纸，城镇的主要街道还要搭牌坊。中午，妇女各挑一担清水泼到佛像身上，为佛洗尘。浴佛之后，青年男女们提着木桶、脸盆互相追逐泼水，一时间水花飞溅。他们借飞溅的水花互祝吉祥、幸福、健康，据说这样可以不生疾病，四季平安。被人泼得水越多，就说明他受到的祝福也越多，被泼的人也就越高兴。

此外，划龙舟、放孔明灯、放高升、跳象脚鼓舞和孔雀舞等，也是泼水节期间的重要活动内容。

中国古代的作揖礼

作揖礼大约起源于周朝以前，算起来应该有 3000 年以上的历史了。其基本姿势为双手抱拳前举。周武王伐灭殷商后，揖礼开始大行于天下。

据《周礼》记载，根据双方的地位和关系，作揖有土揖、时揖、天揖、特揖、旅揖、旁三揖之分。土揖是拱手前伸而稍向下；时揖是拱手向前平伸；天揖是拱手前伸而稍上举；特揖是一个一个地作揖；旅揖是按等级分别作揖；旁三揖是对众人一次作揖三下。此外，还有长揖即拱手高举，自上而下向人行礼。

中国古代的成人礼

冠笄（jī）之礼，是“五礼”中嘉礼的一种，是汉民族传统的成人仪礼。华夏先祖对于冠礼非常重视，所谓“冠者，礼之始也”。《仪礼》也将其列为开篇第一礼，更显示了它举足轻重的地位。

冠礼，表示男女青年至一定年龄，性已成熟，可以婚嫁，并从此作为氏族的一个成年人，参加各项活动。成年礼要由氏族长辈依据传统为青年人举行一定的仪式，才能获得承认。华夏族的成年礼，为男子冠礼，女子笄礼。按照周制，男子 20 岁行冠礼，而女子是在订婚以后出嫁之前行笄礼，一般在 15 岁左右，最迟不超过 20 岁。

举行成人礼的目的，是要提示行冠笄之礼者，他的身份从此将由家庭中的“孺子”转变为正式跨入社会的成年人。只有能践行孝、悌、忠、顺的德行，才能成为合格的儿子（女儿）、合格的弟弟（妹妹）、合格的臣民、合格的晚辈以及各种合格的社会角色。因此冠礼就是“以成人之礼来要求人的礼仪”，它的要求是全方面的，对于个体成员成长，具有非常大的激励作用。

“三从四德”

“三从四德”是儒家礼教对妇女一生在道德、行为、修养各方面进行的规范要求，集中反映了当时女子社会地位的低下。

“三从”指“未嫁从父，既嫁从夫，夫死从子”，意思是说女孩子在未出嫁之前要听从家长的教诲；出嫁之后要礼从夫君，与丈夫一同持家执业、孝敬长辈、教育幼儿；如果夫君不幸先逝，就要坚守本分，扶养子女长大成人，并尊重子女的生活理念。这里的“从”并不是表面上的“跟从”之意，而是有着工作性质的“从事”。引申一下，就是指作为女儿、妻子和母亲的妇女，应该对男性完全服从。

“四德”指“妇德、妇容、妇言、妇工”，认为女子第一要紧的是品德，有了它才能正身立本；其次是相貌，指出入要端庄稳重持礼，不要轻浮随便；再次是言语，指与人交谈要会随意附义，能理解别人所言，并懂得约束自己的言语；最后是治家之道，包括相夫教子、尊老爱幼、勤俭节约等生活方面的细节。

名字避讳的风俗

我国有句俗话，叫“子不言父名，徒不言师讳”，这源于中国人尊祖敬宗的习俗。对于长辈，晚辈不能直呼其名，甚至不能把长辈的名字告诉别人。如果有什么物件与长辈的名字相同，要把物件改一个名称或说法。汉族不论说写，都忌言及祖先、长辈的名字。如司马迁写《史记》，因其父名“谈”，所以把“赵谈”改为“赵同”，把“李谈”改为“李同”。

直至今日，子女仍然禁忌直呼长辈的名字，更不能叫长辈的乳名，与长辈名字相同或者同音的字也有所避讳。尤其忌讳的是，晚辈的名字绝对不能与长辈的名字相同，或有谐音字、同音字。否则，会被认为不尊长，是“欺祖”的行为。晚辈称呼长辈时，一般应以辈份称谓代替名字称谓，如叫爷爷、奶奶、姥爷、姥姥、爸爸、妈妈等等。这类称谓一可明示辈份关系，同时也含有尊敬的意思。这种习惯不仅存在于家族内的长幼辈之间，也同样适用于

师徒关系中的长幼辈之间。

“那达慕”大会

“那达慕”在蒙语中是“娱乐”、“游戏”的意思。早期的蒙古族人民过着游牧生活，他们精骑善射，经常在莽莽丛林、草原之中从事狩猎活动，各部落之间为了加强交往，炫耀自己的实力，每年都要聚会一次，并在聚会时进行各种比赛。现在的那达慕大会，不仅是蒙古族人民具有鲜明民族特色的传统盛会，更是蒙古族人民喜爱的一种传统体育活动。

那达慕大会起源于古代的祭敖包。传说始于汉朝。王昭君出塞时，草原人民就曾以此盛大的活动欢迎她。元明时期，射箭、赛马、摔跤成了男子三项那达慕的固定形式，清代逐步发展为官方的定期游艺活动。

每年农历六月初四（多在草绿花红、马壮羊肥的阳历七八月）左右，草原上一年一度的传统盛会就要开始了。牧民们会准备各种美味食品，酿制马奶酒，宰杀牛羊，缝制新衣服，举办不同规模的“那达慕”喜庆丰收。同时，他们还会在会上进行射箭、摔跤、赛马等传统的体育比赛，有的地方还有田径、拔河和球类比赛等。现在节日期间，还会有各种展览、贸易市场，整个草原沉浸在一片欢乐祥和的气氛之中。

舞龙、舞狮

舞龙、舞狮是中国民间一种传统的表演艺术，有着悠久的历史。

舞龙主要是源于对龙图腾的崇拜。龙是古代传说中的神异动物，在中华民族的文化传统里，它代表着吉祥、尊贵、勇猛，同时还是权力的象征。人们幻想龙是主管降雨的，所以就用舞龙来祈求神龙保佑，以求得风调雨顺、五谷丰登。

舞狮的习俗起源于三国时期，南北朝以后，这种活动逐渐盛行起来，元、明、清以后，舞狮的活动就更加广泛了。由于相信狮子是祥瑞之兽，而且佛经上又说狮子是文殊菩萨的坐骑，具有镇邪的本领，所以人们认为舞狮能够带来好运。因此，每逢春节或其他一些庆典活动，人们都会在阵阵锣鼓鞭炮声中，用舞狮来助庆、祈求吉利。

“三茶六礼”的婚俗

“三茶六礼”是我国一种古老的乡风民俗，一般指订婚到结婚之间男女双方所履行的各种礼节。

所谓“三茶”，就是订婚时的“下茶”、结婚时的“定茶”以及同房时的“合茶”。古人认为茶树只能从种子萌芽成株，不能移植，否则就会枯死，因此把茶看作一种至性不移的象征。于是，民间男女订婚以茶为礼，女方接受男方聘礼，叫“下茶”或“茶定”，有的叫“受茶”，并有“一女不吃两家茶”的谚语，意即女家受了“茶礼”便不能再接受别家聘礼。

所谓“六礼”，指的是纳采、问名、纳吉、纳征、请期、亲迎六种仪式。“纳采”就是男方请媒人到女方家去说亲，算是婚礼中的第一步。女方答应这门亲事，男方再请媒人到女方家里去问女方的名字和生辰八字（即天干地支记载的一个人的出生年、月、日和时辰），看双方生辰是否相克，谓之“问名”。男方将双方八字卜得吉兆后，择定吉日，决定缔结姻缘，称为“纳吉”（也叫纳八字、订婚）。“纳征”就是男女双方订婚后，男方按女家的要求送聘礼。男女到了结婚的年龄，男方择定婚期，备礼告之女家，叫做“请期”。男方到女方家里去接人，谓之“亲迎”。

“三茶六礼”作为我国传统婚礼中的隆重礼节，一直到今天仍在婚礼习俗有所体现。

新娘蒙盖头的由来

盖头最早大约出现于南北朝时期的北齐，当时妇女用其避风御寒，仅仅盖住头顶而已。到唐朝初期，已演变成一种从头披到肩的帷帽，用以遮羞。据传说唐朝开元天宝年间，唐明皇为了标新立异，有意突破旧习，命令官女以“透额罗”罩头，就是妇女在帷帽上再盖一块薄纱以遮住面额。从两晋到元朝，盖头在民间开始流行，并且成为了新娘不可缺少的喜庆装饰，新娘的盖头都要选用红色，以示喜庆。

婴儿出生报喜的习俗

生养子女对家庭来说是一件大喜事，在过去，新生婴儿出生后有许多习俗和禁忌，各个地方都有些细微的差别和各自的特色。头胎婴儿，不论男女，报喜都最为隆重。一般农家，报喜时将喜帖放在一小木匣中，装入钱袋内，让一个童子背着去报喜。有的地方把报喜叫做“吃喜酒”，男家称为“吃喜面条”，女家称为“送祝米”。头胎婴儿出生后，男方的长辈要到女家去报喜。报喜时必不可少地要带一些礼品，比如山东蓬莱地区，生男孩时抱一只公鸡，生女孩则抱一只母鸡，双胞胎则抱两只鸡。开封一带，生子报喜常以红鸡蛋为象征物。如果是男孩，要六个或八个，必得双数，染红后还要在鸡蛋的一头用墨点一个黑点，表示“大喜”，男孩送双数的原因是，孩子长大以后好找媳妇，和媳妇成双成对，必能花好月圆。如果是女孩，鸡蛋只染红色，不点黑点，表示“小喜”，数量一般是五个或七个，必须是单数，说明家里添了女孩，将来好嫁出去。

中国古代的“唱喏”

“唱喏”是古代男子的见面礼节之一，跟今天的见面打招呼颇为相似，是人与人打交道的基本礼仪。一般用于下级对上级、晚辈对长辈，即给人作揖的同时扬声致敬。唱喏原为应答之声，东晋时王氏子弟用以为礼，当时人觉得十分怪异，后来却逐渐普遍运用了。古代小说中有许多对“唱喏”的描写，比如《水浒传》中就经常出现‘‘唱了个肥喏”、“唱了个大喏”、“众人唱喏”等。

“唱喏”和“作揖”一样，都是人与人之间交往的礼节，在古代中国人的生活中占据着十分重要的位置。致礼答礼表现出人们的互相尊重，同时也反映了一个人的品德和修养。若是对别人的致礼问候傲慢不理，往往会惹人厌恶。

古礼中的左右尊卑

今天我们看到的许多中国古代建筑，往往体现着浓厚的左尊右卑的思想。但是事实上，古代的左右尊卑思想并不是一成不变的，不同的时期有着不同的规定。

周、秦、西汉时以“右”为尊，所以当时的皇亲贵族称为“右戚”，世家大族称“右族”或“右姓”。右尊左卑还表现在建筑住宅上，例如豪门世家必居于市区之右，平民百姓则居于市区之左。而从东汉至隋唐、两宋时期，遵循的是左尊右卑的制度。例如，左仆射的地位高于右仆射，左丞相则高于右丞相。但元朝一改旧制，规定以右为尊，当时的右丞相就在左丞相之上。到了明朝，又改以左为尊，此制为明、清两代沿用了500多年。现在戏剧舞台上演的古典剧目中，那些客人、尊长总是坐在主人、幼辈的左侧，这是崇尚“左”的礼仪的具体体现。

什么叫居丧

居丧是指尊亲死后，死者的后辈在家服丧。服丧期满之前，守丧者要停止娱乐和交际，不办理外事，以此来表达哀悼之情。

服丧期间，男子不得穿华丽的衣服，必须穿草鞋，妇女则要摘下身上的装饰品，脱下彩色衣服。此外，男女要各依其与死者关系的远近，穿孝服、戴孝帽。古代丧服自周朝始已采用素服，另外还有五服的制度，即按照服丧的重轻、做工的粗细以及周期的长短，分为五等斩衰、齐衰、大功、小功、缌麻。其中斩衰最上，用于重丧，取最粗的生麻布制作，不缉边缝，出殡时披在胸前，女子须加用丧髻（即在髻上系丧带），这就是俗称的披麻戴孝。至于五服以外的远亲丧服，只需袒免，即袒露左臂、免冠括发。

孝子在居丧期间（一般为一月或百日）不能理发，不能与妻子同房，不能会晤亲友、参加宴会、进寺庙等，以表示自己的哀思。尤其是在安葬之前，这些习俗必须严守，否则被视为不吉利。

什么叫丁忧

丁忧，原指遇到父母丧事，后来多专指官员居丧。古代父母逝世后，子女按照礼制必须持丧三年，其间不得行婚嫁之事，不得参与吉庆之典，任官者则必须离职，称为“丁忧”。

丁忧制度源于汉代，到宋代时经由太常礼院负责掌管。按照规定，凡官员有父母去世，必须主动报告，解职服丧三年，期满后起复原职，对仕途升迁会略有影响。因各朝均标榜以孝治天下，所以一旦发生匿丧不报的情况，将可能遭到御史弹劾，一般会遭到革职的处分。不过有时朝廷出于政务需要，不让官员服丧期，称为“夺情起复”。与文官不同的是，武将丁忧不解除官职，而是给假100天，大祥、小祥、卒哭等忌日另给假日。另外，法律规定，丁忧之人不能租赁私人房屋居住。

古代的棺椁制

我国古代的丧葬中，棺葬是使用最广泛的一种。棺是盛放死者尸体的木制葬具，椁是套在棺外的外棺。木棺出现很早，大约始于新石器时代的仰韶文化，至龙山文化时期已出现木椁，用于氏族中头领的安葬。在殷墟商王陵墓室中，多用大木条叠压成方形或亚字形的椁室，其正中安放商王棺木。到了周朝，棺椁更加制度化，当时规定天子棺椁有四重，亲身的棺称椑，其外蒙以兕及水牛皮；第二重称地也，以椵木制成；第三重称属，第四重称大棺。帝后的外椁两重，多用梓木，所以其棺椁又称“梓宫”。而上公、侯伯子男、大夫，则以等差分别为三重（有兕牛皮）、二重、一重。另外，在尺寸上，天子大棺厚八寸，大夫大棺厚六寸，庶人之棺只准厚四寸，无椁。后世的帝王、贵族、士大夫，基本上沿用此制。

古代的棺椁制表示了死者的身份，是将他们生前的等级差别带到死后世界的一种礼制。

祭祀之礼

祭祀是一种向神灵求福消灾的传统礼俗仪式。严格说来，“祭”与“祀”有一定差别，前者指置备供品，后者指对着祖宗牌位跪下行礼。

古时候，人们认为灵魂可以离开躯体而存在，祭祀便是这种观念的派生物。最初祭祀活动比较简单，人们用竹木或泥土塑造神灵的偶像，或在石岩上画出日月星辰等，作为崇拜对象的附体。然后在偶像面前陈列献给神灵的食物和其他礼物，并由主持者祈祷，祭祀者则对着神灵唱歌、跳舞。

祭祀的功能主要有以下几类：一、消灾。灾一般分为两种，一是狂风、暴雨、久旱、山崩地震、瘟疫等自然灾害，一是战争、盗贼、政变等人事灾害。当有灾害发生时，上至帝王下至百姓常常进行祭祀活动，以达到除害之目的。二、求福。内容包括祈求农业丰收、畜牧旺盛、渔猎多获、战争胜利、生儿育女、健康长寿等。其中，最主要的是祈求丰收，古人称为祈年。三、报谢。就是报答神灵对人间的恩赐。

泰山封禅

“封禅”指的是古代帝王为祭拜天地而举行的活动，其中“封”为祭天，多指天子登上泰山筑坛祭天；“禅”为祭地，多指在泰山下的小丘陵地祭地。历史上封禅可以说是最盛大，同时是争议最多的一项典礼。

封禅作为统治者表明自身统治合法性的一项重要活动，是强调君权神授的一种手段，也是向世人营造“太平盛世”景象的重要工具。因此，历朝历代的统治者对此都非常重视。战国时期齐鲁有些儒士认为五岳中泰山为最高，所以历代以来包括秦始皇、汉武帝、唐高宗在内的 72 个帝王，都将泰山作为封禅的活动地点，其中仅汉武帝一人，就曾八次前往泰山。虽然宋朝之后不再进行泰山封禅，但祭祀等活动却进一步扩大，使得黎民百姓无人不知泰山的大名。

“三纲五常”

“三纲五常”是中国封建专制主义统治的一种基本观念。“三纲”指的是“君为臣纲，父为子纲，夫为妻纲”，意思是要求为臣、为子、为妻的必须绝对服从于君、父、夫，同时也要求君、父、夫要为臣、子、妻作出表率。“三纲”非常典型地反映了古代社会对于君臣、父子、夫妇之间的道德关系的要求。“五常”指的则是“仁、义、礼、智、信”五种儒家提倡的道德品质，是古代社会用以调整、规范君臣、父子、兄弟、夫妇、朋友等各方面人伦关系以及个人行为的基本准则。

“三纲”、“五常”这两个词，最早出现于西汉大儒董仲舒的《春秋繁露》一书。直到宋朝，朱熹将其连用。值得注意的是，早期“三纲”的定义不是单向的，而是双向的，就是君、父、夫也必须对臣、子、妻负责，否则就不能够成为“纲纪”。但是后来君、父、夫的纲纪地位被无条件绝对化了，“三纲五常”自然也就成了压制人的社会意识形态。

什么叫大宗、小宗

宗法制是以宗族血缘关系为纽带，与国家制度相结合，以维护贵族世袭统治为目的的一种政治制度。它的核心是严格区分嫡庶，实行嫡长子继承制，其目的在于稳固贵族阶级的内部秩序。这一制度依靠血缘亲疏关系来划定贵族的等级地位，从而防止过去兄终弟及制的情况经常造成的贵族间对于权位和财产的争夺。在宗法制度里，从始祖的嫡长子开始传宗继统，并且世代均由嫡长子承继，这个系统就被称为“大宗”。嫡长子被称为宗子，又称宗主，为族人所共尊。宗子有祭祀祖先的权利，只有当宗子有故而不能致祭，庶子才可以代为祭祀。

和大宗对应的是小宗。一般情况下，周天子的嫡长子继统，众庶子则被分封为诸侯，即为“小宗”。诸侯同样以嫡长子继位，众庶子封为大夫，诸侯为其大宗，这些大夫则为小宗。大夫也是以嫡长子继位，为大宗，众庶子为士，即小宗。周初之时，宗法制首先在周天子和诸侯间实施，以后逐渐及于中小贵族，以至士与庶民之间，这样一来，先秦时期按照血缘关系的亲疏远近的“周天子—诸侯—卿大夫—士”的宗法等级系统就形成了。

古人的起居礼貌

我国古代的坐姿分为三种，其中，坐时两膝着地、两脚的脚背朝下、臀部落在脚踵上的姿势最为礼貌。直至今天，朝鲜、日本还保留着这种坐法。因膝盖着地（或坐具），三国名士管宁的木榻竟“当膝处皆穿”。如果将臀部抬起，上身挺直，就叫长跪，这是将要站起身的准备姿势，也是表示对别人的尊敬。

古人另一个起居礼貌是“尊者在堂、卑者在庭”。宾客是受尊重的，所以凡以宾主之礼相待的客人可以上堂，而宾客的从者则须站在庭中。如果未经邀请拜访，上堂之前必先扬声，让室内的人有所准备，如果有人在私语，不宜进入。如听得到室内的谈话声，说明室内的人没有谈机密事，便可以进去，否则便有窃听之嫌，弄得双方尴尬。与现在相似的礼貌习惯还有不准着履（即穿鞋）上堂，以免弄脏主人家的地板，尤其古人衣襟很长，踩脏了也被视为不敬。

中国古代的跪拜礼

古代人民行跪拜礼，和当时的物质条件和生活习惯息息相关。东汉以前，没有像现在这样的桌椅，人们吃饭、议事、看书时，只是在地上铺上一条席子后席地而坐。而且通常的“坐”是要两膝着地，再将臀部坐于后脚跟之上，脚掌向外，也就是相当于我们现在的跪。在接待宾客时，每当“坐”着向客人致谢时，为表示尊敬，往往要伸直上半身，即古书所说的“引身而坐”，使“坐”变成真正意义上的“跪”。然后俯身向下，有时要前额触地。就这样，逐渐成了日常生活中的跪拜礼。

汉代以后，跪拜虽仍然存在，却成为了等级差别的标志，主要用于官场之中。如臣子拜皇帝，小官拜大官，奴才拜主子等。在民间，在祭祀、祝寿的场合中，也经常使用跪拜礼。后来，又增加打千（行礼时左膝前屈，右腿后弯，上体稍向前俯，右手下垂）、作揖、鞠躬等礼节，跪拜礼才逐渐从日常生活中消失。

庆贺乔迁的温锅礼

“温锅”，是指有人新房落成或迁入新居时，亲友携带礼品到场聚饮，又称“温居”、“暖房”等。平时走亲访友，所送物品多是食品之类，而在此之外，温锅所带物品还包括许多生活用具、日常必需品，也有送钱的，有的甚至连柴火、油盐都带来了，几乎无所不包。如果是婚后分家独立成户的，娘家会送锅、勺子等炊具以及粮食等，意为帮助安锅立灶、独立生活。此外，还会送豆芽、豆腐、公鸡、鲤鱼、筷子、盆子，这些东西都有其寓意：豆芽代表生根发芽、生长的意思，表示从此家业扎根安定，生长壮大；豆腐是“都富”的谐音，表示与大家一样都发家致富；鸡代表着大吉大利；鱼的意思是年年富足有余；筷子的意思是“快快发家”；盆子的意思是“送聚宝盆”。

有的地方温锅时送四样礼物：锅、馒头、苹果、柴火。锅是温锅的核心，居家过日子不能没有锅，为了让主人能有热乎乎的饭菜吃，锅是必须的；馒头，取其“发”、“蒸”之意，表示生活会兴旺发达，好日子蒸蒸日上；苹果，取其谐音“平”，寓意乔迁新居后生活平平安安；柴火，寓意生活事业红红火火。还有些地方的温锅则送碗筷、粉条、鲜鱼，寓意喜迁新居的人家将来的日子过得和美长远、生活富足、年年有余。

当然，温锅送礼也有忌讳，如钟是不能送的，因为送钟谐音“送终”，非常不吉利。

古时书信问安用语

给父母及长辈的信称：金安、钧安、崇安、颐安。

给夫妇的信称：双安。

给病人的信称：痊安。

给旅人的信称：旅安。

给士人的信称：道安、文安、善安、撰安。

给教师信称：铎安。

给商人的信称：筹安、财安。

给朋友的信称（随时令变化）：春安、夏安、秋安、冬安、暑安、大安、时安、迁安、台安、炉安。

古时社交场合的称谓

古时候社交场合中，人们习惯用尊称（也叫敬称）来表达对对方的尊重。针对不同的对象，称呼可有多种。称呼帝王时，一般有“陛下、大王、王、上、君、天子、万乘、圣主、主上、元首、九重天”等。对一般人，则有“公、君、足下、子、先生、夫子、丈人、阁下、长者、台端、孺人、大人、兄台”等。此外，古代对交谈时对方的父亲要称“令尊、尊公、尊大人”，对对方母亲称“令堂、太君”，对对方的妻子称“令正”，对对方妻父称“泰山、冰翁”，对对方兄弟称“昆仲、昆玉、令兄（弟）”，对对方的儿子称“令郎、少君、公子”，对对方的女儿称“千金、玉女、令爱”等。

古时对友人的称谓

布衣之交：普通老百姓相交的朋友。

刎颈之交：哪怕是砍头也不变心的朋友。亦谓“生死之交”。

莫逆之交：意谓彼此心志相通，情投意合。

杵臼之交：杵，舂米的木棒；臼，石臼。指交友不嫌贫贱。

车笠之交：不以贵贱而异，友谊深厚的朋友。

忘年之交：年岁差别大，行辈不同但交情深厚的朋友。

总角之交：幼年就相识的朋友。“总角”指童年时代。

竹马之交：小时候就相好结交的朋友。

古时亲属间的称谓

我国向来被称为礼仪之邦，亲属之间的称谓也十分讲究。古时候，家庭中的至亲长辈、平辈都按例称呼，如父母亲、岳父岳母、兄弟姐妹、表兄弟姐妹等。对家中直系小辈的传统称呼是用“吾”字，如吾儿、吾孙等。其他亲友可在尊者、长者前加一“尊”字，如尊翁，在晚辈、小辈前加一“贤”字，如贤侄。有姻亲关系者加一“姻”字，如姻伯、姻兄、姻翁等，有世谊者加一“世”字，如世伯、世兄等。姻世皆有者加“姻世”二字，均无者冠一“仁”字。

在至亲长辈和平辈面前自称均按定例，如舅、侄、表弟、内兄等。直系长辈及外祖父对小辈自称不必另加谦辞，祖即称祖，父即称父，其余可加一“愚”字，如愚叔、愚舅等。业师自称，无须太谦，但亦不宜过于直率自称为师，古人多称“友生”，现一般直书己名。

第三章　称谓称呼

为什么用“桃李”来比喻学生

我们常说那些培养过、教育过众多学生的老师为“桃李满天下”，这里的“桃李”代指的就是学生，可“桃李”原本就是指常见的水果，为什么用来指代学生呢?

原来，在我国早的诗歌总集《诗经》中有“华如桃李”的诗句，暗指了桃花和李花盛开的时候纷繁艳丽，后人便用桃李来形容人长得貌美，也喻人青春年少。

另外，在春秋时，魏国有个大臣叫子质，他得势的时候，曾培养和保举过不少的人，后来因得罪了魏文侯，他便独自跑到北方去了。在北方，子质遇到一个叫子简的人，就向他抱怨，埋怨自己培养保举的人落井下石，不肯为自己出力，有的还翻脸不认人。

子简笑着说：“春天种下桃树和李树，夏天可以在树下休息纳凉，秋天还可以吃到果子；可是你春天种下的是蒺藜（一种带刺的植物），不仅不能利用它的种子，秋天长出的刺还会刺人。所以君子培养人才，要像种树一样，应该先选准对象，然后再加以培养。”

此后，人们就把提拔起来的优秀人才称为“桃李”。

到了唐朝，有记载：狄仁杰推荐了姚元崇等数十人，这些人后来皆为名臣，时人对狄仁杰说：“天下桃李，悉在公门矣。”后来“桃李”便用来比喻栽培的后辈和所教的门生。流传到今天，人们便用“桃李满天下”来比喻所培育的人才极多，遍布各地。

皇帝的称谓

历代皇帝虽然都有姓名，但是不管是当时的臣子百姓还是后来的人们都很少直呼其名，常以各种不同的称谓来指代皇帝。比如“秦始皇”“汉文帝”“唐太宗”“宋太祖”“康熙帝”等等，为什么有的称呼某某帝，有的称呼某某宗呢？这是什么意思呢？

其实，在古时候的不同时期，帝王死后都有几种称呼形式，用庙号、谥号、年号等指称皇帝是最常见的方法，那这几种称法各有什么意思呢？

庙号是帝王死后在太庙中专立一室，以供后人祭祀所取的名号，但并不是每一位皇帝在死后都可以将他的灵位供奉于祖庙的。只有能够进入祖庙的皇帝才会有一个庙号，称之为“……宗”，如，汉文帝就被称之为“汉太宗”，而汉武帝就没有能够进入祖庙，所以他就没有庙号。

谥号是古代帝王死后，大臣们根据其生前品行所给予的一种评价式的特殊称号。先秦君主多称谥号，如周武王、齐桓公；到秦朝时取消了谥号，汉代时才重新恢复，所以汉代皇帝也多称谥号，如文景之治中的汉文帝、汉景帝。这种称呼方式一直沿用到隋代。唐代之后，皇帝的谥号日渐繁复，文字加长，如李世民谥号为“文武大圣大广孝皇帝”，称呼起来显得繁琐累赘，所以干脆采用庙号，称为唐太宗。虽然庙号早在汉初已经出现，但是作为专有名称，“庙号”迟至晋代方见于典籍，唐代之后才频繁使用。从唐至宋元大都用庙号称呼帝王。

明清之后，皇帝的称号又发生了变化，往往采用年号来指代帝王。年号是一种纪年的方式，新的皇帝继位，通常会立一个新的年号，标志改朝换代，借以区分上一任皇帝。年号也产生于汉代。明清之前一个皇帝往往有好几个年号，如汉宣帝就有七个年号。而到了明清，无论皇帝在位的时间长短，一般只有一个年号（明英宗一人例外），清代皇帝的年号更是规范。皇帝继位后同时还会发行印有自己年号的铜钱在市面上流通，比如“乾隆通宝”等等。因此，民间老百姓开始使用年号称呼皇帝，慢慢约定俗成，就形成了我们经常看到的年号称呼法。

为什么用“豆蔻”比喻少女

“豆蔻”是一种多年生长绿草本植物的名称，亦称白豆蔻、圆豆蔻、含胎花。

后来用“豆蔻年华”来指代十三四岁女孩子，这种称法源于唐代大诗人杜牧在离开扬州的时候写的一首七言绝句《赠别》，诗道：“娉娉袅袅十三余，豆蔻梢头二月初。春风十里扬州路，卷上珠帘总不如。”这首诗是写给一位名叫张好好的风尘女子的。诗中形容这位柔弱美丽的少女13岁左右，好像是二月初刚发芽的豆蔻嫩芽，含苞待放。

诗人之所以用豆蔻花来比喻少女，大概是因为豆蔻的两个特点。其一，它的花蕊中央有两瓣相并，形似“同心”（尤其以红豆蔻花为最美），被古人视为爱情的象征；二是它的花蕊重而下垂，花未开时就显得非常丰满，因此还有“含胎花”之称，与少女的形象有相似之处。

岳父称“泰山”，女婿称“东床”

在我国的传统文化中，有一种“代称”的情况，而且这种情况很普遍。比如“青莲”代称“李白”，“陛下”代称“皇帝”等等，老百姓使用得最多的是用“泰山”代称“岳父”，用“东床”代称女婿。这两个奇怪的称呼是怎么来的呢？

原来，岳父、岳母的称呼最早要追溯到唐朝。

古代帝王常临名山绝顶，设坛祭天地山川，晋封公侯百官，史称“封禅”。唐玄宗李隆基一次“封禅”泰山，中书令张项做“封禅使”。张项借此机会把女婿郑镒由九品官提到了五品官。后来玄宗知道此事便向郑镒问起，郑镒支支吾吾，无言以对。在旁边的黄幡绰讥讽道：“此乃泰山之力也。”玄宗才知张项徇私，很不高兴，没过多长时间，便把郑镒降回原九品。后来，人们根据此事，就把妻父称“泰山”。又因泰山乃五岳之首，因此又称为“岳父”，而妻母自然就成为“岳母”了。

而把佳婿称作“东床”，则源于东晋书法家王羲之的一个典故。

王羲之，字逸少，是东晋琅琊临沂人，曾任右军将军、会稽内史，定居会稽山阴。他自幼勤习书法，博采众长，自成一家。他的书法被誉为“龙跳天门，虎卧凤阙”，给人以静美之感，同时又平和自然，笔势委婉含蓄，遒美健秀，后人评曰：“飘若游云，矫若惊龙。”

在他年轻的时候，有一次，当朝最有权势的太尉郗鉴派门生到王羲之的叔叔王导家选女婿，王导带他们到东厢“遍观子弟”，那天王家的子侄全都精神百倍，表现得大方得体。这位太尉门生看了一会儿就回去了，对太尉说：“王家的各位子侄少爷都是不可多得的佳弟子，但可能是听说太尉来选女婿，都在那里矜持作态，唯有一个人在东床露着肚子吃东西，就像不知道这回事似的。”

郗鉴一听大喜，便带人过去看，果然如此，暗自道：“这个人天性率直，不为外物所动，正是‘高素质、高水平’的表现，这正是我的佳婿啊！”后来一问才知道那个在东床上露着肚子吃东西的人就是王羲之。后来，王羲之真的娶了太尉的女儿，后世人都称赞他的率性而行，风流自赏。从此以后，人们就称女婿为“东床快婿”，有时也简称为“东床”了。

名、字、别号的区别

现在我们每个人都只有一个“名字”，通常只是指人名而已。可在古代，人们不仅有“名”，而且有“字”，有的人还有别号。

所谓“名”，是社会上个人的特称。古代贵族取名，都有一定的礼仪，要符合规矩，而底层的百姓起名一般都很随意，如阿狗、阿毛等，据说这样孩子容易长大。后来，随着语言文字和文化观点的发展，人名也越来越复杂，也越来越被重视。

“字”往往是“名”的解释和补充，所以古人的字多与名含义相近或相辅。如诸葛亮，字孔明，“亮”与“孔明”的义相近；岳飞，字鹏举，“飞”与“鹏举”义近等等。一般来说，“字”是男女成年后才加取的，表示他们已经开始受到人们的尊重。不过这是指上层阶级，下层人往往没这么多的讲究。

“号”是指称号，即人的别称。别号则是使用者本人起的，并不受家族、行辈的制约，可以更自由地寄托或标榜自己的某种情操，一般文人往往有自己的别号，如唐代李白号青莲居士、陆游号放翁、王安石号半山等等。号有自号，也有为他人所取，一般的自号多表示为一种寄托。可以通过某人一生别号的更改，看到其思想在各时期的变化情况。而他人所取的号往往表示对此人的评价，如宋江号及时雨、吴用号智多星等都属此类。

笼统地讲，名、字、号其实都是人的名称，但在用法上很有讲究。在人际交往中，名一般用于谦称、卑称，或上对下、长对少的称呼。在尊称、下对上称呼时则称字、号。上流社会在交际应酬中爱以别号相称以表示尊重，直呼其名，是很不礼貌的，有时还要因此受到惩罚。

皇帝自称“朕”或“寡人”，皇太后自称“哀家”

我们都知道，皇帝总喜欢自称“寡人”或“朕”，皇后常称自己为“哀家”，这是为什么呢？

我国最早的一部解释词义的专著《尔雅·释诂》说：“朕，身也。”在先秦时代，“朕”是第一人称代词，不分尊卑贵贱，人人都可以自称“寡人”、“朕”这一类称号的，表示谦虚。据司马迁《史记·秦始皇本纪》记载，嬴政统一六国后，认为自己功高盖世，超过三皇五帝，便自称皇帝，同时规定“寡人”、“朕”只能自己一人用，以示皇帝的威严。从此，一般人不能自称“朕”了。

另外，寡人还有另外的解释，取自“孤家寡人”之意，表示皇帝是天下独一无二的人，天下只能有一个皇帝，因此没有人能理解，表示自己内心孤独，因此，也有皇帝自称为“孤”、“孤家”。

唐以后只有皇帝可以称“寡人”、“孤家”，这是君主的谦称，无非是为了笼络人心，巩固江山统一。

至于“哀家”为皇太后的自称，是因为死了丈夫，自己只不过是“先帝”留下来了人而已，所以含悲哀“先帝”的意思，而皇后决不会这样自称，对皇帝多称妾，妾某氏，对臣子则直接称我、吾。有些也自称“本宫”，但这仅限于有过一定封号的妃子才能使用的自称，比如东宫皇太后、西宫皇太后，没有一定地位的妃子是没有资格如此自称的，否则就会给自己带来很大的麻烦。

古代大臣称皇帝为“陛下”

在历史电视剧或电影中，常听到群臣们称皇帝为“陛下”。为什么大臣称皇帝为“陛下”呢?“陛下”二字又是什么意思呢?

称君主为陛下的原因，早在东汉末年蔡邕在《独断》卷上就解释得很清楚：汉代天子的正号是“皇帝”，自称为“朕”，臣民呼之为“陛下”。“陛下”的“陛”，是指帝王宫殿的台阶，特指皇宫御台阶。天子坐朝，有近卫之臣持兵器列于台阶两侧。当天子与臣子谈话时，不敢直呼天子，得先呼台阶下的侍者请他转达，因而称“陛下”，意思是通过在你台阶下的臣属向你传达卑者话，表示卑者向尊者进言，这叫“因卑达尊”。

因此，“陛下”是臣子对帝王的尊称，表示自己虽然在和皇帝说话，但是在礼仪上不敢忘记自己本来无此资格。

用“陛下”称呼君主的现象，在战国时就已经出现。那时也可称君主为“足下”，如《战国策·秦策三》载范雎写给秦昭王的信中，有“望见足下而入之”之句，南宋初年鲍彪注曰：“不斥王，故指其足下之人，犹陛下也。”后来，“陛下”就成为对帝王的敬辞，足下之称用于同辈。

清代皇帝的特称：“老佛爷”

“老佛爷”并非慈禧的专称，清代历届皇帝的特称都叫“老佛爷”。历史上的帝王除了有“庙号”“谥号”“尊号”外，有些帝王还有“特称”，如西汉皇帝一般特称为“县官”；而东汉皇帝特称为“国家”；宋代皇帝特称为“官家”（起源于晋）；明代皇帝特称为“万岁爷”（死了的皇帝特称为“老爷”）；清代皇帝的特称为“满柱”。“满柱”的来历，据专家解释，起源于女真族首领的称呼，意思是“吉祥”、“仁厚”的“佛爷”，或译作“满住”、“曼珠”。明代有一位女真部落酋长名李满住，清太祖努尔哈赤就是他的后代。努尔哈赤立国后，历代清朝皇帝就以“满住”（满柱）作为特称了，以后有人把它译成汉语就是“老佛爷”。当然，慈禧让宫内人也称她为“老佛爷”是有特殊用心的，她企图把自己比作皇帝，以显示其尊严。

皇帝的女儿叫“公主”

公主这个名称是从春秋战国时开始的。在《春秋公羊传》中记载：“天子嫁女乎诸侯，必使诸侯同姓者主之。”意思是说，周天子把女儿嫁给诸侯，自己是不主婚的，而是请和自己同姓的诸侯作为长辈主婚。诸侯的最高爵位是“公”，而“主”就是“主婚”之意，故而天子女儿就有了个称号——公主。

在这一时期，称为公主的并不仅限于皇帝的女儿，诸侯之女也可称公主。到西汉时，称谓之间的等级观念也就更严格了，只有皇帝的女儿才能称为“公主”，诸侯王的女儿则称为“翁主”。这样，翁主就比公主低了一个等级。不仅如此，皇室内部的公主们也有了区别：皇帝的姊姊称为“长公主”，先皇帝的姊妹为大长公主，加上“大”、“长”的字样是表示尊崇。

东汉时的公主一般是“县公主”，如汉光武帝的女儿为舞阳公主、涅阳公主，汉明帝女儿封隆虑公主、武安公主、获嘉公主，舞阳、涅阳、隆虑、武安、获嘉都是县名。

也有记载说，汉代王的女儿被称为“任”。古书的研究者认为，“任”其实是当时女子爵位的称呼。

晋朝的公主则是“郡公主”，因为公主封号之前是郡名，如晋武帝的女儿为平阳公主。后来有人将“县公主”和“郡公主”简称为“县主”和“郡主”，所以在两汉到晋时，县主和郡主都是指皇帝的女儿。

到了唐代进一步规定，太子的女儿为郡主，诸王之女为县主。到北宋徽宗时，曾恢复古称，改公主为帝姬，如宋徽宗最宠爱的女儿就叫柔福帝姬。明清两代亲王的女儿为郡主，郡王的女儿为县主。在清代时对皇帝的女儿的称呼又有不同，凡皇后所生，称“固伦公主”，妃嫔所生，称“和硕公主”。“固伦”、“和硕”是满语，前者是“国、至尊”的意思，后者是“一方”的意思。特别要说明的是，清朝皇帝的女儿叫公主，“格格”是指王爷的女儿，“格格”原为满语的译音，是“小姐”的意思。在某些电影剧中将皇帝的女儿也称为格格其实是有误的。

“教师”的古今称谓

几千年来，人们对教师一向颇为尊重，对教师的称呼也有很多种。

最早的教师出现在原始社会末期萌芽中的学校里，学官们被称为“司徒”、“秩宗”、“典乐”，这些学官既是管理行政的首领或长老，又是社会教育的承担者。

进入奴隶社会，官办学校出现，教师名称也同时出现，“师氏”、“父师”、“少师”，由官吏担任。“师氏”简称“师”，是周时掌管辅导王室、教育贵族子弟及朝仪得失之事的官，也是国学中的教师。“父师”是退休的大夫，“少师”是退休的士大夫。他们在退休之后，一般会在乡学中担任教师。

到孔子办私学时，对教师有了“塾师”、“书师”、“学究”、“老学究”、“村夫子”、“门客”、“馆师”、“馆宾”等称呼，但这些称呼表示的身份不同，比如“学究”和“老学究”是指私塾的教师，“村夫子”是乡村塾中的教师，“门客”是家塾的教师。

自战国至唐宋，人们尊师重教，教师地位很高。人们对教师又有了新的尊称。比如：

先生：起初是指年长而有学问的人，后来指称老师。

讲席：原指高僧、儒师讲经讲学的席位，后用作对师长、学者的尊称。

夫子：最早指年长者，后为孔门弟子对孔子的尊称，后用以沿称教师，以示尊敬。

西席：古人席地而坐，以居西而面东为尊，故教师被称为西席，也称“西宾”。

函丈：也称“函仗”，原指讲学者与听讲者的坐席之间相距一丈的距离，以后用来指对学者或老师的敬称。

师范：此用法在今日仍沿用，因为教师应当有丰富的知识和高尚的德行。他们的言谈举止都应是学生的表率。所以，这一词便理所当然地成了教师的别称。

绛帐：汉代著名的学者马融在授课之时，常居于高堂之上，身边放下红色的帷帐，“前授门徒，后列女乐”。此后也有人用“绛帐”或“绛帷”作为对师长的尊称。

除了以上这些之外，教师的别称还有："世儒"、"师儒"、"耆艾"、"老夫子"、"尊师"等。

称呼女孩子为"黄花闺女"的由来

"黄花闺女"一词的来源在民间有两种说法。

第一种说法是由"贴花黄"而来，这还要从古代女孩子的装扮上说起。古时未婚女子在梳妆打扮时，都喜爱在脸上"贴花黄"。这里的"花黄"就是用采集的花粉做成黄色的粉料。所谓"贴花黄"，就是指用薄纸片、干花片、云母片、蝉翼、鱼鳞、蜻蜓翅膀等剪成各种花、鸟、鱼等漂亮的形状，沾满黄粉之后将其粘贴于额头、酒靥、嘴角、鬓边等处，使女孩子看起来更好看。

贴花黄也有一个很有趣的来历：相传在南朝时，宋武帝刘裕的女儿寿阳公主与宫女们在宫中的花园里嬉戏。玩了一会儿，寿阳公主感到有些累了，便躺卧在含章殿的房檐下休息。当时正值梅花盛开的季节，树上地下都有许多漂亮的梅花，一阵风过，有一瓣梅花恰巧落在了公主的额头上。公主脸上的汗将梅花渍染，留下了点点花痕。此时恰好皇后从此经过，看见了公主额头上淡淡的花痕很好看，就让寿阳公主保留着它，过了几天后花痕才消失。

爱美的寿阳公主受到此事的启发，便时常摘几片梅花，粘贴在自己前额上。宫女们见了更加漂亮的寿阳公主，也跟着仿效起来。不久，这种被人们称为"梅花妆"的妆饰方式便在宫中流传开来，不久又流传到了民间。

可是，梅花的开放是有季节性的，并不是一年四季都有。于是，有人便想出了一个办法，那就是用花粉做成黄色的粉料，再根据自己的爱好，在额头或两颊画上各种花纹。于是便有了"贴花黄"一说。

在脍炙人口的北朝民歌《木兰辞》中，木兰恢复女儿打扮时也提到了一句"对镜贴花黄"。可见，贴花黄在北朝时期就已经是少女们必不可少的装扮了。后来，因"贴花黄"成了少女特有的妆容方式，也就成了少女的代名词。时间久了，"花黄"两字颠倒用在"闺女"一词前面，构成了"黄花闺女"一词，这一用法逐渐在民间流传开来，成了未婚少女的代名词。

当然，这只是"黄花闺女"一种说法，还有另一种说法是，"黄花"在旧时指菊花。因菊花能傲霜耐寒，古人常用来比喻人有节操。所以，"黄花闺女”也喻指没有过性行为的年轻女性。

古代女性的称呼中有字吗

古代的男人大多有“字”，那么在古时，女人有“字”吗？

古代的女子也是有“字”的，但不是人人都有，通常只有贵族女子或有一定社会地位的女子才有“字”。如蔡琰，字文姬；班昭，字惠班；董白，字小宛等等。

但与名不同，取“字”较取名要晚得多，女子一般是在许嫁而行笄礼的时候所取。笄礼是古代女子的成人礼，一般由家中的主妇主持，为笄者结发加笄，要将头发梳成发髻，盘在头顶，并在发髻上加一根簪子，以此来区别童年时代的发式。随后，父亲或丈夫要为笄者取表字，女宾们则要为笄者祝酒，并宣布为笄者所取的表字。

因为取字与出嫁有关系，所以女子待嫁也称为“待字”或“待字闺中”。因此，“字”逐渐有了“许配”之意，譬如，一位长者对一个年轻人说“字以其女”就是要把女儿许配给他的意思。

足下、膝下、手下等的称谓

我们常听到古装电视里人与人交谈时说一些“足下”、“膝下”等称谓，这些与身体部位有关的词语与身体有什么关系？表达的又是什么意思呢？

这些词中最为常见的是“足下”。史书中有很多臣子敬称君主的例子，《战国策·燕策一》记载苏代对燕昭王说：“足下以为足，则臣不事足下矣。”意思是说：“您认为够了，那么我就不必在此侍奉您了。”“足下”可以是下对上的敬称。

“足下”这个词也见于《异苑》卷十，晋文公盛怒下烧死了介子推，十分悲痛，于是令人砍下这棵大树制成木屐说：“悲乎，足下！”。这里“足下”代表晋文公所尊重的人，所以“足下”一词也可以用于对敬重的人的称呼，意思相当于现代汉语中的“您”。

为什么尊敬要用“足下”来表示呢？有人对这一词有这样的解释：见到

尊贵的朋友，我不敢看您的脸，我只敢看你的脚下，就是低头的意思。随着词语发展，“足下”不仅仅用于臣下对君主的敬称，也可以用于对敬重的人的称呼，还可以用于表示对同辈、朋友的尊称，如司马迁的《报任少卿书》开篇即用“少卿足下”作为对朋友任安的称呼。后来这种用法逐渐增多，频繁用于同辈之间。

除了“足下”外，古代还有“手下”、“膝下”等词语，这些词又各代表什么意思？

手下：多指率领的部下。三国时期已有这种用法，在明清小说中更是普遍出现。

膝下：在古时有两重意思，其一是指子女幼年时经常在父母的膝下活动，故以“膝下”表示子女。后来借指父母，有亲切之意。后来宇文护在《报母书》中写道：“违离膝下，三十五年”，这是说自己离别母亲已35年了。可见膝下也可以借指父母，含有亲切之意，表示对父母的敬爱。另一种用法是一个指代词，指下跪，但是引申义为“屈服”。京剧《桑园会》有唱词：“男儿膝下有黄金，岂肯低头跪妇人”，这句话中的膝下就是这个意思。

第四章　绘画与工艺

文房四宝

旧时把“笔墨纸砚”称之为“文房四宝”，文房，即书房。北宋苏易简著有《文房四谱》一书，叙述了四种文具的品类及故事等。这些文具，制作历史悠久，名手辈出，且种类丰富，风格独特。比较著名的有：浙江吴兴的湖笔、安徽歙县的徽墨、安徽泾县的宣纸、广东端州的端砚。因此，有说法称文房四宝为：湖笔、徽墨、宣纸、端砚。

毛笔在我国有着悠久的历史。据史料记载，早在新石器时代，我们的祖先就已使用最原始的笔来给陶器纹绘了。传说秦大将军蒙恬发明毛笔，于是，秦汉两代毛笔大量使用。

据梁同书《笔书》记载，做笔的材料有 31 种之多，包括兔毛、羊毛、鼠毛、狐毛、狼毛、貂毛、鸭毛等等。从性能上说可分成三类，即软毫、硬毫和兼毫三种。根据锋颖的长短，可分为“长锋”“中锋”和“短锋”。

晋唐以来最负盛名的毛笔产地是宣州溧水县中山（今江苏溧水、溧阳一带）。到了元代，浙江湖州（今吴兴）地方的制笔工艺有所发展，较之宣笔更柔韧，逐渐取代宣笔而风行全国，成为最著名的毛笔品种。明清时期，湖州已成为制笔业的中心。

墨是书写绘画的重要色料，它是以矿物制成的。我国墨的发明年代也很久远，在河南安阳殷墟就有发现。因配料、用胶的不同，可分为松烟墨、油烟墨和选烟墨三种。

墨色有浓淡干湿之分。古代大多数书法家偏好浓墨，如宋代苏轼。浓墨书写，易造成温润深厚的艺术效果，字特别有精神。浓墨的效果苍劲古朴。淡墨习字，则清逸淡泊，宋米芾和明董其昌就喜爱使用淡墨。一般来讲，写大字墨浓，小字墨淡；硬毫笔墨浓，软毫墨淡；楷书墨浓，行草则墨淡。

魏晋南北朝时期，纸张的生产技艺大大提高，为书法用纸提供了雄厚的物质基础。明代则开始制造专门适合书画用的宣纸。宣纸原产于安徽宣城一带，其主要原料是松树皮。由于纤维长、拉力强，所以加工后质地绵韧，洁白细密，着墨程度强。上等宣纸，墨干以后将纸浸入水中墨能保持不化，且保存时间很长，不易发脆断裂。因此，宣纸被称为“纸中之王”，有“莹润女口玉”、“冰翼女口霜”之誉。

砚俗称砚台，根据原料不同有石砚、陶砚、玉砚之分，其中最广泛使用的当属石砚。

《清明上河图》

《清明上河图》是北宋画家张择端所绘，是中国十大传世名画之一，是我国绘画史上的瑰宝。

《清明上河图》以精致的工笔记录了北宋徽宗时代首都汴京（今开封）郊区和城内汴河两岸的建筑和民生，描绘了北宋京城汴梁以及汴河两岸的繁华景象和自然风光。

全图可分为三个部分。第一部分是城郊的景色：树林掩映下的茅舍、草桥、流水、老树、扁舟。两个脚夫赶着五匹驮炭的毛驴走在小道上，路上还有一顶轿子，内坐一位妇人。轿后跟随着骑马的、挑担的，看样子是从京郊踏青扫墓归来。

第二部分就是汴河，这也是最精彩的部分。汴河是北宋国家漕运枢纽，商业交通要道，一座规模宏伟的木质拱桥飞架在河的两岸。河两岸店肆林立，桥上摊贩众多，车水马龙。人们有在茶馆休息的，有在看相算命的，有在饭铺进餐的。河里船只往来，首尾相接，或纤夫牵拉，或船夫摇橹，有的满载货物，逆流而上；有的靠岸停泊，正紧张地卸货。有一只大船正准备过桥，画家精心描绘了这一紧张的劳动场面：船夫们有用竹竿撑的，有用长竿

钩住桥梁的；有用麻绳挽住船的；还有几人忙着放下桅杆，以便船只通过。邻船的人也在指指点点地像在大声吆喝着什么，船里船外都在为此船过桥而忙碌着。桥上的人，也伸头探脑地在为过船的紧张情景捏了一把汗。这一段是全图的最高潮。

第三部分是城区的繁华景象。这里以高大城楼为中心，一队骆驼驮着货物正慢慢走出城门。街道平坦宽广，各行各业的店铺排列齐整，买卖兴隆。城区内外行人摩肩接踵，川流不息；有做生意的商贾，有看街景的士绅，有骑马的官吏，有叫卖的小贩，有乘坐轿子的大家眷属，有身负背篓的行脚僧人，有问路的外乡游客，有听说书的街巷小儿，有酒楼中狂饮的豪门子弟，有城边行乞的残疾老人，男女老幼，士农工商，三教九流，无所不备。交通运载工具：有轿子、骆驼、牛马车、人力车，有太平车、平头车，形形色色，样样俱全。绘色绘形地展现在人们的眼前。

画家成功地描绘出汴京城内及近郊在清明时节社会上各阶层的生活景象，主要表现的是劳动者和小市民。对人物、建筑物、交通工具、树木、水流之间相互关系的处理，非常巧妙，整体感很强。而且画中所绘为当时社会实录，为后世了解研究宋朝城市社会生活提供了重要的历史资料，具有极大的考史价值。此后历代绘制的都市风俗画，无不受其影响。

关于《清明上河图》的命名，看法不一。比较可信的是：这个命名含有“承平”、“太平”之意，封建社会常用其以称颂“太平盛世”。

扬州八怪“怪”在何处

扬州自隋唐以来，即以经济繁荣而著称，进入清代，更是成为我国东南沿海一大都会和全国的重要贸易中心。经济的繁荣，也促进文化艺术事业的兴盛。扬州吸引了很多的文人雅士，其中“扬州八怪”是比较著名的。

虽称为“扬州八怪”，但据各种著述记载，共有 15 人之多。我们一般所说的“扬州八怪”指的就是汪士慎、郑燮、高翔、金农、李鱓、黄慎、李方膺、罗聘等八人。这些画家不愿意走临摹抄照的道路，他们追求的是创新。因此，他们的作品，无论是取材立意，还是构图用笔，都有鲜明的个性。这些都是有悖于当时的主流的，被世俗所不纳，在一般人的眼中他们是比较“怪”的。

"扬州八怪"崇尚石涛所提倡的艺术主张，那就是"师造化"、"用我法"，反对"泥古不化"，要求画家到大自然中去吸收创作素材，强调作品要有强烈的个性。因此，他们另辟蹊径，要创造出"掀天揭地之文，震惊雷雨之字，呵神骂鬼之谈，无古无今之画"，来自立门户，就是要不同于古人，不追随时俗，风格独创。他们的作品有违当时人们的欣赏习惯，人们觉得新奇，也就感到有些"怪"了。"扬州八怪"画家突破了"正宗"的束缚，在继承传统的基础上，重在自己创造与发挥，穷其一生，为创造新的画风而努力。

另外，他们的绘画往往取材平凡，但能从平凡中画出不平凡。如李方膺画"风竹"，闵贞画"雪松"、金农画"瘦马"等，并不是将这些题材当作单纯的自然物来看待，而是赋予它们一定的人性或社会性。郑燮画兰花居然还画荆棘，歌颂荆棘可以护兰的作用，使之成为"美人"的"卫士"。

人们常常把自己少见的东西，视为怪异，因而对"八怪"那种抒发自己心灵、纵横驰骋的作品，感到新奇，称之为怪。也有一些习惯于传统的画家，认为"八怪"的画超出了法度，就对八怪加以贬抑，说他们是偏师，属于旁门左道，说他们"示崭新于一时，只盛行于百里"。

"扬州八怪"的艺术不受陈法约束，更显出他们大胆的创新精神。不仅是在绘画上，在一些言行上也有其"怪"之处。譬如郑燮，就是我们常说的郑板桥，兴至作画，作画之余，还要骂人。他从官吏到和尚，除皇帝以外无所不骂。因此，他们的"怪"还是有分寸的，都没有超出当时礼教的范围。

"扬州八怪"的书法艺术有何特色

"扬州八怪"是我国18世纪中期，清康熙至乾隆年间一支"异军突起"的书画群体。它的形成与以画院为正统的书画流派截然不同。以"八怪"为旗手，并以各具面目而又共具特性的书画作品而汇集成派。

"扬州八怪"的书法蔚为大观，与正统帖学书法对立，成为碑学书法的一支前卫力量。其中，成就最突出的当推黄慎、汪士慎、郑燮、金农四家。

黄慎的诗文、狂草书法、绘画被称"三绝"，因此有"黄慎草书狂怪险绝"的说法。黄慎书法源于章草，又融人自我的书法意趣，给人狂怪难识的感觉，因此，他的书法极具个性。书法点画纷披，结字奇古险绝，散而有连。字间连带折转自如，标新立异，表现出书法极强的个性。

汪士慎工于楷行，用笔含隶意，书法中微见画笔，其隶书脱胎于汉碑，结体方整，法度严密，古拙厚朴，雄浑有气魄，标新立异，自成一家。汪士慎双目失明后，依然能挥毫，写出精妙的草书作品，从而显得别具一格。

金农在诗、书、画、印以及琴曲、鉴赏、收藏方面都很有造诣。他的书法以古朴浑厚见长。他首创的漆书，是一种特殊的用笔用墨方法。“金农墨”浓厚似漆，写出的字凸出于纸面。所用的毛笔，像扁平的刷子，蘸上浓墨，行笔只折不转，像刷子刷漆一样。这种方法写出的字看起来粗俗简单，无章法可言，其实是大处着眼，有磅礴的气韵。最有代表性的是他的行草。他将楷书的笔法、隶书的笔势、篆书的笔意融进行草，自成一体，别具一格。其点画似隶似楷，亦行亦草，长横和竖钩都呈隶书笔形，而撇捺的笔姿又常常近于魏碑，分外苍劲、灵秀。尤其是那些信手而写的诗稿信札，古拙淡雅，有一种率真天成的韵味和意境。

郑板桥的书法最有特色的是自创的“六分半书”，就是将楷、隶、草以及画法融入其中的书法。李玉《瓯钵罗室书画过目考》卷三这样说郑板桥的书法：又有黄鲁直，合其意为分书。隶书就是所说“分书”，又称“八分书”，隶书于楷，而又分书糅入楷法，所以称为“六分半书”。其主要特点是将真、草、隶、篆四体综合，又参之作画的方法，因而自出机杼，别开生面，显得高古简朴，风姿绰约，墨花流润，意态洒脱。

王羲之与《兰亭集序》

《兰亭集序》是王羲之最著名的书法作品，被后人奉为行书典范，是书法艺术宝库中的奇葩。王羲之遗留下来的书作有章草、今草、楷书、行书四种，以行书最为著名。他的行书遒媚劲健，变化万千，《兰亭集序》更是行书极品之作。从文学的角度，它文字优美，情感旷达闲逸，是千古绝妙的好文章。从书法的角度，它被誉为法帖之冠，被各代名家悉心钻研。

王羲之生活在一个由隶书转变到楷书的过渡时期。他所致力研究的是张芝的草书和钟繇的楷书。他融会古今的笔法，对之加以变化和发展，形成新的体貌。他早期作品《姨母帖》还比较质朴，后来逐步摸索形成妍美流畅的新体。

史载，晋穆帝永和九年（公元353年），王羲之与友人谢安、孙绰等名流及亲朋共四十几人聚会于会稽山阴（今浙江绍兴）的兰亭，饮酒赋诗。他们列坐于曲水两侧，将酒觞置于清波之上，飘流到谁的面前，谁就要即席赋诗，否则罚酒三觞。王羲之将众人的诗文汇集成集，并写了一篇序，就是这篇《兰亭集序》。传说当时写时王羲之已是酒酣之时，他乘兴用蚕茧纸、鼠须笔疾书而成，信手写来，字体潇洒流畅，气象万千，通篇布局天然，结构多变，用笔精妙，道媚劲健，端秀清新，浓纤得体，圆润流畅，充分表现出晋人潇散自然的风致，无愧为“天下第一行书”之称。其中20多个“之”字，千变万化，无一雷同，或平稳舒放，或藏锋收敛，或端整如楷，或流利似草，变化不一，尽态极妍。

据说他后来又写了几遍，但都不及这部好，于是感叹说：“此神助耳，吾何能力致。”因此，他自己也十分珍惜这部作品，把它视为传家之宝。

《兰亭集序》为历代习书者竞相临摹，但无论摹写得多么细致，都难以体现出原作品中流露出的乘兴而书的那种神采。唐太宗得此后，曾摹拓数本分赠近臣，以神龙半印本最为传真。

现在传世的皆为摹本，有人认为唐太宗死后，《兰亭集序》原迹被陪葬于昭陵。

杨柳青年画的特色

杨柳青年画是在中国北方流传于民间的木版年画，因在天津市西南杨柳青镇生产而得名，创始于明朝崇祯年间，盛于清朝雍正、乾隆至光绪初年。在中国版画史上，杨柳青年画与南方著名的苏州桃佐坞年画并称“南桃北柳”。

杨柳青年画的画师都是世代相传的高手，技法精湛，构图细腻匀整，讲究对称。在创作人物头脸衣饰时，多用粉金晕染，色彩绚丽；刻工刀法娴熟，细入毫发；印制工艺也甚考究，有些套板印刷之后，还须手工填彩，整个画幅，使人觉得富丽而悦目。

其取材内容极为广泛，诸如历史故事、神话传奇、戏曲人物、世俗风情以及山水花鸟等，特别是那些与人民生活密切关联的题材，例如《庄稼忙》、《庆赏元宵》、《秋江晚渡》、《携壶南村访旧识》、《新年多吉庆，合家乐安然》、《渔妇》，以及带有时事新闻性质的《女子求学》、《文明娶亲》和《抢当铺》等，不仅富有艺术欣赏性，而且具有珍贵的史料研究价值。以这些优秀作品为代表的现实主义和浪漫主义相结合的优良传统，形成杨柳青年画艺术的主流，一直延续发展至今。

杨柳青年画的艺术特点较为突出的是表现在制作上。制作程序大致是：创稿、分版、刻版、套印、彩绘、装裱。前期工序都是依据画稿刻版套印；而后期制作，却是花费较多的工序于手工彩绘，把版画的刀法版味与绘画的笔触色调，巧妙地融为一体，使两种艺术相得益彰。而且还由于彩绘艺人的表现手法不同，同样一幅杨柳青年画坯子（未经彩绘处理的墨线或套版的半成品），可以分别画成精描细绘的“细活”和豪放粗犷的“粗活”，艺术风格迥然不同，各自具有独自的艺术价值。

新中国建立以后，杨柳青等地成立印刷出版机构，在继承和发扬传统年画的同时，也创作出一些反映社会主义建设事业的新年画。近年来，更是到日、欧多国展出，为中外文化交流做出了有益的贡献。

中国版画艺术

版画是中国画重要的画种之一，一开始也是以宗教题材为主要内容的，是宗教的宣传工具之一。现存我国最早的版画，有款刻年月的，是举世闻名的“咸通”本《金刚般若波罗蜜经》卷首图，根据题记，作于公元 868 年。四川成都唐墓出土的“至德”本版画，据估计比“咸通”本早约百年。

版画就是用刀子或化学药品等在木版、石版、麻胶版、铜版、锌版等版面上雕刻或蚀刻后印刷出来的图画。在西方，版画一词有广义和狭义两种含义：广义指架上油画和壁画等大幅绘画以外的一切绘画，如水彩画、水粉画、粉笔画、素描、速写、插图、宣传画、连环画等；狭义专指经过刻版和印刷而成的图画。中国通用的版画一词多属狭义。

据说在晋代，人们入山时身上都佩带一块四寸长的本板，上面雕了 120 个字的咒语作为护身符吓唬鬼怪和野兽。这种作为经咒护符的印板如果沾上墨压在纸上，就是民间所用的符咒，这就是中国早期的雕版印刷。这些民间的符咒不是道教的，就是佛教的。于是从宗教中产生了四大发明中的一种——印刷术。

版画经历了由复制到创作这两个发展阶段。早期的版画是为印刷与出版而制作，画者、刻者、印者分工，刻者只照画者的画稿刻版，称作复制版画。后来版画在艺术上赢得了独立的地位，画者、刻者、印者都由版画家一人自任，版画家得以充分发挥自己的艺术创造性，这种版画称作创作版画。

从类型上分，版画有 4 种：凸版、凹版、平版和孔版版画。从材料上分，凸版版画中有木刻、麻胶刻、石刻、砖刻、纸刻、石膏刻等。在凹版版画中有金属（主要是铜和锌）版画、赛璐珞版画、纸版画等。在平版版面中有石版画、独幅版画等。在孔版版画中有丝网版画、纸孔版画等。由于所用材料不同，刻版工具和方法也各异，遂产生各种类型版画的特色；更由于各个版画家发挥其创造性及刻制、印刷（主要是手印）的技巧，版画艺术的形式更是丰富多彩。

版画首先是以宗教经卷走上历史舞台的，后来题材有了很大的拓展，包括书籍的插图、年画及其他节令风俗画以及独幅的风俗画等。版画艺术密切联系着人民生活及其需要的优良传统。

敦煌彩塑展现了怎样的艺术成就

坐落于甘肃省敦煌县东南鸣沙山东麓的莫高窟，被世人称为“沙漠图书馆”，这座辉煌的艺术宝库展现了我国古代的艺术成就和人民的智慧，为世界留下了一笔非常宝贵的文化遗产。

敦煌莫高窟最突出的就是壁画和彩塑，壁画被称为“墙壁上的图书馆”，那一幅幅美轮美奂的佛像画卷，将人们带入了神秘灵动的氛围之中，留恋于超脱生死的境界去遨游。壁画也历来被很多学者所关注和研究。

敦煌彩塑与壁画相比，虽然其光辉被壁画盖过，但敦煌彩塑的艺术成就同样是非常卓越的。由于敦煌以彩塑为造像的主要手段，而泥塑其实可以比石雕塑造得更加精巧细腻，加上高超的敷彩技艺，敦煌的彩塑造像便在芸芸石窟造像中独树一帜了。

敦煌莫高窟经历了从北魏到如今 1500 多年的风雨洗礼，保存着历代塑像

3000 余座。这些彩绘塑像不仅数量多，延续时间长，而且塑绘技术很高，保存完好，堪称世界文化宝库中一颗灿烂的瑰宝。

敦煌彩塑的主要形象是各种佛像，如释迦牟尼、弥勒、药师、三世佛及七世佛等；其次为菩萨像，如观音、大势至及供养菩萨；还有弟子、天王、力士和飞天等。这些彩塑，造型生动。有的秀骨清风，有的肌肉丰满，有的体态玲珑，有的气魄雄伟。所有色彩，明暗不一，有的朴素，有的华丽，显示出历代不同的艺术风格，充分展示了我国古代民间匠师的卓越创造，体现出劳动人民智慧的光芒。

因石窟开凿在砾岩上，不能雕刻，便采用泥塑的传统方法塑像。古代工匠便以捏、塑、贴、压、削、刻等传统泥塑技法，塑出简洁明快的形体，然后用点、染、刷、涂、描等绘画技法赋彩、润饰皮肤，画出细节，体现质感。

主要形式有：圆塑——指不附着在任何背景上，可以四面欣赏的，完全立体的塑像。主要用于表现佛、菩萨、天王等。浮塑——是在平面上塑出凸起的形象。如塑像的衣服、飘带及人字披的背、檐等。

在彩塑的造型和赋彩上，普遍运用了“夸饰”手法。以菩萨像为例，长眉入鬓，嘴角深陷，项下加三级，加长手指，等等，看似违反生理现象，但实际不仅无损于形象的真实性，反而更好地表现了眉目娟秀、面颊丰润、手指纤巧等女性的特征，增强了形象的典型性和艺术魅力。

敦煌彩塑最突出的艺术特点是整窟塑像和壁画互相结合，互为一体，互相陪衬，互相补充。佛龛、佛坛上的彩塑与四壁的绘画辉映呼应，相得益彰，既达到了整窟艺术的统一和谐，又衬托出塑像在窟中的主体地位；另一特点是丰富多彩，姿态各异。所塑神像在洞中重复出现，容易千人一面。但古代雕塑家凭着丰富的想象力将同一神像塑造出形神风貌、性格特征各不相同的彩像，富有强烈的艺术感染力和欣赏价值。

仕女画

仕女画是人物绘画中重要的一科。“仕女”一词，唐代及唐之前专指帝王后妃夫人一类的妇女，宋代以后泛指一般的佳人美女，而不局限于贵妇。从现存的历代仕女画中，我们看到它描绘的对象有村姑、渔妇、歌妓、丫鬟等各类女性。

据《西京杂记》载，汉代宫廷画家毛延寿便开始创作仕女画，距今已有两千多年的历史。楚时《风夔人物帛画》中所画的女子，可以说是我国历史上最早的一张仕女画（主要指流传至今的作品），但也仅仅只是原始仕女画的雏形。

晋代，仕女画有了发展，如顾恺之的《洛神图》。但由于不能摆脱宗教的束缚，同时也受“人大于山”及带有浓厚装饰风味的人物与布景的影响和局限，这个时期的仕女画仍然不很完善。

唐代仕女画有所发展和突破，是仕女画发展中的一个初步形成阶段。张萱和周防把仕女画从宗教的束缚中解放出来，使它成为一个可与山水、花鸟画并列的单独画种。

五代是仕女画的鼎盛时期。仕女画画家不仅继承了唐代仕女画的优秀传统，而且在塑造人物形象、掌握人体骨骼和比例关系以及用笔、设色等方面，都有极大的创造和发挥，为仕女画的形成和发展作出了卓越的贡献。

五代至宋元时期由于山水画的发展，仕女画曾一度中落，至明清才复兴。由于历朝审美观点的不同，仕女画不再以唐画的丰肌厚体为美，而代之以纤细瘦削、体态娇柔、“弱不禁风”的病态美人了。仕女画比较有代表性的，除上面提到的以外，还有如唐代周昉的《挥扇仕女图》卷，张萱的《虢国夫人游春图》卷，成为仕女样式的典型。历代都有传世名画，如五代周文矩的《重屏会棋图》卷，北宋王居正的《纺车图》卷，明代仇英的《列女图》卷，清代费丹旭的《仕女册》等。民间木版年画中的“美女画”，亦称“仕女画”。

“画圣”——吴道子

吴道子，又名道玄，河南阳翟（今河南省禹州）人，唐代著名画家，生活在稍晚的开元、天宝年间。被后世尊称为“画圣”，被民间画工尊为祖师。画史尊称吴生。

那么，吴道子为什么在去世后不到一百年的时间就被后人尊为“画圣”呢？吴道子活动的时代，正是唐代国势强盛、经济繁荣、文化艺术飞跃发展的时代。唐代时的洛阳和长安，是当时全国的文化中心，涌现出了一大批非常优秀的画家，如群星璀璨。吴道子在这种环境的影响下，以杰出的天才，迅速成长起来的。吴道子的出现，是中国人物画史上的光辉一页，他吸收民间和外来画风，确立了新的民族风格，即世人所称的“吴家样”。就人物画来说，“吴装”画体以新的民族风格，照耀于画坛之上。

吴道子借鉴前人的技法，把中国画运用线条的方法发挥到了更高的境界。这主要体现在他突破了前人“密体”的绘线传统，而创造出一种“疏体”。其特点是笔势磊落、圆转多变，看似用笔不同，实则是笔简意全。

吴道子的代表作《天王送子图》就很好地体现了“疏体”的特征。画面上无环境的陪衬，人物服饰的线条勾勒有轻重、粗细、快慢的变化，造成衣袂飘带如被风吹拂而飞扬，即有名的“吴带当风”特色。同时，以线条白描出的飘带飞扬，在人物之间与画面之间起到了相联系照应的纽带作用。吴道子的线条运用已经达到了飘逸、绝美、穷极造化的境界。

他还曾在长安、洛阳寺观中作佛教壁画四百余堵，情状各不相同：落笔或自臂起，或从足先，都能不失尺度。写佛像圆光，屋宇柱梁或弯弓挺刃，不用圆规矩尺，一笔挥就。他用状如兰叶，或状如纯菜的笔法来表现衣褶，有飘动之势。他在长安兴善寺当众表演画画，长安市民，扶老携幼，蜂拥围观，当看到吴氏“立笔挥扫，势若旋风”，一挥而就时，无不惊叹。

作为一名画家，吴道子的作品以宗教人物画为主，同时也是中国山水画之祖师。他创造了笔间意远的山水“疏体”，使得山水成为独立画种，从而结束了山水只作为人物画背景的附庸地位，对后世影响极大。

总之，吴道子被誉为“画圣”是理所当然的，正如苏轼所言，“画至吴道子，古今之变，天下之能事毕矣”。吴画能“出新意于法度之中，寄妙理于豪放之外”，鲜明地区别于前代任何一位画家。吴道子写意山水的艺术效果甚至被人传为神话，传说其所画之水每当夜深人静之际即发出潺潺的流水声。这是吴道子深刻观察与高超技法相结合的神奇艺术结晶。可惜吴道子的画流传下来的极少，有的只是后人的摹本。他的艺术风格，千百年来为画家所赞赏和效仿。

甲骨文与金文是如何产生的

甲骨文是中国的一种古代文字，被认为是现代汉字的早期形式，有时候也被认为是汉字的书体之一，也是现存中国最古老的一种成熟文字。

甲骨文是商、周时期刻在龟甲兽骨上的文字，又叫“契文”、“卜辞”、“龟甲文字”、“殷墟文字”。最早出土于河南安阳小屯村的殷墟，1899 年被学者王懿荣首次发现，清末孙诒让著《英文举例》，开始对甲骨文加以解释。1928 年后经多次发掘，先后出土达 10 余万片。这些文字都是商朝利用龟甲兽骨占卜吉凶时写下的卜辞和与占卜有关的记事文字，为盘庚迁殷到纣亡二百多年间的遗物，是研究商朝社会历史的重要资料。现已发现的甲骨文单字在 4500 字左右，可认识的约 1700 字。

殷代早期，中国由新石器时代转入青铜时代。殷代后期，随着制铜技术的高度发展，出现了刻在金属上的铭文，甲骨文的使用急剧衰退，铭文逐渐流行起来。由于古人把“铜”称作“金”，所以这种铸在青铜器上的文字称为“金文”。金文一般是先用毛笔写好，再刻在模子上铸出来，战国时期的金文，有些是直接刻在器皿上的。铸刻的字凹下去的叫“阴文”，又称“款”；凸起来的叫“阳文”，又称“识”，合称“款识”。

大篆、小篆和隶书

大篆广义指甲骨文、金文、籀文和春秋战国时通行于六国的文字，也就是秦代以前通用的一种文字。狭义专指周定王太史定的文字，即“籀文”，代表作为《石鼓文》。因为大篆是由甲骨文演变而来的，所以很多字与甲骨文很相似。

金文《史颂鼎》拓片大篆是西周时期普遍采用的字体，相传为益所创。针对不同的书写媒介，大篆亦有金文（或称“钟鼎文”）、籀文之别。

金文是铭刻在古代一切铜器上的文字，西周和春秋时期，各诸侯国的字体有些区别，出土的各种铜器上铭刻的文字并不通用，年代不同也有所变化。

大篆的发展结果产生了两个特点：一是线条化，早期粗细不匀的线条变得均匀柔和了，它们随实物画出的线条十分简练生动；二是规范化，字形结构趋向整齐，逐渐离开了图画的原形，奠定了方块字的基础。

战国时代，列国割据，各国文字没有统一，字体相当复杂，秦始皇统一中国后，便废除六国文字中各种和秦国文字不同的形体，以秦国的文字篆体来统一天下的文字，并将秦国固有的篆文形体进行省略删改，同时吸收民间文字中一些简体、俗字体，加以规范，就成一种新的字体——小篆。

小篆也叫“秦篆”，是从大篆字体简化演变而来的。和大篆相比，小篆笔画圆转流畅，谨严浑厚，平稳端凝，笔划均匀，书写起来更加简便，字体长方，每个字大小一样，又整齐又漂亮。现在还可以看到的《秦山石刻》，相传就是李斯用小篆写成的。唐代人称颂李斯的篆书是“画如铁石，字若飞动”，“骨气丰匀方圆绝妙。”

中国文字发展到小篆阶段，逐渐开始定型（轮廓、笔划、结构定型），象形意味消弱，使文字更加符号化，减少了书写和人读方面的混淆和困难，这也是我国历史上第一次运用行政手段大规模地规范文字的产物。

隶书亦称“佐书”、“史书”、“今文”等，是继小篆之后通行的汉字书体。隶书是在篆书基础上，为适应书写便捷的需要产生的字体。就小篆加以简化，又把小篆匀圆的线条变成平直方正的笔画，便于书写。分“秦隶”（也叫“古隶”）和“汉隶”（也叫“今隶”），隶书的出现，是古代文字与书法的一大变革。

据记载，隶书产生于秦始皇时代，在西汉广泛使用中日趋成熟，在汉时臻于鼎盛。以桓、灵之际的碑刻为代表的东汉隶书，书写时更讲究藻饰，富于俯仰之变和波磔之美。它已发展成与篆书决然不同、独具风姿的书体。魏晋以后，隶书逐渐被楷书取代。

隶书是汉字中常见的一种庄重的字体，书写效果略微宽扁，横画长而直画短，讲究“蚕头燕尾”、“一波三折”。

草书

草书是继篆书、隶书之后的又一大书体，草书是为书写便捷而产生的一种笔画连绵、结构省简的字体。草之本意，在古时含有草率、急就、草创、草稿，非正式不成熟的意思。

草书始于汉初，当时通用的是“草隶”，即潦草的隶书，后来逐渐发展，形成一种具有艺术价值的“章草”。汉末，张芝变革“章草”为“今草”，字的体势一笔而成。唐代张旭、怀素又发展为笔势连绵回绕，字形变化繁多的“狂草”。因此，草书有章草、今草和狂草之分。

章草起源于西汉元帝时黄门令史游作《急就章》，因而称之为“章草”。也有的说是东汉章帝爱好这种书体，因而得名。唐张怀瓘说：“章草即隶书之捷”，因而章草还保留了某些隶书笔画形迹。笔画有些连缀索带，但每字不相连属，收笔常像雁尾似的往上挑。

今草起于东汉末期，是在章草的基础上结合新兴楷法发展而成的草体。唐人张怀瓘这样描写今草：“字之体势，一笔而成，偶有不连，而血脉不断。”风格多样，笔势秀丽，晋王羲之、王献之父子擅长今草。

狂草也称大草，是草书中最放纵的一种，笔意奔放，体势连绵。狂草开始于唐代张旭，他的草书特喜连绵回绕，线条偏于丰肥圆劲，甚是神异，人皆以“张颠”称之。传世铭刻以《肚痛帖》、《千字文》最著名；另一代表人物为张旭的学生，僧人怀素。他改张的丰肥为瘦硬，风格为之一变。代表作为《自叙》、《千字文》。

古书为什么从右往左竖排

现代人写字喜欢从左往右横着写，但是我们看到古书却是竖排的，而且是从右往左排列的。这究竟是什么原因呢?

汉字的古代书写，一向是直行向下的，极少例外。这一顺序的起源与书写材料有密切的关系。古时流行的书写材料是竹简和木牍，其纹理多为纵向，通常是单行书写。人们习惯纵向持狭长的物体，一路向下书写；又因为左手拿简，右手执笔，写完便按顺序放在右手侧，左手再去拿新简开始写，就形成了先上后下，从左到右的书写习惯。

另有一种说法是：当人面南背北的时候，仰看天上的星相，假设星相不动的话，就是从右向左看的。在我国（北半球），水在流动时也是向（水的）右侧旋转的。假设字是水的话，它从上向下流，也必然向（字的）右侧旋转，那就另起一列了。甲骨文的历史时期，人们敬天敬地，“仰以观于天文，俯以察于地理，是故知幽明之故”（《易经・系辞上》），很自然地就像天法地，将文字从右向左排。

古代汉字就有现在这么多吗

文字是一个民族文化和历史最好的载体和传播工具，也是最好的交流工具。汉字是中华民族五千年悠久文明历史的见证，是我们传统文化的瑰宝。从现在的记载来看，《中华大字典》共收录4.8万个字；《汉语大字典》共收录5.6万个字；《中华字海》共收录8.6万个字。

那么，古代的汉字到底有多少呢？

据统计，目前我国发现的甲骨文约有3500~4500个字，也就是说，大概在商朝的时候，已经有这么多文字了，因为那个时候人们使用的文字就是甲骨文。

秦始皇统一六国，建立中央集权国家，也统一了使用的汉字，这促进了汉字的发展。等到了汉朝的时候，汉字的数量已经有了明显的增加，扬雄的《训纂篇》收录2040个字，还不算多。许慎的《说文解字》是中国最早的一部字典，共收录了9353个字。

魏蜀吴三分天下的时代，魏国的李登写了一本书叫《声类》，共收录了汉字11520个；而张揖的《广雅》则收录18151个字。较之前朝，汉字的数量已经有了翻番的增长。

梁朝的顾野王著的《玉篇》，共收录汉字22726个，这个收录是比较全面系统的，这也大概就是当时汉字的总数目了。

汉字的数量随着历史的演变也在不断地增加。到了宋代，陈彭年等著的《广韵》收录了26194个字，而王洙、司马光等写的《类篇》共收录了33190个字。汉字的数量又增加了。

到了明代时，张自烈的《正字通》共收录汉字33440个。而清朝的汉字数量却还是在前代的基础上有了进一步的增加，张玉书等编纂的《康熙字典》共收录了47035个汉字。

世界上唯一“活”着的古文字是什么

我们都知道，当我们的祖先还生活在野蛮的原始社会的时候，由于生产力的极度落后，文明程度也很落后，这个时代出现的象形文字是他们用来交流和记事的工具。但随着人类社会的进步和生产力的发展，象形文字这种结合了文字和绘画的文字形式，由于已经完成使命而退出了历史的舞台。

在信息和文明高度发达的21世纪，如果还有人群使用几千年前人类才使用的文字，那不能不说是一个奇迹。这个奇迹真的存在，那就是中国的纳西族先民模仿人、兽、花、鸟和山川河流等形状创造的图画象形文字至今仍有人在使用，因而也被公认为是世界上唯一“活”着的古文字。

人口不足30万的中国纳西族人居住在以滇西北丽江县为中心的金沙江和澜沧江流域。纳西象形文字创始于何时至今无定论。纳西族古籍里说，古代有圣人，为创制汉、藏、纳西三种文字之三人，生于同时，分居三地。纳西象形文字的成批产生，是在政治经济发展较快、纳西族不再迁徙游牧的唐宋时期。

从文字形态发展的角度看，它比甲骨文还要原始，属于文字起源的早期形态。最早是写画在木头和石头上的符号图像，后来发明了纸，才把这些符号图像写在纸上。由于长期以来，纳西象形文字由被称为“东巴”的纳西族巫师掌握并使用着，变化极少，因此也被称为东巴文。

东巴主持各种祭祀仪式时，都要吟诵用纳西象形文字记录的东巴经。这使得纳西象形文字没有如中国的甲骨文、埃及的古象形文、古巴比伦的楔形文字等古文字一样，湮灭在历史的尘埃中。

纳西族地区至今保留着约1.4万卷《东巴经》，给世人留下了为世界所瞩目的文化遗产。翻开古老的东巴经，土黄色书写纸上的图画象形文字生动可鉴。这些文字均是用一头削尖的细竹子蘸墨或带有色彩的矿物粉末写成的。纳西语称纳西象形文字为“司究司鲁”，意为“留在石片木片上的记号”或“见木画木，见石画石”。但刻于木、石之上的纳西象形文字早已不复存在。

迄今收集的纳西象形文字单字有2000多个，因兼有表音、表意和假借的成分，使人感到看《东巴经》犹如看“天书”。

这种古文字被当今学者们认为比巴比伦楔形文字、古埃及圣书文字、中美洲玛雅文字和中国甲骨文字显得更为原始古朴，是目前世界上唯一仍然活着的象形文字，被视为全人类的珍贵文化遗产。对于研究比较文字学和人类文化史具有很高的学术价值，是人类社会文字起源和发展的“活化石”。

古代的“画押”与“封泥”指的是什么

我们常常在影视剧中看到这样的情节：在审完案子后，犯罪嫌疑人对犯罪事实供认不讳，会将供词拿给他，让他签字画押。也有在信上或什么东西上用了“画押”的说法，那么，这种用来作为一种凭证的“画押”到底是怎么来的呢?

“画押”其实就类似于今天的签字，表示认可所写。押的意思就是记号或者签字的意思，但是由于古代很多老百姓都是不识字的，所以他们在签名的时候基本上只能画圈来代替自己的签名。因为是画的就称之为“画押”。

画押印又称“押字”，兴于宋，盛于元，故又称“元押”。元押多为长方形，一般上刻楷书姓氏，下刻八思巴文或花押。历代印章其实都有防伪的作用，而作为个人任意书写变化出来的“押字”（有些已不是一种文字，只作为个人专用记号）就更难以摹仿，从而达到防伪的效果。因而这种押字一直沿用到明清时代。

古代还有一种“封泥”，又叫做“泥封”，它不是印章，而是古代用印的遗迹，即盖古代印章的干燥坚硬的泥团。

由于古代在纸发明和普及之前，文书大多是写在竹简（古代称“简”）或木简（古代称“牍”）上的。传送的时候，把简牍文书捆扎或用囊盛装，用绳子将封口扎住，再用泥团封护，并在泥团上盖上公私玺印，起到信用标识和保密的作用。这种封缄的泥团，就叫做“封泥”。有封货物泥和封文书泥之分。由于原印是阴文，印在泥上便成了阳文，其边为泥面，所以形成四周不等的宽边。

封泥在春秋战国时代到魏晋南北朝时都有广泛的使用，直到晋以后纸张、绢帛逐渐代替了竹木简书信的来往后，才发展到今天的钤印于纸的习惯。后世的篆刻家从这些珍贵的封泥拓片中得到借鉴，用以人印，从而扩大了篆刻艺术取法的范围。

古代玺印是怎样流传下来的

古代的玺印是地位和权利的象征，因此，一些玺印就被一代一代传承了下来。这些传世的古代玺印，大多数出于古城废墟、河流和古墓中。

古代朝代更替频繁，战争时有发生，传世的玺印有的是战争中战败者流亡时所遗弃，也有在战争中殉职者遗弃在战场上的。而按照当时的惯例，凡在战场上虏获的印章必须上交，而官吏迁职、死后也须脱解印绶上交。玺印上交后所代表的这种权利和地位也宣告终结。

还有一些传世玺印是官职连姓名的以及吉语印、肖形印等，这样多是殉葬之物，而不是实际生活用品。

其他在战国时代的陶器和标准量器上以及有些诸侯国的金币上，都用印章盖上名称和记录上制造工匠的名姓或图记性质的符号，也被流传下来。

印章小知识

在现代社会，印章除了承载一些法律上的权利和义务之外，私人是很少使用的，更多的是以签名代替。但印章作为中华文化不可分割的一部分，却有着其光辉的历史和传承。

印章来源于“封泥”。古人在封存和传递物件时，为防止被人打开或拆动，先用绳子扎住物件，绳口用泥块封住，然后在泥块上盖上印记，这印记就是最初的印章。

印章最早不叫印章，叫“玺”。在秦代以前，无论官印还是私印，都叫“玺”，也叫做“鈢”。在秦始皇统一六国后，为了体现皇帝的至高无上，规定只有皇帝的印章才能叫“玺”，所谓的“传国玉玺”。它的质地也特别奢华，一般以上等玉石制成。而大臣、平民的印章只能叫“印”。汉代时也有诸侯王和王太后的印章称为“玺”的。唐代时，虽然中间因为武则天觉得“玺”和“死”近音而改为“宝”。但其后，一直到清代，皇帝的印章都叫“玺”。

印章最早叫“章”的，是汉代的将军印。历代人民对印章的习惯称呼有“印章”“印信”“记”“朱记”“合同”“关防”“图章”“符”“契”“押”“戳子”等各种称呼。

章的作用与印相似，汉官印是印章并称，而称章的，地位则更显赫。传世的有铜印“广武将军章”、封泥“御史大夫章”等。称“记”的有唐代官印“大毛封记”、宋代“永定关税新记”等。

由于印章的形制样式不同，其名称也各不相同。

1. 官印、私印。刻有官职名称的印称官印，其余皆为私印。私印除刻姓名字号外，还有许多别的内容，如收藏、鉴赏等。

2. 朱文印、白文印。这是以文字的凸凹作为区分标志的。凡印面文字凸出的称阳文印，凹入的则称阴文印。书画界一般以印章蘸有朱砂印泥盖在纸上，凡印文为红的称朱文印，白的称白文印。

3．依印章材料和质地的不同，分为金印、石印、牙印、木印。凡金属印皆称金印，有金、银、铜、铁等印。玉石印称石印，有玛瑙、翡翠、水晶、玉、田黄、鸡血石、寿山石、青田石等印。牙印指动物的牙、骨、角制成的印，有象牙、牛角等印。木印则取质地细腻致密的木材作印，如黄杨木、白桃木等。

在我国文学书法史上，玺印书体是独特的一类。战国古玺的文字风格与当时青铜器铭文相一致。秦印文字采用小篆，呈现方正平实的趋势。汉印在印章文字书法、构图、线条、形制等方面别出心裁，笔画装饰仿抽象、轮廓化的鸟、虫、鱼形，富有流动妍丽的美感，产生自觉装饰美化的倾向。构图也随之多样化。宋元时期，隶、楷字体出现，打破了篆书“一统天下”的格局。明清的印文书体上注重以秦汉篆书为规范，并加以个性化、多样化的创造，产生了篆刻风格千峰竞秀的局面。

宋徽宗的“瘦金书”

宋徽宗赵佶在治国和政治上都乏善可陈，但是在琴棋书画方面却是颇有建树。他不仅擅文辞，通音律，尤精于书画。后人称赞他“书画精妙，亦古今首届一指”。最有名的当属他独创的“瘦金书”。

这种艺术指一种具有瘦细、劲挺特色的楷书。它全用外拓法，如画兰竹，运笔挺劲犀利，轻落重收，书虽瘦细而有腴润飘逸之感。结构上既圆满秀丽，又通篇法度森严，犹如众宫女和乐起舞，翩翩穿梭而章节不乱，充分反映出宫廷生活的特色。

“瘦金书”不仅在宋代诸多书法家中独树一帜，也是亘古唯有，它使得宋徽宗虽不能称雄政坛，却得以独步书坛。

第五章　音乐、舞蹈及戏曲

五线谱和简谱

五线谱是目前世界上通用的记谱法。在五根等距离的平行线上，标以不同时值的音符及其他记号来记载音乐的一种方法。

五线谱的前身是中世纪的纽姆记谱法及有量记谱法。五线谱就是在此基础上出现的，到 17 世纪逐步完善，18 世纪开始定型而沿用至今。如小节线原用于文字谱，17 世纪末被五线谱所采用；升降记号通用于 18 世纪，表情记号取有量记谱法；装饰音记号源于纽姆谱。19 世纪中叶以后，五线谱开始在中国应用。

简谱是一种简易的记谱法。有字母简谱和数字简谱两种。数字简谱以可动唱名法为基础，用 1、2、3、4、5、6、7 代表音阶中的 7 个基本音级，读音为 do、re、mi、fa、so、la、si，休止以 0 表示。每一个数字的时值名相当于五线谱的 4 分音符。数字简谱的雏形初见于 16 世纪的欧洲。18 世纪中叶，法国思想家卢梭再加改进，大力倡导。19 世纪才得到广泛使用。19 世纪末，传到日本，再传入中国。

欧洲音乐之父巴赫

巴赫（1685—1750 年）是德国最伟大的古典作曲家之一，又是管风琴演奏家。他生于德国爱森那赫市一个音乐世家，18 岁起历任多处教堂和宫廷的乐长及管风琴师，但生前仅以管风琴演奏家著名。他笃信宗教，把路德派新教的众赞歌和教会乐器管风琴当作自己的创作素材和音响构思的核心，但他又深受资产阶级启蒙思想的影响，这使他的宗教作品明显地突破了教会音乐的规范，具有丰富的世俗情感和大胆的革新精神。其创作以复调手法为主，构思严密，感情内在，富于哲理性和逻辑性。代表作品为大型声乐套曲《马太·受难曲》、《约翰·受难曲》、《b 小调弥撒曲》、《宗教改革运动康塔塔》、《农民康塔塔》、《咖啡康塔塔》；器乐作品《布朗登堡协奏曲》六首、《十二平均律钢琴曲集》两集、《d 小调托卡塔与赋格》、《意大利协奏曲》、《赋格的艺术》一集、《音乐的奉献》一集、《无伴奏小提琴组曲与奏鸣曲》六首等。但由于当时种种社会原因，巴赫的创作才能未得到应有的尊重，直到 19 世纪中叶，经门德尔松等人的大力推荐，他的作品才得到大量出版和演奏。巴赫的作品对近代西洋音乐具有深远的影响，因而被称为“音乐之父”。

音乐神童莫扎特

奥地利作曲家莫扎特（1756～1791 年），是音乐史上罕见的奇才。他出生在一个音乐家庭，父亲是一位经验丰富的小提琴家。莫扎特 3 岁学习钢琴，5 岁开始作曲，6 岁跟随父亲到欧洲各国旅行演出，轰动了欧洲，被誉为“音乐神童”。这位过早成熟的天才，虽也受到过王公贵族的种种厚爱和赞赏，但也饱尝了贵族社会对他人格的蔑视和侮辱，身心遭到一次次打击。后来，莫扎特终于辞掉宫廷里的职位，摆脱了奴仆般的地位，勇敢地成为奥地利第一位不依附于贵族的自由作曲家。莫扎特的作品，具有优雅、清新、欢快和抒情的风格，旋律天真质朴、温和、甜美，充满青春的朝气。可惜他只活到 36 岁，死后被葬在修道院的贫民墓地，连块墓碑也没有。然而，他给这个世界留下近 50 部交响曲，22 部歌剧，50 部各种形式的协奏曲，还有许多室内乐、独唱、合唱作品，为人类做出重大贡献，在世界文化史上立下永久的丰碑。

乐圣贝多芬

贝多芬（1770～1827 年）出生于德国波恩的一个平民家庭，父亲是宫廷歌手。贝多芬 4 岁时就学习钢琴和小提琴，7 岁第一次登台演奏钢琴协奏曲，12 岁当上宫廷剧场首席小提琴师和教堂的助理琴师。贝多芬第一个真正的教师是聂耶菲，这位精通作曲技术的音乐家为贝多芬打下了坚实的音乐基础，并帮助他到维也纳去向莫扎特学习。后来，贝多芬又向海顿学习对位法。直到30岁时，才举行首次个人音乐会，巩固了自己的作曲家地位。贝多芬受到法国资产阶级革命的影响，憎恨封建专制，向往自由、平等、博爱，创作中充满了革命热情和英雄气概，艺术上勇于创造，敢于革新，在音乐史上起到了承前启后、继往开来的作用，因而获得了乐圣的称号。贝多芬生活是十分不幸的，他没有建立家庭，26岁开始耳聋。孤寂的生活并没有使他沉默和隐退，始终坚持“自由、平等”的理想，继续创作。不朽的名作《第九交响曲》，就是在完全失去听觉以后写的。贝多芬的主要作品有：9部交响曲，5部钢琴协奏曲，32首钢琴奏鸣曲等。

歌曲之王舒伯特

奥地利作曲家舒伯特（1797～1828年），是浪漫主义音乐的代表人物。他生于维也纳，8岁学习提琴与钢琴。11岁被送入神学院充当童声合唱团的歌童，过了五年被舒伯特称为“牢狱”的艰苦生活。但他在这里不仅系统地学习了唱歌和作曲理论，还担任了管弦乐队的指挥，为他日后的音乐创作打下了基础。离开神学院，舒伯特在他父亲的学校里担任助理教师。在应付繁忙的教学工作的同时，他创作了大量的音乐作品。他的《b小调未完成交响曲》、《第八交响曲》、《鳟鱼五重奏》等器乐曲，至今仍是世界音乐舞台上经常演出的曲目。然而，最能代表舒伯特艺术的还是他的六百余首歌曲，对于后人的影响也最大，被称为“歌曲之王”。最著名的歌曲有：《摇篮曲》、《小夜曲》、《圣母颂》、《魔王》、《野玫瑰》、《鳟鱼》，以及声乐套曲《美丽的磨坊女》、《冬日的旅行》等。

钢琴诗人肖邦

肖邦（1810～1849年）是波兰最伟大的作曲家、钢琴家。在母亲的影响下，他6岁就开始学习钢琴，7岁学习作曲，8岁登台演出，16岁时进华沙音乐学院作曲班，不到20岁已是华沙很有名的钢琴家和作曲家。1830年，肖邦到法国首都巴黎，与当时著名的音乐家柏辽兹、李斯特等来往密切。这期间，肖邦无论在钢琴演奏方面，还是在音乐创作方面都取得了惊人的成就，很多名曲就是在这时写成的。肖邦在巴黎的岁月，也是他的祖国波兰遭受沙皇俄国蹂躏的年代，所以，肖邦这时期的很多作品都反映了他对被侵占的故国家园的怀念。当沙俄授予他“俄国皇帝陛下首席钢琴家”的职位时，肖邦严词拒绝了。1849 年，肖邦病逝于巴黎。临终前，他嘱咐亲人把他的心脏运回波兰。肖邦的创作以钢琴作品为主，还涉猎各种舞曲、幻想曲、叙事曲、谐谑曲、前奏曲、练习曲、奏鸣曲等。他的音乐具有鲜明的个性和独树一帜的浪漫抒情风格，激昂雄壮、气势磅礴的旋律，色彩丰富的和声，为欧洲的浪漫主义音乐增添了夺目的光彩，被称为“浪漫主义的钢琴诗人”。为纪念这位伟大的爱国音乐家，波兰自 1927 年起，每五年在首都华沙举行一次“国际肖邦钢琴作品比赛”。

通俗钢琴之王克莱德曼

克莱德曼原是大歌唱家们的钢琴伴奏师，由于为一部电视剧演奏了一曲《水边的阿德丽娜》，一夜间竟成为法国家喻户晓的通俗钢琴之王。1953 年，理查德·克莱德曼出生在法国巴黎，5 岁起就跟担任钢琴教师的父亲学习钢琴，他认识音符比阅读其他课本更为容易。6 岁时，他的小手已灵活得令人惊叹不已。16 岁时，因演奏自己作的曲子，在校内比赛中获得一等奖。后来考入巴黎国立音乐戏剧学校，专攻古典钢琴。他演奏的曲目，一部分是名曲改编曲；另一部分是两位现代流行音乐作曲家的作品。这些乐曲通过克莱德曼亲切、洒脱和富于诗意的演奏，既具有高雅的古典韵味，又充满清新、浪漫的醉人芳香，是不可多得的雅俗共赏作品。如今，克莱德曼的琴声早已冲出了法国的国界，从欧洲到美洲，从日本、中国到整个东南亚。

交响乐之父海顿

海顿（1732～1809 年）是著名的奥地利作曲家，一生创作了 104 部交响曲，并把交响曲固定为四个乐章，为现代交响乐的发展奠定了基础，因此被称为“交响乐之父”。他的重要作品还有清唱剧《创世纪》和《四季》等。海顿家境贫困，父亲是车轮匠，母亲当过厨娘，但都酷爱音乐。小海顿自幼就在家庭中接受音乐教育，6 岁时成为海茵堡教会合唱团的歌童，并开始学习钢琴和小提琴。可是直到 29 岁才被艾斯德哈济亲王聘为乐长。后来，海顿两次去英国伦敦旅行，演出了他专门创作的十二首交响乐（后人称它《伦敦交响乐》），获得牛津大学音乐博士称号，从此名震全欧洲。

圆舞曲之王

小约翰·施特劳斯（1825—1899 年）是奥地利作曲家、指挥家和小提琴家。他从小爱好音乐，7 岁便开始创作圆舞曲。19 岁组织了一个管弦乐团，赴波兰、德国各大城市举行圆舞曲演奏会，使维也纳圆舞曲风靡整个欧洲。1872 年，约翰·施特劳斯应邀去美国波士顿、纽约等地演出，盛况空前。他还亲自指挥由两千人组成的管弦乐团、两万人组成的合唱团，联合演出自己的代表作《蓝色多瑙河》圆舞曲，创音乐史上的新纪录。1899 年，约翰·施特劳斯逝世时，维也纳人民举行了十万人的盛大葬礼。小约翰·施特劳斯一生创作了 168 首圆舞曲，117 首波尔卡，43 首进行曲，16 部轻歌剧。作品大都热情欢快，旋律性很强，散发出浓郁的浪漫主义气息，并常带有幽默感。人们所熟悉的《蓝色多瑙河》、《维也纳森林的故事》、《艺术家的生涯》、《春之声》等圆舞曲，都出自他的笔下。他与他父亲同名，两人都是著名的作曲家，又都以写圆舞曲闻名于世。为了区别起见，在他们的名字前面分别加上“老”、“小”。老约翰·施特劳斯被人们称为“圆舞曲之父”；小约翰·施特劳斯被称为“圆舞曲之王”。

俄罗斯音乐之父格林卡

格林卡（1804 ~ 1857 年）生于俄罗斯一个地主家庭，在农村度过童年，从农奴乐师、家庭教师那里学习钢琴与小提琴。他少年时在彼得堡贵族子弟学校接受音乐教育。20 岁起，在交通部任职，业余从事音乐活动。1830 年在意大利求学期间，仍念念不忘创作俄罗斯音乐。为了发展俄罗斯的民族音乐，需要借鉴其他国家的民族音乐，他专门去德国、西班牙游历。1836年，格林卡完成了俄国第一部民族歌剧《伊凡·苏萨宁》，1842年完成了取材于普希金叙事诗的歌剧《鲁斯兰与柳德米拉》。他的音乐为俄罗斯民族音乐的发展奠定了基础，是俄罗斯音乐史上留名的第一个人，被称为“俄罗斯音乐之父”。他的主要著作还有：幻想曲《卡玛林斯卡雅》，序曲《阿拉贡荷达》、《马德里之夜》，以及钢琴曲和几十首抒情独唱曲。

俄罗斯之魂柴可夫斯基

柴可夫斯基（1840～1893年）是俄罗斯最伟大的作曲家。他出生在俄国一个贵族家庭，10岁在彼得堡法律学校读书时，便开始学习钢琴和作曲。23岁进入彼得堡音乐学院学习作曲，毕业后到莫斯科音乐学院任教。1877年，他辞去音乐学院的教授职务，在梅克夫人的资助下，从事专业音乐创作，很多优秀作品便是这时期所创作的。1893年10月28日，柴可夫斯基在彼得堡亲自指挥演出他的代表作品《第六交响曲》，9天后便离开了人世。

柴可夫斯基的作品繁多，体裁广泛，仅大型作品就有：10部歌剧，以《叶甫盖尼·奥涅金》和《黑桃皇后》最为著名；6部交响曲，以《第五交响曲》和《第六交响曲》最为著名；4部协奏曲，以《降b小调第一钢琴协奏曲》和《D大调小提琴协奏曲》最为著名；3部舞剧《天鹅湖》、《睡美人》和《胡桃夹子》；以及幻想序曲《罗密欧与朱丽叶》、《1812序曲》、《意大利随想曲》和钢琴套曲《四季》等等。他的作品被称为“俄罗斯之魂”。

探戈

探戈（tango）是一种双人舞蹈，发源于阿根廷首都布宜诺斯艾利斯，被阿根廷人视为国粹。探戈以意大利、西班牙风格为主，夹杂着一些黑人乐舞的韵调，集音乐、舞蹈、歌唱、诗歌于一体，是一门风格独特的综合艺术。探戈音乐节奏明快，独特的切分音为它鲜明的特征。舞步华丽高雅、热烈狂放且变化无穷，交叉步、踢腿、跳跃、旋转令人眼花缭乱。演唱者时而激越奔放，时而如泣如诉，或愤世嫉俗，或感时伤怀。跳舞时，男士打领结穿深色晚礼服，女士着一侧高开叉的长裙。20 世纪初，普遍为大众所接受。

华尔兹

华尔兹舞亦称圆舞，是现代舞中历史最悠久、生命力最顽强的舞蹈形式，它起源于德国民间舞蹈阿列曼德舞和奥地利乡村舞蹈伦德列尔舞。“华尔兹”一词最初来自古德文“Walzel”意思是“滚动”，“旋转”或“滑动”。3/4 拍子的圆舞在古时候德国巴伐利亚和奥地利维也纳地区的农民中流行，17 世纪进入维也纳宫廷，18 世纪被誉为“欧洲宫廷舞之王”。19 世纪初传入美国波士顿，20 世纪重返欧洲，并以新的“慢华尔兹”的形式席卷欧洲大陆，音乐使华尔兹更为完美，莫扎特、肖邦、柴可夫斯基、施特劳斯等音乐大师创作了不朽的华尔兹舞曲，尤其是施特劳斯，他使华尔兹成为“舞蹈之王”。

华尔兹的风格特点是庄重典雅，华丽多彩。其动作流畅起伏，婉转多变。舞姿飘逸优美，文静柔和。舞蹈时，男伴似王子气宇轩昂，女伴似公主温文尔雅，雍容大方。华尔兹的音乐 3/4 节拍，节奏中等，每分钟 28～30 小节。

伦巴

伦巴（Rumba）源于非洲黑人歌舞的民间舞蹈，流行于拉丁美洲，后在古巴得到发展。在古巴把一切即兴的黑人歌舞都称为伦巴。这种舞蹈完全是自娱性的，有时可以一男一女相互追逐，也可以成为多人的集体舞。舞步以扭胯、捻步为主，加以抖肩。伴奏以打击乐为主，舞者亦伴以呼喊歌唱，节奏为 2/4 拍，灵活多变。民间伦巴气氛十分热烈欢腾。20 世纪 20 年代后，伦巴传入欧洲、北美，并吸收了爵士乐和其他舞蹈因素，成为舞厅舞的一种重要形式。

拉丁舞

拉丁舞分为拉丁国标舞和拉丁舞。拉丁舞又称拉丁风情舞或自由社交舞。

拉丁舞包括 Salsa、Merengue、Cumbia、Bachata、Chacha、Samba、Lambada等，其中最出名的是 Salsa。拉丁舞是大众民间舞蹈，随意，休闲，放松是它的特点，有较大的自由发挥空间，它是拉美人民在漫长的历史长河中形成的具有鲜明特点的激情、浪漫而又富有活力的艺术表现形式，深受拉美人民的喜爱，成为他们生活中必不可少的重要的组成部分。拉丁国标舞就是规范、严格、标准的拉丁舞，它是在拉丁舞的基础上发展规范形成的竞技专业舞蹈，内容为伦巴、恰恰、牛仔、桑巴和斗牛。

街舞

街舞是一种民间舞蹈，兴起于 20 世纪 80 年代的美国黑人青少年，是美国黑人"嘻哈文化"（Hip—Hop）的组成部分。由于这种舞蹈出现在街头、不拘于场地器械，所以称为街舞，并且具有极强的参与性、表演性和竞赛性。

街舞统称为 Hip—Hop，包括两大类：Old shool 和 New Shool。Old Shool 舞蹈又包括 locking（锁舞）、Poping（机械舞）、Breaking（霹雳舞）、Wave（电流），而 New Shool 一般更"温和"，没有太大幅度的脚下移动，只增加了许多头部和手部动作，重视的是身体上半部的律动。同样的一段节奏内，New School 显得更多变而流畅，更加崇尚自然流露，而 Old Shool 音乐节奏较密集。

迪斯科

disco the que 的简称，原意为唱片舞会，起先是指黑人在夜总会按录音跳舞的音乐，70 年代实际上成了对任何时新舞蹈音乐的统称。迪斯科音乐始创于 1975 年，制作时，先把低音鼓和低音吉他的节奏录到音轨上，然后把多达四五十层的音响叠加起来，最后再加进人声。与摇滚相比，它的特点是强劲的，不分轻重的、像节拍器一样作响的 4/4 拍子，歌词和曲调简单。1977 年，因澳大利亚流行音乐小组"比吉斯"（Bee Gees）的电影录音《周末狂热》在美国掀起迪斯科热。由于迪斯科音乐有一种狂热性和振奋情绪的力量，所以听众欣赏时，常被带进到音响的漩涡之中，激动地跳跃和舞蹈，于是迪斯科很快地成了一种舞蹈音乐，同时也成为一种流行舞蹈的名称。

迪斯科舞蹈是没有规定动作的即兴式的自由舞蹈，舞者同时就是音乐的欣赏者，他们首先沉迷在音响之中，随着音乐的强烈而急剧的节奏，自由地扭动着身体的各个部位，特别是腰胯部位，创造着各自的花样，充分地、毫无约束地表现自己的个性。这种舞蹈很快地就席卷全世界，兴旺一时。1980年在英国举行的世界迪斯科舞蹈比赛，标志着这种流行舞蹈进入了鼎盛的黄金时期。

肚皮舞

肚皮舞是中东地区古老的传统舞蹈。最早是作为一种宗教仪式，叙述有关大自然和人类繁衍的循环不息，庆祝妇女多产以及颂扬生命的神秘。这就可以解释为什么肚皮舞是以腹部的摇摆为主要动作。跳肚皮舞时要求赤脚，这是为了保持和土地的联系。肚皮舞就是通过骨盆、臀部、胸部和手臂的旋转以及令人眼花缭乱的胯部摇摆动作，塑造出优雅性感柔美的舞蹈语言，充分发挥出女性身体的阴柔之美。这种舞蹈形式后来逐渐发展为一种民间艺术，并最终成为广泛流行于世界各国的一种独特娱乐和表演形式。

交谊舞

交谊舞是体育国标舞形成的前身，被纳入体育舞蹈的范围内，但它还是有别于体育国际标准舞的。由于它的要求不像体育国标舞那样严格和规范，其跳法较为高雅和随意，感觉较为轻松和愉快，所以它已在民间特别是在我国发展成为大众中极易推广和极为流行的一种舞。交谊舞常见于在公共场所和大众舞厅里，是一种非常好交谊、交际和运动健身项目。交谊舞常见跳法名称有：慢三、中三、快三、慢四、中四、快四、平四、伦巴、恰恰、探戈、吉特巴。

芭蕾舞

芭蕾舞是一种经过宫廷的职业舞蹈家提炼加工、具有严格规范和结构形式的欧洲传统舞蹈艺术。“芭蕾”这个词本是法语“ballet”的音译，其最初的意思只是以腿、脚为运动部位的动作总称。法国宫廷的舞蹈大师们为了重建古希腊诗歌、音乐和舞蹈于一体的戏剧理想，创造出了“芭蕾”这样一种融舞蹈动作、哑剧手势、面部表情、戏剧服装、音乐伴奏、文学台本、舞台灯光和布景等多种成分于一体的综合性舞剧形式，在西方剧场舞蹈艺术中占统治地位达300余年，至今已历四个多世纪。19世纪以后，技术上一个重要特征是女演员要穿特制的脚尖舞鞋用脚趾尖端跳舞，所以也有人称之为脚尖舞。

国际标准舞

国际标准舞，简称国标舞，起源于英国上世纪，80年代末期传入中国。国际标准舞更名为体育舞蹈，更强调其体育属性，是体育与艺术完美结合的一项运动。目前，体育舞蹈已成为中国深受欢迎的群众健身运动之一。

国际标准舞，分有两大类、十个舞种。摩登舞类中有华尔兹舞、探戈舞、狐步舞、快步舞和维也纳华尔兹舞五个舞种。拉丁舞类中有伦巴舞、恰恰恰舞、桑巴舞、斗牛舞和牛仔舞五个舞种。1950年，由英国ICBD（世界舞蹈组织）主办了首届世界性的大赛“BLACKPOOL DANCE FESTIVAL 1950”（“黑池舞蹈节”），并把规范后的舞蹈命名为国际标准舞，以后每年的5月底，在英国的“黑池”都会举办世界性的大赛。

狐步舞

狐步舞（fox—trot）是黑人木屐舞的一种，1912年始于美国，不久传遍世界各国，成为最流行的交际舞。狐步舞最初由长舞步和短舞步交替而成，4

拍子或2拍子。以后发展成一种包含错综复杂、变幻不定的舞步舞蹈，又加进了查尔斯顿的痉挛性动作，发展为快狐步和慢狐步两种。

桑巴舞

桑巴（samba）被称为巴西的“国舞”。桑巴舞在拉美非常普及，不分男女老幼，任何时间、任何地点，都可以看到桑巴舞。桑巴舞源于非洲的肚皮舞，这种舞蹈以上下抖动腹部、摇动臀部为主要特征。后来随着贩卖黑奴活动的兴起而开始向外传播。在以后的几个世纪中，逐渐吸收了来自欧洲的波尔卡舞、来自古巴的哈巴涅拉舞和巴西当地流行的马克西克歇舞的一些因素，逐渐形成现代的桑巴舞。桑巴舞是一种集体性的交谊舞蹈，以鼓、锣等打击乐伴奏。这种舞蹈的舞步简单，男女舞者成对原地或绕舞厅相伴而舞，也可分开来各跳各自的舞步。男舞者钟情于脚下各种灵巧的动作，两脚飞速移动或旋转。女舞者则以上身的抖动以及腹部与臀部扭动为主。

恰恰

恰恰恰（ChaChaCha）是拉丁舞中的新秀，这种舞起源于古巴的曼波舞，后来由美国人发展成型，最终风靡全球。它的音乐比曼波舞稍慢一点，节奏也更简单明快，舞步当中强调腿部与脚部和身体线条的搭配性，4/4拍音乐，重拍在第1拍。恰恰恰带给人一种快乐、轻松、逗趣，还有点聚会的氛围，后被简称为恰恰。在20世纪50年代，它以“俏皮”和“活泼”的格调风靡美国社交舞会。

斗牛舞

斗牛（Paso Doble）源于西班牙的斗牛舞，已经在欧洲大陆盛行很多年了，特别是法国。音乐通常是2/4拍或6/8拍，重拍在第1拍，舞蹈以进行曲的节奏进行表现。男士的舞步动作象征着斗牛场的斗牛士，女士象征着斗牛用披肩，她的动作隐喻斗牛时穿越披肩，音乐雄壮，舞态威猛，步伐悍励豪张，非常适合拥挤的舞厅和餐厅进行表演。

牛仔舞

牛仔舞（Jive）起源于美国黑人舞蹈，是由一种 Victor Silvester “吉特巴”的舞蹈发展而来，牛仔舞剔除了“吉特巴”中所有的难度动作，增加了一些技巧。最早对牛仔舞的记载是由伦敦舞蹈教师 Victor Silvester 于 1944 年在欧洲出版的一本介绍牛仔舞的书。波普、摇滚、美国摇摆舞都对牛仔舞有着一定的影响。牛仔舞是一种节奏快、耗体力的舞；音乐热烈，节奏感强。舞步活泼，跳跃；舞姿奔放、欢快。

草裙舞

裙舞是源自夏威夷的一种民间舞蹈，传说中第一个草裙舞的舞者是舞神拉卡，为了欢迎她的姐姐火神佩莱。后来，人们就把草裙舞称作“打开心灵之门”的舞蹈。每年的 4 月，夏威夷岛都会举办最盛大的草裙舞比赛。

在夏威夷，无论男女都跳草裙舞。最初跳舞时，男性只缠着一条腰带，女性则不着上装。第一批到达夏威夷的传教士们，被这种过分暴露的服装吓坏了，因此草裙舞被立刻禁止了。但草裙舞被秘密地保留了下来。1874 年卡拉大瓦国王（Kalakaua）开始执政，他恢复了这种传统舞蹈，但要求女性不得裸露上身并穿上长裙。

卡希科（Kahiko）草裙舞和奥瓦纳（Auana）草裙舞，或称现代草裙舞，是 20 世纪才出现的草裙舞名称，在卡拉卡瓦国王时代并不存在。卡希科（Kahiko）草裙舞一直是纯宗教性的，但现在它已经变成用尤克里里琴伴奏的娱乐性草裙舞。大多数人都把这种舞蹈与夏威夷联系起来。奥瓦纳（Auana）草裙舞是仪式性草裙舞，加入如吉他和四弦吉他这些非夏威夷乐器所发展出来的草裙舞。

孔雀舞

孔雀舞傣语叫“嘎洛诺”，原意为“跳孔雀”，属傣族模拟性舞蹈中最具代表性的舞蹈之一。傣族人民喜爱和崇尚孔雀，不但许多人在家中饲养孔雀，而且把孔雀视为善良、智慧、美丽和吉祥幸福的象征。在种类繁多的傣族舞蹈中，孔雀舞是人们最喜爱、最熟悉，也是变化和发展幅度最大的舞蹈之一，并被纳入了宗教的礼仪之中。因此，每年的佛教节日和迎接新年时，都一定要表演孔雀舞。

孔雀舞又可分为雄孔雀舞和小孔雀舞。雄孔雀舞是一种表现女性的孔雀舞，在民间多由男子表演。小孔雀舞是表现小孔雀的舞蹈，这种舞，膝部常用快速的小颤以及没有起伏的矮步，小腿显得非常轻盈灵活，主力腿常用蹲地小跳使舞蹈非常活泼。小孔雀舞手上动作变化轻盈而灵敏，三道弯道造型小巧玲珑；常用连续的小耸肩使这种舞蹈轻快、活泼、热情。鼓点快速而轻巧。

龙套

龙套是戏剧角色行当之一，专用来指扮演剧中士兵、夫役等随从人员，由所穿特殊形式的龙套衣而得名。一般以四人为一组，在戏剧界叫做一“堂”。在舞台上用一堂或两堂（八人）龙套以示人员众多，甚至可以表示行军打仗时的千军万马，起着烘托声势的作用。龙套大多数时间只是站着，基本上没有动作、道白，没有唱腔。但是，整台戏，龙套必不可少。龙套多数时间站着，叫“站文堂”，龙套有时要走动、快走、跑、编队、变换队形等等，这些动作叫“跑龙套”。后来把扮演剧中的龙套角色的演员，就叫做“跑龙套的”。

话剧

话剧，戏剧种类之一，中国的一种特殊称谓。在欧洲，一般将发源于古希腊悲剧和喜剧的舞台演出形式称之为戏剧，并与歌剧、舞剧、哑剧相区别。它从20世纪初传到中国，最初称之为新剧、文明戏、爱美剧等。1928年戏剧家洪深提议定名为话剧。它综合文学、表演、导演、美术、音乐、舞蹈等多种文艺成分，而以说话（对白、独白、旁白）为主要表现手段；演员的表演则是以说话和动作来塑造各种各样的人物形象，直观地展现社会生活中的各种矛盾和斗争。譬如人民艺术剧院上演的《茶馆》、《雷雨》等，都是话剧的经典之作。随着时代的发展，话剧的题材、体裁、风格、手法和艺术形式，也在不断丰富发展。

歌剧

歌剧是以音乐因素和戏剧因素为主，综合诗词、舞蹈、美术、建筑等其他艺术因素的综合性表演艺术。从广义上讲，中国的戏曲艺术也具有歌剧的性质。近代西方歌剧，是指16世纪产生于意大利佛罗伦萨的演唱剧，后衍变成意大利歌剧，即正宗的西方歌剧，并形成了各种风格和样式。如法国的大歌剧、喜歌剧，意大利的喜歌剧、轻歌剧，德国的乐剧以及现在欧美流行的音乐剧等。西方歌剧基本上属于音乐作品，不以戏剧情节为表现目的，因而创作以作曲家为主。如威尔第的《茶花女》、普契尼的《蝴蝶夫人》、柴可夫斯基的《叶甫盖尼·奥涅金》、比才的《卡门》、莫扎特的《费加罗的婚礼》等。中国民族歌剧始于“五四”新文化运动以后，包括40年代在延安出现的《白毛女》。新中国成立以后，向戏曲和地方戏借鉴中，逐渐形成了既区别于传统戏曲又与西方歌剧有一定差异的民族歌剧。代表作有《兰花花》、《小二黑结婚》、《窦娥冤》、《洪湖赤卫队》、《江姐》、《苍原》等。

舞剧

以舞蹈作为主要手段，综合音乐、舞台美术及舞蹈演员共同创造的艺术表现形式。其编导则是一出舞剧的组织者、整体艺术形象的创造者。芭蕾舞是西方舞剧艺术的典范，最早从民俗舞蹈、社交舞蹈进入了宫廷和城市舞台，在不断的革新中形成严谨规范的艺术形式，具有高超的表现技巧。代表作有《天鹅湖》、《睡美人》、《胡桃夹子》、《巴黎圣母院》、《堂·吉诃德》等。中国芭蕾舞台上，已创作、上演过自创的剧目有《红色娘子军》、《白毛女》、《梁山伯与祝英台》等。民族舞剧以中国古典舞蹈和民间舞蹈为基础，并不断革新和吸收国外舞蹈艺术的遗产，已有自己的艺术特色，主要有《宝莲灯》、《丝路花雨》、《嫦娥奔月》、《木兰飘香》等。

音乐剧

音乐剧就是由喜歌剧及轻歌剧（或称“小歌剧”）演变而成的，早期称作“音乐喜剧”，后来简称为“音乐剧”。音乐剧是19 世纪末起源于英国的一种歌剧体裁，是由对白和歌唱相结合而演出的戏剧形式。音乐剧融戏剧、音乐、歌舞等于一炉，富于幽默情趣和喜剧色彩。它的音乐通俗易懂，因此很受大众的欢迎。

1893 年，英国戏剧家琼斯完成了一部后来载入史册的音乐剧《快乐的少女》，将剧情、音乐、舞蹈、喜剧表演等诸多因素自然组合，令人耳目为之一新。这种初显形态的音乐戏剧，吸取了 18 世纪民谣歌剧和 19 世纪喜歌剧、轻歌剧的表现成分，融入古典舞、民间舞、话剧表演等多种因素，成为独具风采的新型舞台艺术门类。第一次世界大战后，音乐剧传到美国，并在美国得到快速发展。美国纽约的百老汇，被视为音乐剧中心，人们甚至将音乐剧统称为百老汇音乐剧。

昆曲

昆曲原名“昆山腔”或简称“昆腔”，清代以来被称为“昆曲”，现又被称为“昆剧”。昆曲是我国传统戏曲中最古老的剧种之一，也是我国传统文化艺术中的珍品。昆山腔早在元末明初之际（14 世纪中叶）产生于江苏昆山一带，它与起源于浙江的海盐腔、余姚腔和起源于江西的弋阳腔，被称为明代四大声腔，同属南戏系统。昆山腔开始只是民间的清曲、小唱。其传布区域，开始只限于苏州一带，到了万历年间，便以苏州为中心扩展到长江以南和钱塘江以北各地，并逐渐流传到福建、江西、广东、湖北、湖南、四川、河南、河北各地，万历末年还流入北京。这样昆山腔便成为明代中叶至清代中叶影响最大的声腔剧种。2001 年入选第一批“人类口头和非物质文化遗产”。

昆曲经典剧目：王世贞的《鸣凤记》，汤显祖的《牡丹亭》、《紫钗记》、《邯郸记》、《南柯记》，沈璟的《义侠记》，朱素臣的《十五贯》，孔尚任的《桃花扇》，洪昇的《长生殿》等。另外还有一些著名的折子戏，如《游园·惊梦》、《三醉》、《秋江》、《思凡》、《断桥》等。

黄梅戏

黄梅戏，旧称“黄梅调”，是我国戏曲的主要地方剧种之一。发源于湖北、安徽、江西三省交界的安庆地区，戏曲语言为安庆方言。一百多年以前每逢黄梅季节，常常洪水成灾，四乡农民为了祈求丰年，就在这个时候举办迎神赛会，会上出现各种歌舞演唱，在这种歌舞演唱形式的基础上产生的一种戏曲形式，因与黄梅季节有关，故名曰“黄梅调”，也叫“采茶戏”。黄梅调又吸收了青阳腔、徽剧等和当地民歌及其他戏曲的音乐精华，逐渐形成了今天的黄梅戏。

黄梅戏唱腔淳朴流畅，以明快抒情见长，具有丰富的表现力；黄梅戏的表演质朴细致，以真实活泼著称。黄梅戏来自于民间，雅俗共赏。黄梅戏名家有严凤英、王少舫、吴琼、张云风、韩再芬、马兰等。经典剧目：《打猪草》、《天仙配》、《女驸马》、《罗帕记》、《牛郎织女》、《夫妻观灯》、《蓝桥会》等等。

四大徽班

四大徽班即三庆班、四喜班、和春班、春台班。多以安徽籍艺人为主，故名。

乾隆五十五年（1790年），为给乾隆帝弘历祝寿，从扬州征召了以戏曲艺人高朗亭为台柱的三庆班入京，是为徽班进京演出之始。之后又有四喜、启秀、霓翠、和春、春台等安徽戏班相继进京。在演出过程中，六个戏班逐渐合并为四大徽班。时值京腔（高腔）、秦腔已先行流入北京，徽班在演唱二簧、昆曲、梆子诸腔的基础上，兼容并蓄，出现了“四徽班各擅胜场”的局面。嘉庆、道光年间，汉调（又称楚调）进京，参加徽班演出，徽班又兼习楚调之长，为汇合二簧、西皮、昆、秦诸腔向京剧衍变奠定了基础。因此，四大徽班进京，被视为京剧诞生的前奏，在京剧发展史上具有重要意义。清末，四大徽班已相继散落。

京剧

京剧是在北京形成的戏曲剧种之一，至今已有将近二百年的历史。它是在徽戏和汉戏的基础上，吸收了昆曲、秦腔等一些戏曲剧种的优点和特长逐渐演变而形成的。1790年，“四大徽班”进京是京剧诞生的标志。京剧正式形成于道光二十年（1840年）以后，这时京剧的各种唱腔版式已初步具备，京剧的语言特点已经形成，在角色的行当方面已出现了新的变化，已拥有一批具有京剧特点的剧目，京剧第一代演员也已经出现：余胜三、张二奎、程长庚被称为老生“三鼎甲”，此外还有老生演员兼京剧剧作家卢胜奎。程长庚是这一时期的代表人物，他对京剧表演艺术的形成贡献很大，对后世京剧的发展影响起了很大的作用。京剧主要唱腔有二黄、西皮两个系统，所以京剧也称“皮黄”。京剧常用唱腔还有河南梆子、四平调、高拔子和吹腔。

京剧著名演员：老生谭鑫培、孙菊仙、言菊朋、周信芳、马连良等；小生徐小香、程继先、姜妙香等；武生俞菊笙、杨小楼、盖叫天等；旦角王瑶卿、梅兰芳、程砚秋、荀慧生、尚小云等；老旦龚云甫、李多奎等；净角穆凤山、黄润甫、何桂山、裘桂仙等；丑角刘赶三、杨鸣玉、王长林等。梅兰芳是京剧艺术最卓越的艺术家之一。他的代表剧院目有《宇宙锋》、《霸王别姬》、《贵妃醉酒》、《水斗·断桥》、《奇双会》、《游园·惊梦》等。

评剧

评剧是中国第二大戏曲剧种，原名“平腔梆子戏”，俗称“唐山落子”、“蹦蹦戏”。评剧起源于100多年前，形成于河北唐山一带。评剧的前身是莲花落，俗称蹦蹦戏。最初为对口演唱形式，后来陆续吸收了河北梆子的打击乐、滦州影戏、乐亭大鼓和京剧的唱腔及表演，形成了“唐山落子”，又变为“奉天落子”，最后成为现在的评剧。

成兆才是早期评剧的著名演员和剧作家。他创造了许多新腔，并创作改编了一百余种剧本，对评剧的形成起了重要作用。新中国成立前的评剧名家有：白玉霜、喜彩莲、爱莲君等。1950年以后，以《刘巧儿》、《花为媒》、《杨三姐告状》、《秦香莲》等剧目在全国产生很大影响，出现新凤霞、小白玉霜、魏荣元等著名演员。现在评剧仍在河北、北京一带流行。

豫剧

豫剧也称河南梆子、河南高调。因早期演员用本嗓演唱，起腔与收腔时用假声翻高尾音带“讴”，又叫“河南讴”。在豫西山区演出多依山平土为台，当地称为“靠山吼”。因为河南省简称“豫”，新中国成立后定名为豫剧。豫剧流行于河南、河北、山东、山西、湖北、宁夏、青海、新疆等十几个省区，是中国最有影响的戏曲之一。

豫剧的流派主要有四个：开封一带的祥符调、商丘一带的豫东调（又称东路调）、洛阳一带的豫西调（又称西府调或靠山簧）以及漯河一带的沙河调（又称本地梆）。为豫东调与豫西调最为流行。1927年以前的河南梆子没有女演员。出现了女演员后，逐步形成了常香玉、陈素贞、马金凤、闫立品、崔兰田五大名旦表演流派。常派激昂奔放，陈派明快清新，马派刚健明亮，崔派深沉含蓄，闫派细腻委腕。目前，五大流派桃李天下。豫剧的传统剧目有1000多个，其中很大一部分取材于历史小说和演义。比较有代表性的是《对花枪》、《三上轿》、《地塘板》、《提寇》、《铡美案》、《十二寡妇征西》等。建国后，产生了不少现代戏和新编历史剧，使豫剧事业又有了新发展，如《朝阳沟》、《小二黑结婚》、《人欢马叫》、《倒霉大叔的婚事》等。

河北梆子

河北梆子是河北省的主要地方剧种，是梆子声腔的一个重要支脉。河北梆子是由清朝康熙年间流入河北的山西、陕西梆子与当地原有剧种——京腔（河北高腔）的结合而生成的，大约形成于嘉庆、道光时期。它诞生于河北农村并流布河北全省，其兴盛时，不仅盛行于北京、上海、天津等大城市，而且遍及山东、东北等地的中、小城市及农村，是流行地域广泛，影响较大的剧种。

河北梆子剧目分传统戏剧目与时装戏剧目两大类。传统剧目约550多个，有《杨家将》、《庆顶珠》、《宝莲灯》、《铡美案》、《教学》等。时装戏剧目150多个。流传至今的代表性剧目有：《蝴蝶杯》、《秦香莲》、《南北合》、《春秋配》、《斩子》等。

越剧

越剧诞生于1906年，时称“小歌班”。其前身是浙江嵊县一带流行的说唱艺术——落地唱书。艺人基本上是半农半艺的男性农民，曲调沿用唱书时的“吟哦调”，以人声帮腔，无丝弦伴奏，剧目多民间小戏。1917年小歌班到达上海，20年代初，被称为“绍兴文戏”。1923年7月，在嵊县施家岙开办了第一个女班。1925年，施银花在琴师王春荣的合作下产生了“四工调”，成为绍兴文戏时期的主腔。20世纪30年代初，女班大批涌现。1938年，姚水娟吸收文化人参与对越剧的变革，称“改良文戏”。1942年10月，袁雪芬对越剧进行比较全面的改革，被称为“新越剧”。“新越剧”重要标志之一，是编演新剧目，使用完整的剧本，废除幕表制。内容大都是反封建、揭露社会黑暗和宣扬爱国思想。1946 年 5 月，雪声剧团首次将鲁迅小说《祝福》改编为《祥林嫂》搬上戏曲舞台，标志着越剧改革进入一个新的阶段。1943 年 11 月袁雪芬演《香妃》时，1945 年 1 月范瑞娟演《梁祝哀史》时，都在琴师周宝财的合作下，分别创造出柔美哀怨的“尺调腔”和“弦下腔”。后来这两种曲调皆成为越剧的主腔，并在此基础上，逐渐形成各自的流派唱腔。越剧经典剧目：《梁山伯与祝英台》、《祥林嫂》、《西厢记》、《红楼梦》、《五女拜寿》、《汉宫怨》、《胭脂》、《春江月》、《桐江雨》等，其中有很多还被搬上了银幕。

川剧

川剧是由高腔、昆腔、胡琴腔、弱腔等四大声腔加一种本省民间灯戏组成的。这五个种类除灯戏外，都是从明朝末年到清朝中叶，先后由外省的戏班传入四川，主要流行于四川和云南、贵州省。早在明代，四川已有地方戏班流行，至清代雍正、乾隆年间，随着花部的兴起，外来的昆腔、高腔、梆子腔、皮簧腔传人四川，加上本地灯戏，形成了现在川剧的雏形。川剧的主要流派是顺着四条河道形成的川西派、资阳派、川北派、川东派四大派。川剧的表演艺术有深厚的生活基础，并形成了一套完美的表演程式，真实细腻，幽默风趣，乡土气息浓厚，特别善于采用托举、开慧眼、变脸、钻火圈、藏刀等特技来刻画人物性格。

传统剧目极为丰富，仅四川省川剧研究所就收藏有 2000 余种，属于高腔系统的有“五袍”、“四柱”、“江湖十八本”，还有川剧界公认的“四大本头”。除以上传统戏外，现代戏《江姐》、《四姑娘》、《死水微澜》、《变脸》、《金子》以及新编历史故事戏《巴山秀才》、《易胆大》等都有较大影响。

川剧著名演员有：小生袁玉堃、曾荣华、姜尚峰、谢文新；旦角琼莲芳、阳友鹤、杨云凤、薛艳秋、胡漱芳、陈书舫、许倩云、竞华、杨淑英；正生陈淡然、司徒慧聪；丑角周企何、刘成基、周裕祥、陈金波、李文杰，武生彭海清。另外还有名鼓师王官福、苏鸣清等。

秦腔

秦腔又称乱弹，源于西秦腔，流行于我国西北地区的陕西、甘肃、青海、宁夏、新疆等地，又因其以枣木梆子为击节乐器，所以又叫“梆子腔”，俗称“桄桄子”（因以梆击节时发出“恍恍”声）。

秦腔的表演朴实、粗犷、细腻、深刻，以情动人，富有夸张性。秦腔因其流行地区的不同，形成了不同的流派：流行于关中东部渭南地区大荔、蒲城一带的称东路秦腔（即同州绑子，也叫老秦腔、东路梆子）；流行于关中西部宝鸡地区的凤翔、岐山、陇县和甘肃省天水一带的称西路秦腔（又叫西府秦腔、西路梆子）；流行于汉中地区的洋县、城固、汉中、沔县一带的称汉调恍恍（又叫汉调秦腔、桄桄戏）；流行于西安一带的称中路秦腔（就是西安乱弹）。其中的西路入川后成为梆子；东路在山西为晋剧，在河南为豫剧，在河北成为梆子，所以说秦腔可以算是京剧、豫剧、晋剧、河北梆子这些剧目的鼻祖。近 50 年来，东、西、南三路秦腔的发展趋于停滞，有被中路秦腔取而代之的趋势。

秦腔剧目大多取材于“列国”、“三国”、“杨家将”、“说岳”等说部中的英雄传奇或悲剧故事，也有神话、民间故事和各种公案戏。它的传统剧目丰富，已抄存的共 2748 本。秦腔的优秀演员有魏长生、栾小惠、桃琐儿、岳色子、润润子、玉喜儿、陈雨农、党甘亭、赵杰民、马平民、苏哲民、苏育民、刘箴俗、王天民、李正敏、何振中、宋尚花等。

粤剧

粤剧又称大戏或者广东大戏，最初演出的语言是中原音韵，清末改为粤语。明末清初，弋阳腔、昆山腔由“外江班”传入广东，继而出现了广东“本地班”，所唱声腔是一唱众和，称为“广腔”。清嘉庆、道光年间，弋阳腔、昆山腔逐渐衰落，“本地班”遂以梆子为主要唱腔。后徽班影响日益扩大，又以“梆簧”（即西皮、二簧）作为基本唱调。同时也保留了部分昆、弋、广腔，并吸收广东民间乐曲和时调，逐渐形成粤剧。粤剧流行于广东、广西和香港、澳门等地。东南亚以及大洋洲、美洲的广东华侨聚居地区，也有粤剧演出。粤剧的传统剧目，主要有《一捧雪》、《黄花山》、《花山》、《士林祭塔》、《贼王子》、《平贵别窑》、《凤仪亭》、《赵子龙催归》、《宝莲灯》、《西河会》、《罗成写书》以及现代戏《山乡风云》等。

粤剧的著名演员有：李文茂、邝新华、薛觉先、马师曾、白驹荣、桂名扬等。实行男女合班后，上海妹创造了粤剧女角特有的抒情唱法，后以红线女影响最大。同时，广州的罗品超、文觉非、陈笑风和香港的马师曾、何非凡、林家声等也都颇有影响。

评书

评书也叫评词，流行于华北、东北、西北一带。在江南则称为评话。它历史悠久，早在春秋时代就有人说书。它是我国劳动人民创造的一种口头文学。评书作为一种独立的说书品种，大约形成于清代初期。评书艺人多由“说唱”艺人改行而来。

评书的表演形式，早期为一人坐于桌子后面，以折扇和醒木为道具，身着传统长衫，说演讲评故事。发展至20世纪中叶，多为不用桌椅及折扇、醒木等道具，而是站立说演，衣着也不固定为专穿长衫。评书用北方语音为基础，以北京语音为标准音调的普通话语说演。

评书已有十代演员，其中最负盛名的有“评书大王”双厚坪（第六代），“净街王”王杰魁（第八代），评书艺术家连阔如（第九代），评书演员刘兰芳（第十代）。他们都擅说冠笏袍服、金戈铁马的历史演义。新中国成立以来，在编演新书方面有成就的演员有袁阔成、田连元、李庆良、田占义等。评书代表作品：《戊戌变法》、《东汉演义》、《薛家将》、《薛刚反唐》、《封神演义》、《水泊梁山》、《长坂雄风》、《金钱镖》、《三国演义》、《红岩魂》、《赤胆忠心》、《烈火金刚》、《西楚霸王》、《林海雪原》、《暴风骤雨》等。

传统相声

相声起源于北京，流行于全国各地。一般认为于清咸丰、同治年间形成。

它是一种历史悠久、流传较广，有深厚群众基础的曲艺表演形式。相声主要以北京话为主，现各地也有以当地方言说讲的“方言相声”。在相声形成过程中广泛吸取口技、说书等艺术之长，寓庄于谐。相声以讽刺笑料表现真善美，以引人发笑为艺术特点，以“说、学、逗、唱”为主要艺术手段。表演形式有单口、对口、群口三种。单口相声由一个演员表演，讲述笑话；对口相声由两个演员一问一答，通常又有“一头沉”和“子母哏”两类；群口相声又叫“群活”，由三个以上演员表演。现存传统相声约300余段，相声名家：马三立、侯宝林、刘宝瑞、马季、李金斗、师胜杰、冯巩、牛群等。经典作品：《连升三级》、《糊涂县官》、《买猴》、《歪批三国》、《戏剧杂谈》等。

喜剧小品

小品是最短小的戏剧作品，又称戏剧小品。在种类上可分为话剧小品、戏曲小品和电视小品等。最初是一种用来进行表演和导演基础训练的形式。后来逐渐发展成为一种舞台演出或利用电视进行转播的演出形式，成为广大观众喜闻乐见的艺术品种。小品的篇幅小，演出的时间一般在15分钟左右，所以要求事件比较单纯，主题明确，人物性格鲜明，语言简练、生动、幽默。小品亦可有不同的风格体裁，如喜剧小品、正剧小品、悲剧小品、荒诞小品等。在中国舞台与电视中的小品大多是喜剧小品。喜剧小品起源于20世纪80年代初，它继承和发展了话剧、相声、二人转、小戏等剧目的优点。小品名家：赵本山、陈佩斯、朱时茂、宋丹丹、黄宏、蔡明、郭达、潘长江等。经典作品：《卖车》、《卖拐》、《过河》、《如此包装》、《打工奇遇》、《超生游击队》等。

皮影

皮影用皮制或纸制的平展玩偶演出的戏剧形式。它借助灯光把由人操纵的玩偶影像投射在半透明的屏幕上，供观众欣赏。它在许多国家中盛行，虽在表演形式、影人造型、音乐舞蹈及剧目内容上有所不同，但都以操纵为其表演方法，具有傀儡艺术的特点。国外皮影戏最早由中国、印度等亚洲国家

传入欧美各国的，并与宗教活动有关，后来发展成一种娱乐性的戏剧艺术。中国皮影戏历史悠久，流传广泛、种类较繁杂。传统剧目有《万仙阵》、《松朋会》、《天仙送子》、《半夜鸡叫》、《三打白骨精》、《鹤与龟》等。

乐舞

原始时期的音乐和舞蹈是紧密结合在一起的。这些乐舞与先民们的狩猎、畜牧、耕种、战争等多方面的生活有关。青海省大通县上孙寨出土的舞蹈纹彩陶盆，是迄今所知可估定年代的最古老的原始舞蹈图像，距今约五千余年。在原始乐舞活动中，人们常把自己打扮成狩猎的对象或氏族的图腾，这类乐舞反映了先民的狩猎生活。

在我国很多地方都发现过古老的岩画，有的岩画中有乐舞场面。乐舞形式多样，有单人舞、双人舞和数人列队表演的集体舞。其中有一画面，一排四人，手挽手翩翩起舞；画面四周有围框，似是表示房屋或洞穴，反映出这是室内的乐舞活动。还有一幅集体舞蹈场面，有十几个舞者，其中四人有很长的“尾饰”，有人身上蒙着扮演各种鸟兽形象的伪装，模拟着鸟兽的形态动作。在原始社会，部落之间战争频繁，所以还产生了带鼓动和操练性质的军事舞蹈。

诗经

《诗经》是中国最早的诗歌总集。《诗经》原本叫《诗》，共有诗歌305首，因此又称“诗三百”。从汉朝起儒家将其奉为经典，因此称为《诗经》。

《诗经》所录诗歌多来自民间，据说，周朝设有专门的采诗官，采集民歌，以体察民俗风情、政治得失。《诗经》中大部分诗歌都出于此。另有一种孔子删诗的说法，说原有古诗3000篇，孔子根据礼的标准精选了其中300篇，整理出了《诗经》。但这种说法没有说服力。

梨园

戏曲界俗称梨园行，戏曲演员称梨园子弟。说到这种称呼的由来，得从过去戏班供奉的祖师爷唐明皇，也就是唐玄宗李隆基谈起。

据史载："玄宗既知音律，又酷爱法曲，选坐部伎子弟三百人，教于梨园。声有误者，帝必觉而正之，号皇帝梨园弟子。"梨园在当时长安禁苑中，公元714年设"梨园亭"供乐工演奏乐曲，宫女习舞演唱，会昌殿为玄宗亲自授乐之所。当时还设有宫内梨园法部、梨花园、太常系统的梨园别教院、洛阳梨园新院等，所以乐工多出自梨园。梨园，实际上成为我国第一座国立戏曲学校；梨园，也就成了后世戏曲界的代称。

清代花部

所谓花部，就是指昆山腔以外的各种地方戏曲，取其花杂之义，故也称"乱弹"。它们虽不为士大夫们所重视，但为老百姓所欢迎，在乡村山区及小城镇流行着，并逐步形成了自己独特的唱腔和剧本体制。到了清代康熙年间，这些在各地流行的地方声腔的势力便开始发展兴盛，形成了各种地方戏曲蓬勃兴起的局面。

花部诸腔戏的兴起，与其本身所具有的群众性、通俗性有关。从剧目上来看，花部诸腔戏多是演出一些为下层人民所喜闻乐见的剧目，或为历史故事，或为民间传说，如有关三国、水浒、杨家将等历史故事的剧目。而且通过这些剧目也表达了劳动人民的愿望和要求，故为劳动人民所欢迎。再从艺术形式上来看，花部诸腔戏的唱腔明快激烈，字多腔少，而且皆通俗易懂，符合下层劳动人民的欣赏水平和艺术情趣。因此，劳动人民把这些土生土长的地方戏曲看成是自己最好的娱乐形式。焦循《花部农谭·序》中曾说："郭外各村，于二八月间，递相演唱，农叟渔父聚以为欢，由来久矣。"这就表明花部诸戏有着深厚的群众基础，这也是花部诸戏兴起和发展的主要动力。

花部诸戏的兴起，取代了昆山腔在曲坛上的霸主地位，使我国的戏曲艺术自宋元南戏产生以来又发生了一次重要的变革，即由原来的联曲体变成了

板腔体，从此结束了戏曲史上的传奇时代，开始了新的乱弹时期，从而使我国的戏曲艺术更加丰富多彩。

凤阳花鼓

凤阳花鼓又称“花鼓”、“打花鼓”、“花鼓小锣”、“双条鼓”等，是一种集曲艺和歌舞为一体的民间表演艺术，但以曲艺形态的说唱表演最为重要和著名，一般认为形成于明代。

凤阳花鼓据说始创于明朝。有史料记载，朱元璋当年定凤阳为中都，因人气不旺，文化不盛，便移江南富民14万户和天下数千文人墨客到凤阳安家，以繁荣都城经济和文化。在江南富民中大多数为地主权贵，把他们从沿海移入内地，是朱元璋削减地主势力的一项重大措施。因为这些地主失去了土地，也就等于失去了政治，失去了经济。由于这些人很不习惯淮河流域干旱和洪涝的自然灾害生活，因而经常有人出逃回乡，官府发现后很快颁发禁令：“凡逃跑者格杀勿论。”所以胆小的不敢明逃，他们便想方设法暗中外逃。凤阳花鼓就形成于这个时期。相传，创始人最初用一个竹筒，两头蒙上羊皮，制成小鼓，又随意折两枝树条当鼓槌，这就成形了今天双条鼓的雏形。为了充实和完善这门艺术，他还自编了花鼓词，扮做讨饭者，边演唱边顺利地走上了回乡路。后来此办法被他人得知，于是大家就都学着唱，就这样凤阳花鼓便繁衍开了。

杂技

大约在新石器时代，中国的杂技就已经萌芽。杂技的起源有种种说法，如源于劳动技能的艺术化、原始畜牧业的提炼——最早的驯兽节目、武技的超常表演、部落战争的遗响（如原始时代的蚩尤戏）、巫术的变幻神奇、原始乐舞中的特技等等。这些均是杂技发生的源头之一。

杂技学术界认为中国最早的杂技节目是《飞去来器》。这是用硬木片削制成的十字形猎具，原始部落猎手们常用这种旋转前进的武器打击飞禽走兽，而在不断抛掷中，他们发现不同的十字交叉，在风力的影响下，能够回旋

“来去”，于是它就成了原始部落的氏族盛会中表演的节目。

公元前770年至前221年是中国的春秋战国时代，列国兼并激烈，群雄角逐，都注意笼络人才，这些人才称门客，其中有出谋划策、能言善辩的谋士，但更多的是身怀奇技异巧或勇力过人的大力士。他们以一技之长，投身公卿大夫，并不完全为了表演，但关键时候，却往往以其技辅助主人。诸士善技是春秋战国时代的特点，这些就为杂技艺术的正式形式，提供了技术基础。

杂技艺术中的很多节目是生活技能和劳动技术、武术技巧的提炼和艺术化。由于杂技艺术来源于五花八门、缤纷多姿的现实生活，“杂”成为它的整体特征，故而“杂技”之名就在历史长河中被确定下来。

双簧

曲艺双簧需要两个演员互相配合，一人用形体表演，一人用声音说唱，合二为一，以假作真。说唱者必须嗓子好，声音亮。表演者不发音，只张嘴模仿说唱的口形，大嘴张开，甚至能让人看见喉内声带。有一副对联描述双簧的表演惟妙惟肖：假说真学仿佛一个，前演后唱喉咙两条。

演双簧必须有场面桌和椅子，其道具除说相声用的醒木、手绢、折扇之外，还有一个演双簧专用的头饰：套在头上的小辫，一般都用绳圈拴一个小圆托，上连一根冲天杵独辫，也有其他样式的。比如用青绸子条做的两个小羊犄角辫套在头上，两辫在耳上。这可能是根据不同脸型而设计的。

双簧的创始人是清末硬书（自弹自唱）艺人黄辅臣，其生卒年代不详，对其由演硬书改演双簧的说法也不一样。一说乾隆、嘉庆时硬书艺人晚年嗓音失声，改为二人表演，一人弹唱，一人模拟表演。另一说黄为咸丰、同治时评书艺人，善于模仿人物语言、鸟兽鸣叫、乡音市声，连学带表演，后来改为一人说学，一人表演。这两种说法虽然都有据可考，但不知是否确实。

对双簧由来比较普遍的说法是：咸丰帝死后，慈禧太后专权，除了爱看戏，她也爱听曲艺说唱。据说一次传黄辅臣进宫演出，当时黄辅臣已经七十多岁不能演唱了，若进宫去唱不了，要问罪，不进宫就是抗旨不遵，要杀头。他想了个办法，带他儿子进宫，表演时让他儿子蹲在袍子下面唱，他自己坐着弹弦子，唱时只张嘴学他儿子的口形。慈禧看了很高兴，说：“真是返老还童呀，老了老了，嗓子倒好了！”黄辅臣连忙谢恩下跪，慈禧发现他嗓音嘶哑，同时也发现了他的儿子，大怒，后来得知是一人演，一人唱，感到很新奇，就高兴了，说：“你们这是双黄呀”！

双黄本是两个姓黄人的意思。后来为和京剧的二黄相区别，将黄字加个竹字头，从此有了双簧之名。因为是慈禧太后御赐的名字，这种传说是人们公认的。但事实上，不经允许，黄辅臣是不能将他的儿子带进宫的，在太后面前暗中演唱更是不可能。这个传说只能说明，双簧是黄辅臣创造的一种曲艺形式。

世界十大交响乐团

德累斯顿国立交响乐团（德国）：世界上最古老的交响乐团，成立于1548年。

维也纳爱乐管弦乐团（奥地利）：音乐之都维也纳的象征性乐团。

纽约爱乐管弦乐团（美国）：美国最早的交响乐团，由希尔创立于1842年。

波士顿交响乐团（美国）：创立于1881年。

柏林爱乐管弦乐团（德国）：成立于1882年。

捷克爱乐管弦乐团（捷克）：1894年以布拉格国民剧院管弦乐团为中心组建。

费城管弦乐团（美国）：创立于1900年。堪称为20世纪世界性的“超级交响乐团”。

多伦多交响乐团（加拿大）：创建于1908年。

彼得格勒爱乐交响乐团（前苏联）：俄国历史上最悠久、实力最强的管弦乐团。

日本广播交响乐团（日本）：隶属于日本广播协会，是全日本最杰出的乐团。

甲壳虫乐队

甲壳虫乐队即披头士乐队（The Beatles），是流行音乐界历史上最伟大、最有影响力、拥有最多歌迷，最为成功的乐队。这个乐队，是来自英国利物浦的四个小伙子：约翰·列侬，保罗·麦卡特尼，乔治·哈里森和林戈·斯塔尔发起的。1956 年，16 岁的列侬结识了 14 岁的麦卡特尼，当时他们都在练习吉他技艺，以便仿效那些“节奏——布鲁斯”明星，实现自己的梦想。他们又找来了麦卡特尼的同校生——哈里森，斯塔尔晚一些加入。列农担任演唱和节奏吉它手，麦卡特尼担任演唱和低音吉他手，哈里森为主奏吉他手，斯塔尔任架子鼓手。1961 年，布莱恩·爱泼斯坦自愿成为他们的经纪人，推动了“甲壳虫”的事业，起了重大的作用，被称为“甲壳虫”乐队的第五个成员。

1962 年，“甲壳虫”的第一张单曲唱片《请爱我》发行后引起了巨大的反响，成为上榜歌曲；紧接着《请使我高兴》成了他们的第一首冠军歌曲。1963 年，他们在英伦三岛都受到了狂热的欢迎，《我想握住你的手》等歌曲常年上榜。1964 年第一季度，乐队的唱片销量高达美国唱片总销量的 60%，该年的首次访美成为美国最轰动的事件。甲壳虫乐队以其反上流社会，反正统艺术的风格，敢于接触社会敏感问题的内容，在舞台上那种与世俗挑战的举止，征服了各青年。不少歌曲表现了资本主义社会一代青年失望、低落和愤懑的心情。1966 年后，他们的公开演出减少了，但创作依然活跃，《平装书作家》和《黄色潜水艇》等都创作于这段时间，《你所需要的就是爱》等歌曲也一直上榜。1967 年，乐队宣布解散。1980 年，列侬不幸被一个崇拜者枪杀。

中华人民共和国国歌

《义勇军进行曲》是中华人民共和国国歌。1934 年，“电通”公司在上海成立，请田汉写一个电影剧本，这年冬天，田汉就先交了个简单的文学剧本《凤凰的再生》给“电通”公司的孙师毅。1935 年 2 月，田汉被捕入狱。“电通”公司为了尽快开拍，请孙师毅把田汉的文学剧本改写成电影文学剧本，孙师毅征得田汉同志同意，影片改名为《风云儿女》。在处理主题歌歌词时，他仅仅修改了几个字，将原词第六句：“冒着敌人的飞机大炮前进!”改作“冒着敌人的炮火前进!”。当时，聂耳正准备去日本，得知影片《风云儿女》有首主题歌要写，主动请缨，表示到日本以后，曲谱尽快寄回，决不会耽误影片的摄制。果然，没过多久他就从日本寄回《义勇军进行曲》的曲谱。曲谱寄回上海之后，由贺绿汀请当时在上海百代唱片公司担任乐队指挥的苏联作曲家阿龙·阿甫夏洛莫夫配器。不久就在影片《风云儿女》使用了。

1949年9月27日，中国人民政治协商会议第一届全体会议通过《关于中华人民共和国国都、纪年、国歌、国旗的决议》，在中华人民共和国的国歌未正式制定前，以《义勇军进行曲》为国歌。1978年3月5日，第五届全国人民代表大会第一次会议通过集体填词的《义勇军进行曲》为中华人民共和国国歌。1982年12月4日，第五届全国人民代表大会第五次会议决定恢复田汉作词、聂耳作曲的《义勇军进行曲》为中华人民共和国国歌。2004年3月14日第十届全国人民代表大会第二次会议正式将《义勇军进行曲》作为国歌写入宪法。

花儿

花儿，是广泛流传于我国西北甘肃、青海、宁夏、新疆四省区回、汉、东乡、撒拉、保安、土、藏、裕固等八个民族人民中间的一种以情歌为主要内容的山歌。“花儿”的内容质朴率真，唱词大胆热烈，很多“花儿”直接表达了对心上人的依恋和缠绵，抒发了对爱情的渴望与执著。青海是“花儿”的故乡，青海东部的河湟地区，是“花儿”最为流行的区域。青海花儿又称“少年”，一般只在山野歌唱而回避长辈及家人。演唱时称为“漫少年”。在青海，随时随处都有“花儿”的歌声。但演唱“花儿”最有民俗特点的是驰名的“花儿会”。“花儿会”是河湟人民的狂欢节。

现代舞之母

伊莎多拉·邓肯（Isadora Duncan，1877~1927）是美国女舞蹈家，现代舞的先驱。邓肯的母亲是音乐教师，从小就给予她良好的音乐教育。她从小就对舞蹈有很大的兴趣，但她从小就反对传统的芭蕾舞，认为芭蕾舞不是“真正的舞蹈”，她的舞蹈理论深受柏拉图、尼采、卢梭和惠特曼等哲人的美学思想影响。她认为，“最自由的身体蕴藏最高的智慧”，这就是邓肯的艺术目标和准则。她开创的现代舞具有与传统芭蕾完全不同的豪放风格，这种风格更属于美国。她的舞蹈给当时舞坛带来新意，对古典芭蕾矫揉造作和因袭程式的表演风格形成了很大的冲击。邓肯曾在英国、法国、德国和苏联等国家进行演出，在法国和苏联开办了舞蹈学校。她的舞蹈代表作有《伊菲革涅亚在奥里斯》、《马赛曲》、《前进吧，奴隶》、《斯拉夫进行曲》、《圣母颂》等。邓肯的舞蹈思想和艺术实践不仅为美国现代舞的创立铺平了道路，而且也推动了德国和其他国家的现代舞的发展，对世界舞蹈艺术的革新都有巨大的影响。她因此而被誉为“世界现代舞之母”。

哑剧

哑剧是不用台词而以动作和表情表达剧情的戏剧。它要求演员有高超的形体语言，去表达戏剧思想和意蕴。哑剧最早起源于古代人的生活活动。现代哑剧主要产生于19世纪法国哑剧表演大师德布洛，他创作了一个独特的人物形象比埃罗及其一系列哑剧作品，引人注目。现代哑剧有独角戏也有集体哑剧，都有完整的情节。卓别林、马尔索、莫尔肖为代表人物。中国戏曲中含有大量无声表演。作为独立哑剧出现始于上世纪80年代，有王景愚等人的创造。

百老汇

百老汇是纽约曼哈顿区一条大街的名称，英文直译为“宽街”。它指纽约市以巴特里公园为起点，一条由南向北贯穿曼哈顿全岛的大道，全长25千米。其中心地带是在第42街“时报广场”附近，周围云集了几十家剧院，一直是美国商业性戏剧娱乐中心，因而百老汇这一词汇已成为美国戏剧、现代歌舞艺术的代名词。

百老汇上演的是比较高雅的音乐剧，表演内容多以经典剧目为主，演员的表演服从剧情需要，以群体的肢体语言和出色的音乐吟唱来表现晚会主题。表演的基调为黑色，夸张、幽默、风趣、自然、轻松、活泼是百老汇的一贯表演风格。百老汇歌舞艺术的特点是通俗易懂、娱乐性强，舞台布景富丽堂皇，加上各种现代化的科技手段，配合声响、灯光，使得舞台表演变幻莫测。百老汇上演的剧目有几十种，其中以《悲惨世界》、《美女与野兽》、《歌剧魅影》、《西贡小姐》等剧目最为出色。那里上演的剧目，往往一演就是七八年，甚至十几年。

日本歌舞伎

歌舞伎是日本典型的民族表演艺术，歌舞伎是借用汉字，正名以前原来的意思是“倾斜”，因为表演时有一种奇异的动作，后来给它起了雅号“歌舞伎”。歌，代表音乐；舞，表示舞蹈；伎，则是表演技巧的意思。歌舞伎的主题大致有两类：一是描写贵族和武士的世界，二是表现民众生活。

歌舞伎起源于17世纪江户初期。歌舞伎的始祖是日本妇孺皆知的美女阿国，她是岛根县出云大社巫女（即未婚的年轻女子，在神社专事奏乐、祈祷等工作），为修缮神社，阿国四出募捐。她在京都闹市区搭戏棚，将表现宗教的《念佛舞》改编为富有生活情趣的《茶馆老板娘》，演出引起轰动。后来日本各地的女优纷纷效仿阿国竞相演出歌舞伎，一些武士为争夺女优大打出手，甚至互相厮杀。1629年，德川幕府以败坏风俗罪禁止歌舞伎演出。直到1653年，才允许只有男子演出的“野郎歌舞伎”，女性角色由男性扮演，称为“女形”，即旦角。1670年后，这种演出增多，而且有了剧本，内容情节和表演手法更臻成熟。1751~1801年是歌舞伎的全盛时期。以后30年，歌舞伎又完成了人物性格表演上的典型化、个性化和艺术化，表演程序也被固定下来。歌舞伎演员为世袭制。当时以江户（今东京）、大阪、京都三市为中心，歌舞伎成了市民喜爱观赏的表演艺术。到19世纪明治时代，日本这门传统艺术成为一种越来越古典的戏剧。

中国四大古典戏剧

（元）王实甫《西厢记》
（明）汤显祖《牡丹亭》
（清）孔尚任《桃花扇》
（清）洪昇《长生殿》

中国十大经典话剧

《阮玲玉》、《蔡文姬》、《茶馆》、《骆驼祥子》、《雷雨》、《北京大爷》、《咸亨酒店》、《天下第一楼》、《白鹿原》、《原野》。

生、旦、净、末、丑

京剧行当又称角色，主要可分为生、旦、净、末、丑五大行当。

1. 生行：简称“生”，即扮演男性角色的行当。生行分为须生（老生）、红生、小生、武生、娃娃生等。

2. 旦行：简称“旦”。分青衣、花旦、武旦、刀马旦、老旦、贴旦、闺旦等，全为女性。

3. 净行：简称“净”，亦叫花脸。净角指脸画彩图的花脸角色，看来并不干净，故反其意为“净”。包括以唱为主的铜锤花脸与黑头花脸；以工架为主的架子花脸，如大将、和尚、绿林好汉及武花脸与摔打花脸等。

4. 末行：简称“末”。该行当多为中年以上的男性。实际末行专司引戏职能，如打头出场者，反其意而称为“末”的。

5. 丑行：简称“丑”。剧中丑行勾画“三花脸”，面谱与花脸不同。丑行又分文丑、武丑。文丑中又分为方巾丑（文人、儒生），武丑专演跌、打、翻、扑等武技角色。

京剧四大名旦

1927年，北京《顺天时报》发起选举著名旦角，以无定额、不记名的方式选出。梅兰芳、尚小云、程砚秋、荀慧生、徐碧云、朱琴心六位得票最多，起初有六大名旦之说，不久，朱琴心、徐碧云先后辍演，遂成四大名旦。王瑶卿曾对“四大名旦”做过一字评：“梅兰芳的样，程砚秋的唱，尚小云的棒，荀慧生的浪。”

京剧四小名旦

1940年北京《立言报》根据群众的要求邀请了李世芳、张君秋、毛世来、宋德珠四人，在北京新新大戏院演出了两场《白蛇传》。四个人各自都演出了一折自己的拿手好戏。李世芳演《产子·合钵》，张君秋演《祭塔》，毛世来演《断桥》，宋德珠演的是《金山寺》。他们各展自己的特长，精彩的演出引起了社会上的强烈反响。从此，这四位演员被人们公认为“四小名旦”。

苏州评弹

苏州评弹是苏州评话和弹词的总称。它产生并流行于苏州及江、浙、沪一带，用苏州方言演唱。评弹的历史悠久，清乾隆时期已颇流行，当时最著名的艺人是王周士。嘉庆、道光年间有陈遇乾、毛菖佩、俞秀山、陈瑞廷四大名家。咸丰、同治年间又有马如飞、赵湘舟、王石泉等，之后名家流派纷呈，使苏州评弹艺术历经200余年至今不衰。

苏州评弹有说有唱，大体可分三种演出方式：一人的单挡，两人的双挡，三人的三挡。演员均自弹自唱，伴奏乐器为小三弦和琵琶。唱腔音乐为板式变化体，主要曲调为能演唱不同风格内容的“书调”，同时也吸收许多曲牌及民歌小调。“书调”是各种流派唱腔发展的基础，它通过不同艺人演唱，形成了丰富多彩的流派唱腔。大致可分三大流派，即陈（遇乾）调、马（如飞）调、俞（秀山）调。其中“马调”对后世影响最大，多有继承并自成一派者。刘天韵所唱的《林冲踏雪》，杨振雄唱的《武松打虎》，马如飞的《珍珠塔》，徐丽仙唱的《蝶恋花·答李淑一》，杨乃珍的《大九连环》都是苏州评弹的代表性唱段。

脸谱

“脸谱”是指中国传统戏剧里男演员脸部的彩色化妆。这种脸部化妆主要用于净（花脸）和丑（小丑）。它在形式、色彩和类型上有一定的格式，以“象征性”和“夸张性”著称。色彩绚丽，图案丰富。京剧脸谱色彩十分讲究，不同颜色拥有不同的含义。红色一般表示忠勇侠义、白色表示阴险奸诈、黑色一般表示直爽刚毅、勇猛而智慧等。脸谱图案非常丰富，大体上分为额头图、眉型图、眼眶图、鼻窝图、嘴叉图、嘴下图。每个部位的图案变化多端，有规律而无定论。

变脸

变脸属中国戏曲的情绪化妆，用于表现剧中人物情绪的突然变化，或惊恐，或绝望，或愤怒等。它最先用于神怪角色，明代已有。明杂剧《灌口二郎斩健蛟》中就有“变化青脸”的记载。当时的变脸是演员进入后台改扮，后世则衍变为当场变脸，成为一项表演特技，不少地方剧种都有，以川剧最为著名。变脸需要动作敏捷，密切结合人物情绪的变化，不露痕迹。在改进变脸技巧方面，川剧界的康子林、魏祥林、孙德才等都作出了贡献。

变脸有大变脸、小变脸之分。大变脸系全脸都变，有三变、五变乃至九变；小变脸则为局部变脸。变脸的主要手法有三：抹暴眼、吹粉、扯脸。此外，还有撕脸和贴脸。

东北二人转

二人转也叫“蹦蹦”，产生并盛行于东北三省（辽宁、吉林、黑龙江）。它是一种有说有唱、载歌载舞、生动活泼的走唱类曲艺形式，迄今大约已有二百年的历史。它的唱本语言通俗易懂，幽默风趣，生活气息浓厚、富有地方特色。它的音乐唱腔是以东北民歌、大秧歌为基础，吸收了东北大鼓、莲花落评戏、河北梆子等曲调而构成，高亢火爆，亲切动听。它的舞蹈是来自东北大秧歌，并吸收了民间舞蹈及武打成分，以及要扇子、要手绢等技巧。总之，二人转的表演特点最能体现东北劳动人民对艺术美的追求。

秧歌

秧歌是中国北方最具代表性的民间舞种之一。秧歌起源于插秧耕田的劳动生活，它又和古代祭祀农神祈求丰收、祈福禳灾时所唱的颂歌、禳歌有关，并在发展过程中不断吸收农歌、菱歌（民歌的一种形式）、民间武术、杂技以及戏曲的技艺与形式，从而由一般的演唱秧歌发展成为民间歌舞。秧歌、龙灯、旱船、打花棍、踩高跷等，多在一起配合演出，统称为“秧歌”。秧歌旋律流畅，节奏欢快简洁，其火火的场面、丰富的舞蹈语汇、情趣盎然的姿态和灵动活泼的表演风格，历来深受人们的喜爱。

全国各地的秧歌名称各异，如“鼓子秧歌”（山东）、“陕北秧歌”、“东北大秧歌”、“地秧歌”（河北、北京、辽宁）、“满族秧歌”、“高跷秧歌”等。而南方的“花鼓”、“花灯”、“采茶”以及广东与香港流行的“英歌”，它们都是从“秧歌”中派生出来的形式。农村秧歌又扭又唱，又叫“唱秧歌”；有的农村秧歌游屯串村，又叫“跑秧歌”；城镇秧歌光扭不唱，又叫“扭秧歌”。

傩戏

傩戏也称为傩舞，是中国地方戏曲剧种之一。傩戏是在民间祭祀仪式基础上吸取民间戏曲而形成的一种戏曲形式，初是以歌舞演故事，待到钟馗形象在傩仪中出现，傩戏才应运而生。傩戏广泛流行于安徽、江西、湖北、湖南、四川、贵州、陕西、河北等省。

傩戏源于远古时代，早在先秦时期就有既娱神又娱人的巫歌傩舞。明末清初，各种地方戏曲蓬勃兴起，傩舞吸取戏曲形式，发展成为傩堂戏、端公戏。傩戏于康熙年间在湘西形成后，由沅水进入长江，向各地迅速发展，形成了不同的流派和艺术风格。傩戏的演出剧目有《孟姜女》、《庞氏女》、《龙王女》、《桃源洞神》、《梁山土地》等，此外还有一些取材于《目连传》、《三国演义》、《西游记》故事的剧目。剧本大多唱多白少。各地的傩戏主要流传于乡间，随着社会的发展，娱乐活动不断丰富，愿意观看傩戏演出的人日益减少，傩戏传承困难。

木偶

木偶是在幕后由演员操纵用木偶表演的戏剧形式。中国古代又称傀儡戏。起源于 5 世纪的中国、印度等文化古国。进入 20 世纪出现了新趋势，发挥木偶的特点，演一些“人”的演员无法表演的戏，产生了多样化的演出形式，如手套式、托棍式、提线式三者综合演出、真人与木偶同台演出、演员当着观众的面操纵演出、台下观众与台上木偶混合演出及放映电影与木偶剧混合演出等。

第六章　宗教信仰

佛教四大名山

浙江普陀山：位于浙江省东北部东海莲花洋上，属普陀县。普陀山素负“海山第一”的盛名，有“南海圣境”、“海天佛国”之称。

四川蛾眉山：在四川省峨眉县城西南7公里，四川盆地西南缘，因山形如蛾眉，细长美艳而得此名。

山西五台山：也称“僧人山”、“清凉山”。位于五台县东北部。因为五台山有五座峰顶平坦宽阔的山峰，分别为南台、北台、中台、西台、东台，故名五台山；因盛夏气候凉爽，花草繁茂，溪水、山泉不息，清风习习，故也有“清凉山”之称。

安徽九华山：原名九子山，位于安徽省南部青阳县西南，距县城约20公里。山上众多山峰耸立，以天台、天柱、十王等9座山峰最为雄伟，宛如9个挺天立地的兄弟，因而又叫九子山。山上有9峰如莲花，故名九华山。

道教四大名山

湖北武当山；又名太和山，位于鄂西北的丹江口市境内。

江西龙虎山：位于鹰潭市西南郊20公里处。

安徽齐云山：又称白岳，位于徽州盆地，在黄山脚下，因其“一石插天，与云并齐”，故名齐云山。

四川青城山：古称丈人山，也名赤城山，位于都江堰市西南15公里处，其36座山峰，如苍翠四合的城郭，故名青城山。

道教的形成

道教是中国土生土长的宗教，正式形成于东汉的后期，南北朝时宗教形式逐渐完备，迄今已经有近2000年的历史了。它是在中国古代道家思想理论的基础上，吸收神仙家的修炼方术、民间鬼神崇拜观念和巫术活动而形成的一种有组织的宗教。道教奉老聃为教祖，尊称“太上老君”。以《道德经》(即《老子》)、《正一经》和《太平洞经》为主要经典，奉玉皇上帝为最高的神。要人脱离现实，炼丹成仙。

它以先秦时代的哲学家老子为其创始人，综合了道家的理论学说。在先秦老子、庄子的哲学里，宇宙万物的起源被归结于形而上的“道”，它看不见、摸不着，从无中生出有，分化阴阳，产生天地万物。在庄子哲学之中还塑造出了真人、圣人、神人的理想境界，也是道教的一个精神资源。东汉以后，道教徒依托老庄，改造老庄哲学，建立了一套道教的宗教神学体系，认为“道”是宇宙的本源和主宰者，宇宙中的万事万物、天地人三界都为道所化。它描绘了一种长生不老、不死成仙以及摆脱生老病死的自由自在、适性逍遥的神仙生活幻境。

道教最初形成的教团组织，主要有沛人张陵创立的五斗米道，流传于西南巴蜀地区；巨鹿人张角创立的太平道，遍布中原青、徐、幽、冀、荆、扬、兖、豫八州。但由于他们都以符水咒语为人治病，以善道教化民众，因此，还属于民间原始宗教团体。魏晋以后，道教开始向体制化的官方正统宗教发展。道学者葛洪在《抱朴子内篇》一书中，对战国秦汉以来社会上流行的神仙信仰和各种方术加以系统地总结，从理论上阐述了修道成仙的可能性。他还提出以道为内，以儒为外，使神仙方术与儒家纲常名教相结合的教义，从而为道教的进一步发展奠定了理论基础。

从东晋后期至南北朝时期，道教实行改革，道教的经典、教义、教规和教派组织得到改造和充实发展，以重视经典科教和神仙方术为主要宗旨的上清派、灵宝派、新天师道、楼观道等新兴道派相继出现，成为道教发展的主流。新兴道派得到官方统治者的承认，为后来儒释道三教鼎立并盛的格局奠定了基础。

隋唐北宋时期，官方道教兴盛发达。到了南宋金元对峙时期，道教内部

发生重大变革. 新兴道派纷纷涌现。在北方有全真道、真大道、太一道，南方有金丹派南宗、清微派、神霄派、净明道等新道派。其中全真道以王重阳的开创、其弟子马钰、丘处机等人的发扬而影响很大。

元朝统一之后，南北各道派重新组合，形成以内丹为主的全真道和符箓为主的正一道两大派系，流传至今。道教在明清时期趋于衰落，社会地位逐渐下降。道教教义、教制总的说来虽无大发展，但道教思想却进一步通俗化，流传于广大社会。至清末民国时期，道教虽已非常衰微，但作为一种传统宗教信仰，对中国的思想文化和社会风俗仍有着一定程度的影响。

道教在中国传统文化中占有重要地位。道家思想对中华民族传统美德的形成有重要的影响，如老子的虚怀若谷、宽容谦逊的思想，恬淡素朴、助人为乐、反对争名夺利的思想，以柔克刚、以弱胜强的思想等。正是这种道教文化的发扬，形成了中华民族开阔的文化襟怀，使中华民族的古老文化能够经久不衰，愈来愈繁荣昌盛。

太上老君

太上老君是中国神话传说中的人物，在中国的很多地方人们还专门修建庙宇来祭拜他，但他真正为广大民众所熟悉，恐怕都是因为《西游记》。《西游记》中的太上老君形象也在很大程度上颠覆了人们对他形象的最初构想。在《西游记》中，太上老君须眉皆白，峨冠博带，他居住在“兜率宫”中，守护着八卦炉炼丹传道。孙悟空不仅偷吃了他的仙丹，还在他的炼丹炉中炼就了火眼金睛，最后甚至打翻了他的炼丹炉。但是在玉帝面前，他俯首称臣。这只是作者构筑的神仙世界的尊卑谱系所安排的。但如果追述道教历史，将会是另一种情况。

太上老君的原型是我们熟知的中国古代著名的哲学先驱——老子，老子的《道德经》所阐述的思想给当时社会带来了很大影响，这种影响一直延续着，并且在西汉时，由于黄老学的盛行，老子的名望渐隆，到东汉时被许多崇尚道术的方士尊为祖师。

东汉后期道教的产生和随之兴起，老子走向神化，被认为是“道”的化身、元气之祖、天地的父母等。被神话的老子成了道教至尊，也因此衍生出了很多相关的传说。比如：传说自三皇五帝以来，老子改换名号，成为历代皇帝的老师，如黄帝时他号广成子，周文王时号燮阳子，武王时号育成子，汉初为黄石公，文帝时为河上公等等，即所谓的老子转生说。另外还有“老子化胡”的说法，说老子来往于中国和外国之间，常常向中外的圣人、贤人传授道的奥秘。

在陶弘景的《真灵位业图》中，太上老君列第四阶的中位，是太清境诸多天神仙真正的首领。到隋唐时代，太上老君更是作为道德天尊与元始天尊和灵宝天尊并列为道教的最高神。传说在天宝七年（748年），老君显现于骊山。次年，李隆基就加封老子为“圣祖大道玄元皂帝”；天宝十三年，又加号“大圣祖高上余阕玄元天皇大帝”，从而使老子上升到至尊的地位。

宗教中的玉皇大帝

道教称天界最高主宰的神为玉皇大帝，他号称“高天圣大慈仁者玉皇大天尊玄穹高上帝”，就像人间的皇帝，上掌三十六天，下握七十二地，掌管一切神、佛、仙、圣和人间、地府之事。也称为天公、天公祖、玉帝、玉天大帝、玉皇、玉皇上帝。宋真宗和徽宗都上有圣号。宋真宗上圣号为太上开天执符御历含真体道玉皇大天帝。宋徽宗上圣号为太上开天执符御历含真体道昊天玉皇上帝。道经中全称作昊天金阙无上至尊自然妙有弥罗至尊玉皇上帝。

至于玉皇大帝的出身和来历，那可真是众说纷纭，据《玉皇本行集》记载，玉皇大帝是昊天界上光严净乐国王与宝月光皇后所生的儿子。出生时，身上的宝光照耀了整个王国。小的时候就很聪慧，长大了还很仁慈，把国库中的财宝都拿去施舍给了那些穷乏困苦、鳏寡孤独、无所依靠、饥馑残疾的人们。净乐国王去世后，太子即位很有作为，国内一片升平祥和，于是他离开国家赴普明香岩山修道，经历了3200劫后成仙，初号自然觉皇，又经历上亿劫后，终于成为玉帝。

还有另外两种很有意思的说法：据明代神话小说《西游记》推断，玉皇大帝应该是出生于中生代的三叠纪，也就是距今约2亿多年。《西游记》第七回有这样的记述：佛祖呵呵冷笑道：“你那厮乃是个猴子成精，焉敢欺心，要夺玉皇上帝尊位？他自幼修持，历经一千七百五十劫。每劫十二万九千六百年。……”按如来佛祖的说法推断，那玉帝应该出生于距今2亿多年，而那个时候正是三叠纪。

另一种说法是：根据欧阳飞编著的《诸神传奇》，玉皇大帝生前原是一个寨主，名叫张友人，又称张百忍。话说自盘古开天辟地以来，起初天地间一片祥和，但是后来诸神开始争斗，人间荒淫无度，使得天地三界大乱，太白金星因此奉命下凡寻找才德兼备的人来做三界大帝。太白金星化身成一个乞丐，四处寻找，后来到了张家湾，发现人称“张百忍”的张友人将寨内治理得非常和谐，并且为人和善慈悲，因此带回天庭做了玉皇大帝。后来三界众神仙纷纷陈请共同推崇张百忍为“终身天帝”，共称“玉皇”，又因玉皇是三界的总皇帝，因此加称为“玉皇大帝”或“玉皇上帝”。

有说玉皇大帝就是道教的元始天尊（即玉清元始天尊的简称，道教所供奉最高的神）。道教传说正月初九是玉皇大帝的诞辰日。这一天，道士们要举行祝寿道场，诵经礼忏。每年腊月二十五日，玉皇大帝都要出巡天上人间，考察众生的善恶祸福，所以道教徒要在这一天开设道场，举行隆重的接驾仪式。

《金刚经》

《金刚经》全称《能断金刚般若波罗蜜经》，又称《金刚般若波罗蜜经》。最早由鸠摩罗什译出，一卷。以后相继出现5种译本：北魏菩提流支译本；南朝陈真谛译本；隋达摩笈多译本；唐玄奘译本（《大般若经》的第九回）；唐义净译本。此经卷末有四句著名的偈文：“一切有为法，如梦幻泡影，如露亦如电，应作如是观”，被称为一经之精髓。意为世界上一切事物都是空幻不实，“实相者则是非相”，认为应“远离一切诸相”而“无所住”，即对现实世界不执著或留恋。由于此经以空慧为体，说一切法无我之理，篇幅适中，不过于浩瀚，也不失之简略，故历来弘传极盛，特别为慧能以后的禅宗所重。对于此经的注解，自隋唐直到近代，一直绵绵不绝。

《心经》

《心经》全称《般若波罗蜜多心经》，一卷，唐玄奘译，知仁笔受。此经文句简约而蕴摄极深广的般若之义，得其心要，故名为《心经》。全经260

字，阐述五蕴、三科、四谛、十二因缘等皆空的佛教义理，而归于“无所得”(不可得)，认为般若能度一切苦，得究竟涅槃，证得菩提果。因为篇幅非常短小，所以很易于记诵，故历代不管僧众还是一般学者都非常喜诵此经，而在藏传佛教中，《心经》同样也有非常重要的地位。

《大唐西域记》

《大唐西域记》简称《西域记》，为唐代著名高僧唐玄奘口述，门人辩机奉唐太宗之敕令笔授编写而成。《大唐西域记》共十二卷，成书于唐贞观二十年（646 年），为玄奘游历印度、西域旅途 19 年间之游历见闻录。该书记述 128 个国家和地区的都城、疆域、地理、历史、语言、文化、生产生活、物产风俗、宗教信仰，此外还记述了其他十余个国家的情况。本书是继晋代法显《佛国记》之后又一取经游记巨著。书中除生动描述了阿富汗巴米扬大佛、印度雁塔传说、那烂陀学府以及诸如佛祖成道、佛陀涅槃等无数佛陀圣迹，还有很多佛教传说故事，其中尤其提供了印度古代历史的最重要的资料，不仅众多印度古代社会、历史的著作主要嵌据《大唐西域记》保留的资料写成，甚至印度著名的那烂陀寺遗址，也是根据《大唐西域记》记载的线索发掘和复原的。在当今印度，玄奘的名字几乎家喻户晓，妇孺皆知，而玄奘本人也就已成为中印友好的化身。本书曾经先后被译为英、法、德、日等国文字广为传播，是研究中外文化交流、佛教历史、交通史、民族史的珍贵资料。

《道德经》

《道德经》，即《老子》，本来是先秦道家学派的经典，但是道教在创教之初，即奉《道德经》为本教主要经典。这是因为《道德经》里的“道”这一概念，非常有助于统一道教庞杂的思想理论，并且为了能够在传统上、学理上与儒释抗衡，也有必要将《道德经》这一早期重要的著作树立为本教经典，将老子树立为早期圣人，以提供合理性。所以历代的道教学者都非常重视对于《道德经》的疏解，早期的有西汉河上公的《道德经章句》，把其中的有关论述，转化为治国修身、长命成仙的理论依据。此外，汉严遵的《道德旨归》、张鲁的《老子想尔注》也是著名的注本。与《老子》一样，《庄子》也成为道教的基本典籍之一，被尊称为《南华真经》，唐代道士成玄英的《南华真经疏》是非常著名的疏本（对于郭象《庄子注》的疏）。

《太平经》

全称《太平青领书》，东汉原始道教重要经典。原书分甲乙丙丁戊己庚辛壬癸十部，每部十七卷，共一百七十卷，今道藏本仅残存五十七卷。此经假托神人（又称天师）与六方真人问答，演说原始的道教教义和方术。其主要内容，是宣扬奉天法地、顺五行、治世之道、伦理之则。本书也广泛宣扬长寿成仙、治病养生、通神占验之术，明显受到了汉代谶纬神学影响。其书具有代表下层民众反对统治者恃强凌弱，主张自食其力，周穷救急的思想，符合当时贫穷百姓的愿望，所以为张角等早期民间道教领袖所利用，组织发动黄巾起义。而张角借此书创立的“太平道”与张陵的“五斗米道”成为早期道教的两大教派，对后世产生了重大影响。因此，《太平经》对于弄清楚早期道教的（乃至整个中国原始民间宗教）内容与社会思想，都具有很大的史料价值。

《黄庭经》

《黄庭经》是道教“上清派”的重要经典，属于洞玄部。现传《黄庭经》有《黄庭内景玉经》、《黄庭外景玉经》、《黄庭中景玉经》三种，中经是后人所作，一般的《黄庭经》指的是内外经。一般认为，《内景》是在晋太康年间相传由女道士魏华存写成定本的，《外景》在晋咸和年间完成，作者不详。历代称它是魏晋间道士养生之书，其实它远在一般药物养身、术数延命之类书之上，继承了汉代“五脏神”之说，以身体脏腑各有所主的理论为基础，结合道教人身百脉关窍各有司神之说，而以七言韵文之形式表现，注重以“存思”为主的修炼要诀，内外经内容较为一致，但行文风格上有明显差异，《外景》简明平易，《内景》典奥深隐。所谓“黄庭三宫”是指上宫脑中，中宫心中，下宫脾中，炼养上《外景》重脑心，《内景》重脾胃。《黄庭经》是一部极受历代道教炼养家重视的道教典籍，历代文人名士也非常重视它，王羲之、褚遂良、米芾、黄庭坚等书法大家都写有帖传世。

《阴符经》

《阴符经》旧题黄帝作，实则为出现于唐代的重要经书。其字数不多，分为三个部分：《演道章》、《演法章》、《演术章》。但是关于《阴符经》的内容，有很多种说法，最为普遍的说法是它是一部宗旨在于道教修炼的典籍，道教十分重视本书，将其与《道德经》、《南华经》等同列为经典，道教徒要时常诵习本经。《阴符经》因为其深刻的思想内涵不仅使得广大道教徒纷纷进行注解，而且很多思想家也对它有极大兴趣，分别从道家、儒家、佛家、兵家、医家等角度进行研究．指出它更具有帝王术的特点。所以，《阴符经》对于中国思想史的意义是非常重大的，有待于后人进一步发掘。

《道藏目录详注》

《道藏目录详注》四卷，明代道士白云霁撰。它实质上是《正统道藏》和《万历续道藏》的总目提要，名为详注，实际上也只能算是简注，但是它既能够提供关于道教典籍的观念，又可以提供关于道书的知识，以资考据，所以它足以起到《道藏》入门之阶的作用。虽然其书也有考证失实、延误不改的毛病，并且喜用宗教家的眼光做注，而忽略了史学的材料考证，但是和任何古籍一样，只要运用合理，完全可以发挥应有的作用。

中国古代原始信仰——图腾崇拜

“图腾崇拜”是一种宗教信仰，是古代自然崇拜和祖先崇拜相结合的一种原始信仰，约发生在氏族公社时期。“图腾”一词源于北美印第安语 totem 的音译，意思是“他的亲族”。原始人相信每个氏族都与某种动物植物或其他自然物有亲属或其他特殊关系，一般以动物居多，作为氏族图腾的动物（如熊、狼、蛇……），即是该氏族的神圣标志，照列为该族之忌物，禁杀禁食；且举行崇拜仪式，以促其繁衍。氏族成员都以图腾为骄傲，并且希望得到它的保护。所以，远古人类的墓地、住所、日用品乃至身体上，都绘有或刻有本氏族图腾的图案。

我国古代神话传说中，有很多关于图腾崇拜的内容，如伏羲、女娲人首蛇身、炎帝、神农牛头人身、蚩尤人身牛蹄等，实际上都是当时人们图腾崇拜的缩影。图腾崇拜的出现其实是与当时的生产力发展有关。

众所周知，氏族时期，人们主要还是以打猎为生，农业生产几乎没有发展。因此，与人们打交道最多的就是各种植物和动物，人们与它们混沌相处，由此形成图腾崇拜。相传东南沿海一带，诸多部落以鸟为图腾；中原一带部落，多以两栖动物或鱼类为图腾；西北高原则多以野兽为图腾，如西北的羌以羊为图腾。所谓黄帝同蚩尤、炎帝作战，联合熊、貉、貅、豹、虎参加战斗，实际上是当时诸多部落参加战斗的意思。从历史来看，图腾标记有一个从单一向综合的演化过程。最早的图腾形象往往是蛇、鹤、熊、虎等单一一物，以后被神化成为一种综合性的幻想物，如龙兼有蛇、兽、鱼等多种动物的形态，凤兼有鹰、孔雀等多种鸟类的特征。这也反映出华夏民族不断发展壮大的过程。

图腾的标志作用几乎体现在各个方面，如：

旗帜、族徽。中国的龙旗，据考证，夏族的旗帜就是龙旗，一至沿用到清代。古突厥妖人、古回鹘人都是以狼为图腾的，史书上多次记载他们打着有狼图案的旗帜。

服饰。瑶族的五色服、狗尾衫用五色丝线或五色布装饰，以象征五彩毛狗，前襟至腰，后襟至膝以象征狗尾。畲族的狗头帽，据传说，盘瓠为人身狗首形象。畲族传说，其祖先为犬，名盘瓠，其毛五彩。

文身。台湾土著多以蛇为图腾，有关百步蛇为祖先化身的传说。其文身以百步蛇身上的三角形纹为主，演变成各种曲线纹。广东蛋户自称龙种，绣面文身，以像蛟龙之子，入水可免遭蛟龙之害。吐蕃奉猕猴为祖，其人将脸部纹为红褐色，以模仿猴的肤色，好让猴祖认识自己。

图腾舞蹈。即模仿、装扮成图腾动物的活动形象而舞。塔吉克人舞蹈作鹰飞行状。

直到今天，图腾信仰仍然渗透在我们的生活中。一些少数民族至今还或多或少留有图腾信仰遗迹，如克木人至今还保存着氏族图腾。鄂伦春族人深受熊图腾遗风的影响，对熊崇敬有余。彝族人则认为虎是万物之源，所以虎是他们图腾——崇拜的圣物。

我国古代主要崇拜的神灵

随着社会生产力的发展和社会形态的转变，人们的思想意识也在随着发生变化，对自然的认识也在不断加强。但毕竟这种认识从科学的角度来说，还很浅薄，还存在很多的盲目和迷信的成分。因此，人们崇拜虽然也发生了一定的变化，比如原始社会的自然崇拜和祖先崇拜，殷商时期的鬼神崇拜，但还是没有从根本上发生改变。因此，从原始社会到奴隶社会，再发展到封建社会，人们的很多崇拜一直延续了下来。

周继殷商统治天下，把祭祀天地和崇敬祖先统一起来，成为敬天尊祖，形成了天神、地祇、人鬼的神鬼系统。《周礼》上说："大仲伯之职，掌建邦之天神、人鬼、地祇之礼。"

属于天神的有上帝，青、黄、赤、白、黑五帝及日、月、星、斗、风、云、雨、雷、电诸神；属于地祇的有社稷、山川、五岳、四渎之神；属于人鬼的主要是各姓的祖先及本民族崇拜的圣贤、忠烈之士。上述诸神也正是道教多神信仰的来源。许多神灵为道教所吸收，变成道教信奉的神祇，如上帝演化成为玉皇大帝、雷神演化成为雷声普化天尊、社神演化成为土地神等等。其他如五岳大帝、四海龙王、门神、灶神等，最初都是民间信奉的神灵，后又转化成为道教之神。而这些神灵也在民间被广泛崇拜。以汉族为例，除去原始时期崇拜图腾及祖先之外，各个时期、各个社会阶层都有一些不同的崇拜对象，但主要还是集中在以下几个神灵上：

上帝。上帝又称天、天皇，是神灵世界的主宰，也是历代统治者和一般群众都崇拜的最高神灵。

社神。社神即土地神，又名后土，也是统治者和一般群众都普遍崇拜的神灵。相传的社神有两个，一个是龙，一个是禹。

高禖。即婚姻、生殖之神。因为祭神多在郊外进行，所以又称郊禖。汉代以后直至近代，由于受印度佛教的影响，民间所崇拜的高禖神逐渐被送子观音代替。

门神。门神是从古至今人们都崇拜的大神之一。唐代以前的门神是神荼、郁垒。唐代以后的门神是秦叔宝和尉迟敬德。

除此之外，还有很多人们普遍信奉的神灵，如灶神、文昌帝君、观音、药王、关公、财神、火神、花神、送子娘娘等。不论何种人物和神祇，只要适合自已的需要，皆为供奉之列。

伟大的佛陀

佛教创始人释迦牟尼，本姓乔达摩，名悉达多。释迦是其种族名，意思是能；牟尼意思是“仁”、“儒”、“忍”、“寂”。释迦牟尼合起来就是“能仁”、“能儒”、“能忍”、“能寂”等，也即是“释迦族圣人”的意思。

释迦牟尼生于公元前565年，卒于公元前486年，大约与我国孔子同时代。他是古印度北部迦毗罗卫国（今尼泊尔境内）的王子，属刹帝利种姓。

迦毗罗卫国的国王叫净饭，王后叫摩耶。一日，摩耶夫人在睡眠之际梦见一头白象腾空而来，从右肋进入自己身体，她顿时觉得体安快乐如服甘露，反视自身如日月光照，醒来后她就去见净饭王，告诉他梦中之事。

净饭王立即召集大臣们询问王后之梦是何预兆，一名婆罗门占卜者回答说：“此梦甚佳！王后已怀孕，必生王子，这王子是个千古圣人，定能光显释迦族。”净饭王听后，不胜欢喜。

摩耶夫人自梦白象受孕后，百病不染，身体十分健康。

摩耶王后怀孕已满10月，一日率众宫女漫游兰毗尼花园。那时正是四月初旬，风和日丽，生机畅达。花园里芳草萋萋，百花争妍，行树耸翠，莲蕖送香，充满吉祥喜庆的气氛。游历花园一周后，摩耶王后在一棵无尤树的绿荫下休息。她见这无尤树枝叶茂盛，柔软低垂，树上花果鲜丽，芬芳可爱，便举手攀摘花果，于是，王子就生了下来。

佛经上说，王子刚生下来就能说话，无人扶持即能行走。他身上发出光明，目光注射四方，举足行了七步，每步地上都出现一朵莲花。一时间，香风四散，花雨缤纷，仙乐和奏，诸天神人齐声赞颂。地上也自然涌出二泉，一冷一暖香洌清净。净饭王得子后，喜悦非常，替他取名悉达多，就是说，他生时即有许多奇异祥瑞的意思。

太子出生后七日，母亲就去世了，姨母波波提养育他，跋陀罗尼教养他。王子长大后，看到人民在政治上和牛活上待遇的不平等，众生之间的弱肉强食，世界到处都是纷争；生命的短暂，生老病死的痛苦……，太子坐在阎浮树下思考这些问题。他四出皇城门，看见了生老病死诸般苦相，于是就有了遁世之志。“许下了四个愿望：第一，人生要没有衰老的现象；第二，没有疾病的痛苦；第三，没有死亡的恐怖；第四，所有东西不损不灭。”太子开始访问阿罗蓝仙人等96位外道学者，但都不能满足他所求所学的志愿，便决意自己去修行。他云游参访了六年，雪山苦行了六年，甚至苦行到了每日只吃一芝麻、一麦粒的程度，他的修道都不能开悟。30岁那年，他到尼连禅河洗去身上的垢秽，接受牧女难陀波罗的供养后，就到伽耶山菩提树下金刚座上，闭目冥思。经21日，于二月初八，夜睹明星，恍然大悟，成为无上正等正觉的佛陀。

他在菩提树下大彻大悟，逐步创立佛教，随即在印度北部、中部恒河流域一带传教。80岁时在拘尸那迦城逝世。他的弟子很多，据传有500人，其中著名者有十人。

大肚子弥勒佛

“大肚能容，容天下难容之事。开口便笑，笑世间可笑之人”，这副对联人们一定不会陌生，它经常与敞着肚皮、满脸堆笑的弥勒佛像一起出现在大大小小的寺庙里、山峰间。据说，生病的人只要摸一摸弥勒佛的大肚子，便能消灾除病，平安快乐。

弥勒是姓，译作慈氏，他的名字是阿逸多。根据佛经的说法，他生于南天竺婆罗门家，修成正果后，住兜率天内院，他将继释迦牟尼佛在来世的时候，成佛度众生，并被认为是大乘佛教瑜伽行派的开创者。

在我国弥勒信仰的流行也很早，西秦时就已出现绘制的弥勒像。五代、宋以前的弥勒像，主要有菩萨形和如来形两大类。这时的弥勒像是菩萨装束，两脚交叉而坐，或是以左脚下垂，右手扶脸颊的半迦思维形，表示弥勒在兜率天宫等待下生的情形；而如来形的弥勒像则是下生成佛后的形象，与释迦佛的造像没有多大区别。大致从北魏开始，中国逐渐流行对弥勒下生的信仰，同时也开始出现穿上佛装的弥勒佛像。

大约在五代以后，江浙一带的寺院中开始出现笑口弥勒佛的塑像。其实这是按照一个名叫契此和尚的形象塑造的。据《宋高僧传》等记载，契此是

五代时明州（今浙江宁波）人，又号长汀子。他经常手持锡杖，杖上挂一布袋，出入于市镇乡村，在江浙一带行乞游化。他身材矮胖，大腹便便，且言语无常，四处坐卧。能预知晴雨，预言吉凶颇为“应验”。因其总背着一个布袋，所以被称为“布袋和尚”。后梁贞明二年（公元916年），契此坐化于明州岳林寺庑下的一块磐石上，圆寂前曾留下一偈语：“弥勒真弥勒，分身千百亿，时时示时人，时人自不识。”于是后人认为他是弥勒转世，为他建塔供养。此后，江浙一带就逐步流行一种按“布袋和尚”形象塑成的袒腹大肚、喜笑颜开的笑口弥勒像，并将他安置在天王殿中，令人一进山门就有皆大欢喜的感觉，深受世人喜爱，以后“大肚弥勒”的这一布置就成了寺庙的定制。

观音菩萨本是男儿身

观音是民间极为崇奉的菩萨。观音，又称“观世音”、“观自在”，是中国化佛教信仰的重要的菩萨之一。老百姓称她为：“大慈大悲救苦救难观世音菩萨”。

唐代为了避唐太宗李世民的讳，将观世音菩萨的“世”字免去，改称“观音菩萨”。唐代以前，由印度等地传入的观世音菩萨像都为男性。这点我们在一些佛教壁画和雕塑中都能见到，观音还长着两撇胡子。《华严经》中说：“勇猛丈夫观自在”，可见是男相。至于观世音菩萨在中国多现女身的原因，一民间有传说为：南北朝时，因北齐武成皇帝卧病期间，曾梦见观世音是亭亭玉立的窈窕女子，于是后来的观世音像便开始由男变女了。但这只是乡间野史，不足为信。

到了唐朝，流行丰满身材，再加上民间信奉观音可以送子，于是变成了女身。北宋时，中国人又创造了新的关于观音身世的故事。说是有位妙庄王，生了三个女儿，名妙因、妙缘、妙善。三女都到了出嫁的年龄，大女、二女高高兴兴嫁出去了，就是三女儿妙善不肯出嫁，执意出家。庄王大怒，把妙善赶出王宫。妙善就到深山修行，成为香山仙长。后来庄王得了重病，危在旦夕，需要亲人的一只手、一只眼来做药引子。大姐、二姐都不肯做出牺牲，只有出家修行的妙善献出了自己的手和眼，救了父亲的命。佛祖被其孝心感动，便赏她一千只手、一千只眼，使之成为千手千眼的观世音。这个故事揉进了儒家的“孝”和道家的神仙思想（妙善修行为“仙长”），是儒释道三教合流的产物。

中国式佛像的来由

佛教不同于道教，不是中国土生土长的宗教，而是从印度传入中国的。但是，随着时间的演变，佛教在中国已经被本土化，尤其是佛像已经基本脱离了刚传入时的形象，更贴近中国人的形象。

这种改变是从东晋开始的，具体来说，是从一位当时著名的画家戴逵开始的。戴逵，字安道。他是南渡的北方士族，晚年长期住在会稽一带。戴逵无论在中国雕塑史还是宗教史上都具有划时代的重要意义。在东晋以前，中国的各种佛像都是根据从印度传来的佛像草图模仿雕刻而成。这样的佛像尽管原汁原味，但毕竟不符合中国人的长相，不符合中国人对吉祥面孔的理解，容易在中国信众心中造成隔阂。

正是基于这一一点，戴逵在雕刻佛像时，没有一味模仿印度风格，而是注重吸取中国的本土元素。他常常将画好的佛像草图挂在寺院内，自己则偷偷躲在一边，倾听他人对他所画佛像的意见，然后再根据他人的意见，对佛像草图反复修改，于是终于创造出了符合中国人长相，符合中国人对吉祥面孔理解的、有鲜明“中国特色”的佛教雕像。

不但如此，戴逵还创造了夹漆像的做法。他把漆工艺的技术运用到雕塑方面，是今天仍流行的脱胎漆器的创始人。

毫无疑问，“中国式佛像之父”戴逵在佛像上的伟大尝试和改良，为佛教在中国的进一步兴盛，为中国雕刻艺术内涵和表现形式的进一步开拓，都起到了巨大的推动作用。在戴逵之后，尽管纯印度风格的佛像在中国仍有被雕刻的，但总体趋势是佛像越来越中国化。

“南无阿弥陀佛”的真义

“南无阿弥陀佛”其实是根据古印度的梵语音译而来的，并不是“南边没有阿弥陀佛”的意思。“南无”，是梵文 Namas 的音泽，读作那谟，也有译作“南谟”、“那谟”等，意思是致敬、归敬、归命。“阿弥陀佛”是梵文 Amita-

bha的音译，大乘教佛名。据说阿弥陀佛原为国王，后放弃王位，出家为法藏比丘后，发了48个愿而成正觉。“阿弥陀佛”翻译成汉语为：“阿”译作“无”，“弥陀”译作“量”，“佛”译作“觉”，就是无量觉的意思。无量觉就是无所不知，无所不觉。

阿弥陀佛的意义就是《无量寿经》上所讲的四十八愿，这就是无量觉的浓缩；若将之展开，就是全部的《无量寿经》。

传说阿弥陀佛在修行的时候发了“四十八宏愿”，希望用此宏大愿力，加持众生往生到西方极乐世界。因此，人们若想要往生到西方净土，所需要用的方法就是念诵“南无阿弥陀佛”，将心中万事放下，发愿来生到西方极乐世界。人只要往生净土，就可以不退成佛。这就是净土宗“持名念佛”的法门。

“南无阿弥陀佛”的通俗语解释是：向阿弥陀佛致敬。当然，在佛教中，“南无阿弥陀佛”在广义上还指向一切有觉悟的人致敬。

“六字真言”

佛门咒语中最具有代表性的应当是“观音菩萨六字大明咒”——“唵、嘛、呢、叭、弥、吽”这六字真言。藏传佛教认为，常持诵六字大明咒，可以消除病苦、刑罚、非时死之恐惧，寿命增加，财富充盈。所以，在藏区常常可以看到人们手摇转经筒，口诵“六字真言”的景象。

“唵嘛呢叭弥吽”这句咒语的大致意思是：“皈依观世音菩萨！但愿仰仗您的大力加持，使我本具与您同样的清净无染、随意变现的自性功德迅速显现，随意达到我要达到的目的！”

“六字真言”据说是佛教秘密莲花部的“根本真言”。它包含佛部心、宝部心、莲花部心及金刚部心等内容。“唵”，表示佛部心，谓念此字时，自己的身体要应于佛身，口要应于佛口，意要应于佛意，认为身、口、意与佛成一体，才能获得成就；“嘛呢”梵文意为“如意宝”，表示“宝部心”，据说此宝出自龙王脑中，若得此宝珠，入海能无宝不聚，上山能无珍不得，故又名“聚宝”；“叭弥”，梵文意为“莲花”，表示“莲花部心”，以此比喻法性如莲花一样纯洁无瑕；“吽”，表示“金刚部心”，祈愿成就的意思，即必须依赖佛的力量，才能得到“正觉”，成就一切，普度人生，最后达到成佛的愿望。

《大乘庄严宝王经》中讲述，这六字可以分别关闭六道轮回之门：唵，关闭天道门；嘛，关闭修罗道门；呢，关闭人道门；叭，关闭畜生道门：弥，关闭饿鬼道门；吽，关闭地狱道门。因此，念动这六字真言可以关闭六道轮回之门，独开往生净土乃至成佛门的功德。这个六字真言还有如下对应：唵——白色天神界；嘛——绿色阿修罗界；呢——黄色人界；叭——蓝色畜牲界；弥——红色饿鬼界；吽——黑色地狱界。

寺院的别称

“寺院”历经朝代变换，或因用途有别，或因建筑各异，而有种种别称。

院：原意为周围有垣，转称为周垣或指有回廊的建筑物，或指官舍等。直至唐代，因唐代敕令建造大慈恩寺，于寺中筑翻经院，成为佛教建筑物称“院”的开始。

庵：又作“菴”，原为出家及隐遁者所居住的草菴。后世特称比丘尼的住处为庵、庵寺。

堂：又称殿堂，殿宇的意思，与“塔”构成寺院的主体。殿堂和塔庙合称堂塔。或有依安置的本尊而命名，例如普贤殿、地藏殿；或用来安置祖像及遗骨，如舍利殿、开山堂；也有供日常生活者，例如斋堂、茶堂等；或供法会、修行、讲经说法等用途者，如念佛堂、讲堂、禅堂等。至于形状，除了特殊的情况以外，大部分都为正方形、长方形。

僧伽蓝：略称“伽蓝”，“众园”的意思，是僧众共住的园林。

精舍：意为智德精炼者的舍宅。

兰若：意译无诤、空闲处，意指远离村落，安静而适于修行的空闲处。

刹：因一般寺院均有于堂前立刹（幡竿）的风俗，因而得名。

丛林：众多僧人居住于一处修学办道，就好像树林一般丛聚。因此，以“林”作比喻，而称寺院为丛林。

道场：修习佛法的场所。隋炀帝尝下诏，明令天下的寺改称为道场。此外，宫中行佛事的场所，称为内道场，或内寺。临济宗专指供云水僧修行的场所为道场。

律寺：又作律院，专指依准戒律修行者居住的寺院。

讲寺：又作讲院，指专研天台、华严二宗为主的寺院。讲院者，以讲明诸经的旨意为务。

讲堂：供讲经说法的建筑。于印度，佛陀在世时已设有讲堂，我国自古即设有讲堂，以利说法。

莲社：为念佛修行的结社。源于东晋慧远大师在庐山所创的结社念佛。

道教的符咒

在一些电影中出现过这样的情节：道士用桃木剑、画好的符来镇住僵尸和各种鬼怪。这并不是杜撰，它是有来源的，这些都来源于道教的各种符咒法术。

“符箓”是道教的基本法术之一，又称为“符书”“丹书”“云篆”“墨篆”。符箓术导源于巫觋，始见于东汉。早期道教承袭此术，五斗米道和太平道就是以造作符书和以符水为人治病来吸引信徒创建组织的。唐末宋初，天师道和上清、灵宝派分别以龙虎山、茅山、阁皂山为活动中心，形成著名的“三山符箓”。南宋金元之际，更在“三山符箓”的基础上，分衍出神霄、清微等众多符箓派。可以说，宋元以前，符箓道法是道教的主流。

道士画符，据说是假借某位神仙帝君给鬼神下的一道命令。道教认为这些文字图片是天神的文字，正是它们可以起到遣神役鬼、镇魔压邪的作用，因而道士受道，首先就要受符箓。

道教符箓使用十分广泛。有用于为人治病者，或丹书符箓于纸，烧化后溶于水中，让病人饮下；或将符箓缄封，令病人佩带。有用于驱鬼镇邪者，或佩带身上，或贴于寝门上。有用于救灾止害者，或将符箓投河堤溃决处以止水患，或书符召将以解除旱灾等。至于道士作斋醮法事，更离不开符箓，或书符于章表，上奏天神；或用符召将请神，令其杀鬼；或用符关照冥府，炼度亡魂。整个坛场内外，张贴、悬挂各式符箓。

道士在给人治病祛邪，或者作法事的时候，常常是掐诀念咒，手指呈特殊姿势，嘴里念念有词，那即是所谓的“禁咒”，又称为神咒、神视，意指天神所说的话。道教的这种法术同样来源于巫术，他们认为对患病的人念神咒，就能够把神召来为他祛病，或者把给他带来疾病的妖魔鬼怪吓跑。所以在道教的坛醮、祈禳法事之中，常常配合符箓念禁咒。

道教认为咒语具有“法力”，是一种可以制鬼辟鬼的语言，从几个字到几百字不等，典型的句式一般以“急急如律令”结尾，表示要所驱使的鬼神迅速执行道士的命令。为了表现道士的高超的“本领”，他们在念咒时通常使用不同寻常的语言、用不同寻常的曲调唱诵而出。

除此之外，道教的道功和道术还有如服食、行气、房中、守一、外丹、内丹以及斋醮等。这些都是道教教义的体现，道士依次来传递和发扬教派。

五斗米道

五斗米道是道教的一支，是早期道教的派别之一。它是在先秦方仙道和黄老思想的基础上，结合古代巴蜀地区的民族信仰所创立的一个道教早期教派。创始人是沛国丰（今江苏丰县）人张陵（34～156年）。他在东汉顺帝时（126～144年）入蜀，居住在鹤鸣山（今成都市大邑县境）学道，距离道教的另一个胜地青城山不远，以为人治病开始传教。为了统率教民，他设立24个传教点，称“二十四治”，以其中的阳平治（在今四川彭县）、鹿堂治（在今四川绵竹）、鹤鸣治（在今成都市大邑）为传教中心，因入道者需要交纳信米五斗，所以俗称“五斗米道”；又因在创教初期曾受巴蜀少数民族原始宗教的影响，巫术色彩浓厚，所以，当时人们也叫“米巫”；还因教民曾反抗官府，故被当时官方称为“米贼”。

张陵死后，其子张衡继续传道。衡殁，孙张鲁继之。祖孙三代，世人称为“三张”，道内则称“三师”：称张陵“天师”，称张衡“嗣师”，称张鲁“系师”。

在张鲁当政时期，是五斗米道发展最快的时期，由于张鲁在自己的辖区内广设“义舍”，供给米肉让行人免费食用，还实施宽刑、禁酒等各种利民的措施，也就是史称的“民夷便乐之”。因而在东汉末年天下大乱、群雄混战的年代，张鲁统治的巴、汉成为比较安定的地区。

另一个显著的特点是，张鲁将五斗米道和政权结合了起来，实行政教合一的政权。张鲁当时是东汉政府的镇南中郎将，任汉宁太守。由于既是朝廷命官，又是宗教首领，所以他常常以政权和教权首领的双重身份出现，在巴、汉地区大力推行五斗米道。由于当时的东汉政府已经岌岌可危，无力行使真正的统治权力，因此在张鲁的辖区内，没有汉王朝设置的各级官员，而是以五斗米道各级首领来管理政务和教务。由于张鲁的利民措施，入道的群众很多，五斗米道得到了很快的发展。入道最早的叫“鬼卒”；入道已久并笃信其教的，称为“祭酒”，统辖教民；再高一层的叫“治头大祭酒”。张鲁则自号“师君”，是五斗米道的最高首领。他教人民诚信不欺诈，特设“静室”，宣称有病的人去静室里“思过修善”，病就可以不治而好，还专门设立了“鬼吏”为病人祷告。

张鲁在汉中实行政教合一制度，雄踞巴汉近30年。至建安二十年（215年），曹操攻汉中，张鲁降曹，而五斗米道也随之传往北方中原地区。张鲁在归降曹操以后，被任命为镇南将军，他的子女和曹操的子女互相婚配，五个儿子都受封列侯，地位显赫，受宠一时。随着张鲁家族迁徙中原，五斗米道的传教中心就从西南地区转移到北方，成为魏晋时期的主要道教流派。在晋统一之后，它又向东南沿海传播，从而遍及全国。

到西晋时，五斗米道沿着两条道路发展：一条是在民间传播，并在四川这个地方与农民起义结合起来；另一条道路则盛行于士大夫上层社会，如东晋时期的江南大族琅琊王氏、高平郗氏、陈郡谢氏等等都信奉五斗米道，出现了所谓的“天师世家”。

后来，南朝刘宋时期的陆静修、北魏时期的寇谦之就在士族所信奉的五斗米道基础上发展创立了南天师道和北天师道。唐宋以后南北天师道与上清派、净明道、灵宝派等合流，元朝以后都归于正一道。

历史上的“八仙”

“八仙过海，各显其能”；“狗咬吕洞宾，不识好人心”；“张果老倒骑驴”等，这些都是人们熟知的和传说中的“八仙”有关的成语和俗语，“八仙”也是深受民间喜爱的神仙。那么，在历史上“八仙”真的确有其人吗？

“八仙”一词最早出现在汉魏六朝时，原是指魏晋以来神仙家所幻想的一组仙人，并不是后来人们熟知的吕洞宾、张果老、铁拐李等八人。而真正出现他们八人的“八仙”阵容，大约是在元代，但阵容并不固定，几经易人，到明代吴元泰作《八仙出处东游记》，铁拐李、汉钟离、蓝采和、张果老、何仙姑、吕洞宾、韩湘子、曹国舅这八仙过海的故事日渐流传开来，广为人知，八仙人物阵容也在流传中逐渐稳定下来，到明朝中叶真正确定了下来。

“八仙”八个仙人的出身和出处以及时代都不同，最早有着明确记载、确有其人的是张果老。据史籍记载，他是初盛唐时期的道术之士。而到了五代宋初，关于吕洞宾的传说越来越盛行，再加上道教内丹修炼法的传播，两宋时期即盛传“钟吕金丹道”。金元时期全真道教兴起，为回应民间信仰及传说以宣扬其教法，将汉钟离、吕洞宾等推为北五祖。民间传说、杂剧戏谈等便与道教神仙相互演变，八仙故事流传愈广，内容愈丰富。

或许是为了能让“八仙”食些人间烟火，不再那么高高在上，于是民间还有另外一种关于他们的传说，说他们既不是神，也不是仙，而是有着很高技艺、享誉民间的民间艺人。比如铁拐李是云游四方的艺人；曹国舅据说是一个屡试不第的秀才，后来沦落为专替民间婚丧喜庆行礼的书生；韩湘子的箫吹得出神入化；吕洞宾在唐会昌年间两举进士不第，浪游江湖，是个善于编写说唱词的艺术家；张果老是唐武则天时鼎鼎有名的说唱表演家，唐玄宗曾经把他召到京师演出种种法术；汉钟离，善渔鼓，是我国演唱道情的鼻祖；蓝采和，常穿破蓝衫，手持大拍板，周游天下，元杂剧称他是个优秀的戏剧演员；何仙姑，据说是从宫廷逃出的歌伎名伶。八个艺人都有高超的技艺，故被誉为“八仙”。

正是这些传说才更让“八仙”显得神秘莫测，为更多的人所熟知，并且流传至今，代代不息。

八仙的得道故事

提起“八仙”，我们最熟知的就是“八仙过海”的故事了，但除此之外，关于他们八个人自身是如何得道的，还各有不同的故事，流传也非常广泛。

汉钟离，原本复姓钟离，名权，字寂道，号和谷子，又号正阳子，燕台人。汉钟离从一出生就和常人不同，他刚出生时，天空出现了数丈长、像火焰一样的异光；出生后七天不吃也不哭，到了第七天，突然跳起来说：“身游紫府，名书玉京”。长大后，当了谏议大夫，奉诏北征失利，军士尽散，他一个人牵着战马在山道上漫无目的地走着，不觉天已黑了。这时候东华帝君正好云游经过此地，见钟离迷路了，随即乘云彩来到钟离身边，有意感化他。钟离正穷途末路，感叹世事多变，于是跟着东华帝君入深山修道。天长日久，钟离被授以长生真诀及金丹火候、青龙剑法，修炼得道成仙，因自己生于汉代，就取名为汉钟离。到唐代，度化吕洞宾之后，升天而去，被封为“太极左宫真人”。全真道派尊其为“正阳祖师”，“北五祖”之一。

吕洞宾，号纯阳子，出生于唐代。小时候很聪颖，但是长大后两次考试都未能及第，后来在赶考途中遇到了汉钟离，汉钟离见他生得眉清目秀，有道骨仙风的气质，又有满肚子学问，于是有意感化他。汉钟离略施法术，拿了一个枕头给吕洞宾，吕洞宾便沉沉睡去了。他梦见自己高中，被朝廷封官赏爵，可是好景不长，就因祸被抄家革职。吕洞宾在梦中吓出了一身冷汗，惊醒过来后，他感慨万分，觉得功名利禄不过是过眼云烟的身外物。于是跟随汉钟离赴终南山鹤岭修道去了。由于道教全真道派奉他为“纯阳祖师”，故世称“吕祖”。

关于张果老，人们最熟知的故事就是倒骑毛驴，关于他的得道成仙也同样有一个有趣的故事。张果老，名果，是唐代的道士，曾隐于中条山修道。据《唐书》记载，确有其人，他本是民间的江湖术士，因民间相传遂为神仙。自言生于尧时，有长生不老之法。一次唐玄宗召见他，求长生不老之法。唐玄宗见到张果老老态龙钟，就问：“先生是得道之人，为何发疏齿落，老态龙钟?”张果老说：“衰朽之岁，也没有什么道术可依凭，所以才变成现在的样子，实在令人羞愧。不过，今天如果把这些疏发残齿拔去，不就可以长出新的出来吗?”，于是便在殿前拔去鬓发，击落牙齿。玄宗有点害怕，忙叫人扶张果老去休息。一会儿张果老回殿，果然容颜一新，青鬓皓齿。于是，当时的达官贵人们都争相拜偈，求教返老还童的秘诀，但都被他拒绝了。张果老常常骑着一头白驴，日行数万里。在休息的时候，就像折叠一张纸一样，将驴折叠收起。要乘骑的时候，则用水弄湿，纸就又变成了白驴。

韩湘子，名湘，字清夫，据考是韩愈的侄孙。韩湘子自小不喜欢学习，一直追随吕纯阳学道，并劝韩愈弃官学道，而韩愈则劝韩湘子弃道从学。韩愈做官时，一次，宾客盈门，韩湘子就用一个一寸大小的胡芦给所有的宾客斟酒，数斗不竭。又变出了两朵金花，花上有金字对联：“云横秦岭家何在，雪拥蓝关马不前。”后来，韩愈被贬谪潮州，在路过蓝关的时候，天降大雪，几乎困死。韩湘子冒雪而来，韩愈嗟叹韩湘子预言之灵验。韩湘子后来爬上一棵桃树，坠树而死，尸解登仙。

铁拐李，姓李，相传名叫李凝阳，或名洪水，小字拐儿，自号李孔目。据传李铁拐应太上老君之约，魂游华山。临行前，嘱咐徒弟好好守着自己的躯壳七天。可谁知徒弟的母亲生病，需要回家侍奉母亲，就在第六日把李铁拐的身体烧了。等李凝阳第七日回来时，无身可依，即附于一具饿殍之尸上，所以他的形象又丑陋又跛右脚。李铁拐虽然丑陋又跛脚，但是心眼儿好，有一回，他把讨来舍不得吃的一点干粮喂给了一位快饿死的老人吃了，老人留下了一贴纸，报答救命之恩，然后化作一道金光，飘然而去。李跛子抖开纸一看，竟然是四句打油诗："一座高山圆又尖，九龙归巢水里边；火烧九龙得铁拐，有了铁拐可成仙。"李跛子将信将疑，来到尖山筑起八卦炉，生火炼铁拐。九九八十一天后，突然间，一根铁拐杖从炉口中冲了出来。就在这一年，突然天下暴雨，给当地的老百姓带来了很大的灾难，李跛子焦急万分，他想：我这铁拐是七色土石和五味真火炼成的，就该有些不寻常的本领。我何不试一下呢？于是他站在高山顶上，扬起拐杖指着长空，喊道："给我晴！"顿时间风停雨歇，云开雾散。乡亲们发现李跛子已经成仙了，于是尊敬地喊他"铁拐李"了。据说，以后遇到大旱，铁拐李便送来及时雨；瘟疫流行，铁拐李便驱走病魔。后来，铁拐李随吕洞宾等人漂洋过海了。人们为了感谢他、怀念他，就把他修炼得道的地方叫得道湾，随后又为他修了庙，那庙就叫做"得道庙"。

蓝采和，在南唐沈汾《续仙传》、宋初《太平广记》和陆游《南唐书》等书中均记载，蓝采和是唐末至五代时人。他的行为怪僻，好喝酒和唱歌。平时穿一身破蓝衫，一只脚穿只靴子，另一只则光着脚丫子。据说他是夏天穿棉衣，冬天躺卧雪中全身却冒着热气。蓝采和常于城市乞讨，手持大拍板长三尺有余，似醉非醉，踏歌而行，唱道："踏歌蓝采和，世界能几何。红颜一春树，流年一掷梭。"蓝采和居无定处，四海为家。这个仙人的人物原型本是一江湖流浪汉，仅仅由于他的行为癫狂，又好周济穷人，因此深得人们喜爱，后得汉钟离度化，乘云而去。

何仙姑是八仙中唯一的女仙，名琼，永州零陵人。当地人说，在何琼出世的那天，一团鲜艳祥瑞的紫气笼罩在何家茅屋的上方，一群仙鹤在紫气中上下飞舞，不一会儿，一只硕壮的梅花鹿驮着一个扎小辫、身系红肚兜的女童飞奔闯入何家，就在这时何母生下了一个白白胖胖的女婴。一条清澈婉蜒的小溪由山上奔流而下，称为云母溪，何琼家就在秀美的云母溪畔。14 岁那年，在云母溪畔玩耍的何琼遇见了一位白胡子老翁，老翁送给她一枚鲜灵灵的蟠桃，何琼三下五除二地把蟠桃吃下了肚，老翁看着她吃完，转身就不见了。奇怪的是，回家后，何琼连几天都不感到饥饿，精神还比以往更旺盛。一个月后，何琼又在云母溪边遇到了那位老翁，老翁教她如何采集云母以及怎样服食云母。此后，何琼每天采食云母，渐渐身轻如燕，行走如飞。她还能辨识山中的各种仙草灵药，为附近的百姓治疗各种疾病，且能预测人事，因此周围的人都称她是“何仙姑。”后来也尸解仙去。

曹国舅，本名景休，徐州人，因是宋仁宗曹皇后的弟弟，所以人称国舅。《八仙铁拐李吕纯阳曹国舅宝卷》为清代旧抄本，该宝卷有曹国舅得道的故事。据说汉钟离等七仙在蟠桃会上商议：“我们七人做事难好，未免美中不足，譬如说吃什么酒肆喜宴，只能说七仙桌，有点难听。若能有八个人，无论吃酒划拳可以喊八仙寿了，坐成团团圆圆一桌可称八仙桌了，逢到皇母娘娘庆寿，我们可以八人上寿了。”于是到凡间访求到“敬贤礼士多恭敬”的“大善人”曹国舅，并对他进行多次考验，最后度他加入八仙行列。曹国舅是经钟离权与吕洞宾度化后，得真密旨而修道成真，并由吕洞宾引入仙班的。

明朝中叶，我们所熟悉的“八仙”正式确定下来，即汉钟离、吕洞宾、张果老、韩湘子、铁拐李、蓝采和、何仙姑、曹国舅。

古人“炼丹”

炼丹术的产生有其社会背景，当封建社会发展到一定阶段，生产力有了较大的提高，统治阶级对物质享受的要求也越来越高。皇帝和贵族自然而然地产生了两种奢望：第一希望掌握更多的财富，供他们享乐；第二希望长生不死，使他们的统治一劳永逸。

中国炼丹活动起源于公元前 3 世纪，到了东汉，方士们的神仙思想发展成为道教，炼丹的风气便深入民间。东汉魏伯阳所著《周易参同契》是现存世界上最早的炼丹术理论著作，书中提到当时的炼丹家有《火记》600 篇，可见当时火法炼丹已积累了大量经验性知识。

炼丹是道教的一项宗教活动，方士们认为“仙人食金饮珠，然后寿与天地相保”。因而研究以丹砂冶铸黄金之法，若“黄金成，以为饮食器则益寿”，这就是所谓的“金丹术”。实际上，由于丹丸中含有大量的汞、铅等有毒物质，吃了之后非但不能长生不老或成仙，反而会中毒而亡。于是方士们转而讲求炼制神丹，或直接饵服，或用以点化药金，再饵服以求长生，于是方士的炼丹方术中就有了“金丹术”和“黄白术”之分。在炼制“黄白”的人中，也有的不是为了长生，而想以此谋利发财。约在此前后，道教开始兴起，神仙方术被道教承袭，作为宗教修炼之法，创五斗米道的张陵即曾以《黄帝九鼎丹经》传弟子。

冥司神灵——十殿阎王

阎王，即阎罗王，或称阎罗大王，也称阎魔王。

阎魔是梵语的音译。阎王原是古印度神话中阴间的主宰，有兄妹双王之说，兄治男魂，妹治女魂。以阎王作为阴间的主宰，掌管地狱轮回的佛教理论，大约在南北朝时传入中国。

阎王在中国民间影响很大，传说他是阴间的国王，人死后都要到阴间去报道，接受阎王的审判，生前行善者，可升天堂，享富贵；生前作恶者，会受惩罚，下地狱。中国佛教中又有十殿阎罗之说。十殿阎罗是中国佛教所说的十个主管地狱的阎王的总称，这一说法始于唐末。分别是：

第一殿秦广王蒋，专司人间寿夭生死，统管吉凶。第二殿楚江王历，专司活大地狱，即寒冰地狱。第三殿宋帝王余，专司黑绳大地狱。第四殿五官王吕，专司合大地狱，即血池地狱。第五殿阎罗王包，专司叫唤大地狱。第六殿卞城王毕，专司大叫唤大地狱及枉死城。第七殿泰山王董，专司热闹地狱，即肉酱地狱。第八殿都市王黄，专司热闹大地狱，即闷锅地狱。第九殿平等王陆，专司铁网阿鼻地狱。第十殿转轮王薛，专司各殿解到鬼魂，区别善恶，核定等级，发往投生。投生时，始载胎卵湿化，男女寿夭，富贵贫贱，并于每月汇知第一殿秦广王处注册。凡发往投生者，均由孟婆神灌饮迷魂汤，使其忘记前生之事。

有的佛经里还说，阎魔王因前世恶业，每日夜三时，王宫变为铁城，狱卒把他放置在热铁上，从嘴里灌入铜汁，使其全身滚烫。他心里想："我过去做了那么多恶事，才受此苦。愿我从今能舍己身，信如来法，剃发出家。"刚想到这里，所居宫殿立刻变得像天宫一样。

最早阎王只有一人，其僚佐有 18 人。唐代时，就有天帝册封阎罗王，并由其统率五岳卫兵之说，后人把地狱分为十殿，十殿均有主，称"地府十王"。十王各有名号，合称"十殿阎王"。这大概也是受了民间神怪小说的影响。

明清以来，十殿阎王之说盛行，以至有替代道教原有的东岳大帝主宰生死之势。但是民间少有专门奉祀十殿阎王的庙观，都是在当地城隍庙内设阎王殿，奉祀十殿阎王。

保佑一方的土地佬儿

说起土地佬儿，人们最熟悉的恐怕就是《西游记》中那个唯唯诺诺、被孙悟空顺手提来提去的“小个儿”，尽管也是掌管一方的神仙，却给人留下无足轻重的感觉，觉得他没有多大的能耐，自然也不会有多高的地位。其实，在中国古代土地神是地位非常高的神灵。

“土地”自古至今在人们的眼中都是无比崇尚的，民以食为天，而土地是生产这些人们最基本的生活资料的温床。另外，大地生长草木五谷，养育人类，所以被古代人视为有无穷力量的神灵。在古代，祭土地是上至王公贵族，下至小民百姓一年中的大事。

土地神又称“土地公公”“土地公”“土地爷”，流行于汉族地区及部分受汉族文化影响的少数民族也有信仰。先秦时期社神，也就是土地神，地位极高，古人为报答大地的恩赐而奉土祭社。我们后来常说的“社稷”就是代表国家，而一般祭祀的典礼由天子或各地行政长官主持。

到了东汉时，人们就把社神叫做“社公”或者“土地”了。东晋以后，社神的地位有所下降，权职范围变成只能管理本乡本土的最低级的小神，即由显赫的大神演变为明清小说中所描写的猥琐的土地佬儿了。

就像每个其他神仙一样，土地神的来历和出身也有很多的传说。

一种说法是，周朝时有一位官吏叫张福德，生于周武王二年，至周穆王三年辞世，享年102岁。此人从小聪颖，而且非常孝顺，36岁时做了朝廷的总税官，为官廉正，勤政爱民。有一个贫户用四大石围成石屋奉祀他，结果不久，他就由贫转富了。从此以后，百姓都相信是神恩的保佑，于是合资修建庙宇并塑金身来膜拜，尊称他为“福德正神”。因此，做生意的人们也经常祭祀他，以求生意发展。

还有另一种说法是，周朝上大夫的家里有一个仆人叫张福德，由于主人远赴他乡做官，家中只留下年幼的女儿，张福德带着幼女去寻她的父亲，在途中遇到了大风雪，他脱下自己的衣服裹着幼女，保护她，而自己却因此冻死在途中。临死时，空中出现了“南天门大仙福德正神”九个字，是给这位忠诚的仆人的封号，上大夫感念他的忠诚，就修建庙宇来奉祀，周武王听了这件事也很感动，说：“似此之心可谓大夫也”。因此，土地公有戴着宰相帽的。

但是在明清时，民间又多以名人作为各方土地神来祭祀。例如，清代翰林院及吏部所祭祀的土地神是唐代大文人韩愈，杭州太学一带奉岳飞为土地神。现在的土地庙中常配祀有土地婆婆，这个风俗大约起于南宋。

供奉土地神的土地庙大多都比较简陋。一些大庙中间也有在殿堂中设有当地土地神位的。土地神的神诞日是二月初二。古时候，官府和百姓都要到土地庙烧香奉祀。

寻根的母亲神——妈祖

妈祖是中国东南沿海和海外华人供奉的海洋保护神，又称天妃、天后、天妃娘娘、天上圣母等等。到现在，她还是广大海外华人华侨归来寻根时必拜的“母亲神”，信徒人数之多，香火之旺，都是很令人惊讶的。

有关妈祖的记载，从北宋就有了。妈祖原是都巡检林惟悫之女，叫做林默娘。她生于宋太祖建隆元年（960 年），殁于宋太宗雍熙四年（987 年），享年 28 岁。据道教的说法，妈祖是一位曾被太上老君封为“辅斗昭孝纯正灵应孚济护国庇民妙灵昭应弘仁普济天妃”的神灵。

相传妈祖诞生在湄洲岛。妈祖的父亲林惟悫，母亲王氏，二人多行善积德。惟悫 40 多岁时，已生有一男五女。但担忧一个儿子难保传宗接代的重任，所以经常焚香祷告，想再生一个儿子。惟悫夫妇的虔诚感动了南海观音，一天晚上，观音托梦给王氏并对王氏说：“你家行善积德，今赐你一丸，服下当得慈济之赐”。不久王氏便怀孕了。北宋建隆元年（960 年）三月二十三日傍晚，王氏分娩时，西北处一道红光射入屋中，耀眼夺目，并伴有隆鸣声，不绝于耳，妈祖降生了。因妈祖是女孩，父母虽有些失望，但妈祖生得奇异，父母也十分疼爱。妈祖从出生到满月，一声不哭，所以，其父母给她取名林默，也叫“默娘”。

宋太宗雍熙四年，妈祖当时 28 岁，重阳节的前一天，对家人说：“我心好清净，不愿居于凡尘世界。明天是重阳佳节，想去爬山登高。预先和你们告别。”家人都以为她要登高远眺，不知将要成仙。第二天早上，妈祖焚香诵经之后，告别家人，一人登上湄峰最高处，这时，湄峰顶上浓云重重，妈祖化作一道白光冲入天空，乘风而去。此后妈祖经常显灵显圣，护国佑民，救人危难，当地百姓感激她，在湄峰建起祠庙，虔诚供奉。据传祖庙后的摩崖“升天古迹”处就是妈祖飞天的地方。

妈祖的影响在当时就非常大，仅宋朝的统治者就曾经先后九次敕封她。她的封号，在南宋光宗绍熙（1190 年）由“夫人”进爵为“妃”，元世祖时又进爵为“天妃”，清康熙时再进爵为“天后”。至清嘉庆年间，妈祖的封号已经累积到 28 字。

妈祖的主要神迹是救济海上遇难的人民。据说，千里眼和顺风耳就是妈祖的随从，她能解救人于千里之外。妈祖常穿朱衣，乘云驾雾，在岛屿之间走动。如果海风骤起，船舶遇难，只要口诵妈祖圣号，妈祖就会到场营救。后来，妈祖的职能更加扩大了。除了救海难，还说士农工商兵医等“但能起恭敬心，称吾名者，我即应时孚感，令得所愿遂心，所谋如意”。因此，民间也有把妈祖当送子娘娘供奉的。

在中国东南沿海各地多建有妈祖庙，其中以福建泉州莆田妈祖庙为祖庭，台湾省也有妈祖庙 74 座。

三藏

经律论三藏是佛典的总称，佛陀一生所说的教法，后来弟子分类结集为三大部类，故称三藏。精通三藏的僧人称三藏法师（例如唐玄奘）。三藏与三学相配，即经藏为定学，律藏为戒学，论藏为慧学。结集三藏是为佛法久住，令后世众生有法为所依，是佛徒的头等大事。佛灭度后，由大迦叶选五百位学德兼高的上座比丘僧，在王舍城结集经律论三藏，此是历史上第一次结集，又称五百结集。此次结集的结果是小乘三藏（正式的名称是上座部三藏），总称声闻藏。又据说在大迦叶结集三藏不远处的界外，别有结集三藏及杂藏、禁咒藏为五藏，此称大众部结集（通称的大乘三藏的结集）。

汉文大藏经

汉文大藏经指的是用汉语编纂、传习的大型佛教丛书，主要传播区域在汉传佛教流行区。汉文大藏经可以分为翻译佛典与中土撰述两大部分，其分类法是由唐代智升撰写的《开元释教录》确立的，首先分大乘经与小乘经。大乘经下分般若、宝积、大集、华严、涅槃五大部以及五大部外诸经，小乘经下分长阿含、中阿含、增一阿含、杂阿含四大部和四大部外诸经；次分大乘律和小乘律，小乘律下分正律和律论两大部；后分大乘论与小乘论，大乘论分为大乘释经论、大乘集义论两大部，小乘论分为有部身论、有部足论、毗婆娑支派及余派三大部；最后为圣贤集传，分为梵文翻译集传与此方撰述集传两大部。我国历代的汉文大藏经版本很多，其重要者有宋《开宝藏》、《崇宁藏》、《碛砂藏》，金《赵城藏》，元《普宁藏》、《元宫藏》，明《南藏》、《北藏》、《嘉兴藏》，清《龙藏》等。20 世纪日本大正、昭和年间排印的汉文大藏经《大正藏》长期被认为是最佳的版本，直到我国 80 年代开始整理出版《中华大藏经》，才彻底全面地对历代佛教典籍进行了完整的分类编辑，成为最全面的汉文大藏经。

藏文大藏经

藏文大藏经指的是用藏语编纂、传习的大型佛教丛书，主要传播区域在藏传佛教流行区。藏传佛教，也称喇嘛教，主要流行于我国西藏地区，蒙古、土、羌、裕固等少数民族地区，蒙古、俄罗斯西伯利亚地区以及印度北部部分地区。藏文大藏经分为"甘珠尔"和"丹珠尔"。"甘珠尔"意思是正藏，大致相当于汉文大藏经中经、律、秘密藏三部分；"丹珠尔"的意思是续藏，大致相当于汉文大藏经中论集部、经疏部、律疏部、论疏部、史传部等部分。元代以来，藏文大藏经的版本也很多，其著名者为奈唐古版、永乐版、北京版、奈唐新版、拉萨版等，此外，清代乾隆年间，颇罗鼐·索朗多杰主持缮写的"金写丹珠尔"是写本中的珍品。《中华大藏经》（藏文版）的出版，为藏文大藏经提供了最为完整的资料。

《法华经》

《法华经》全称《妙法莲华经》七卷，二十八品，鸠摩罗什译。是说明三乘方便，一乘真实的经典，为天台宗立说的主要依据。全经主要思想为空无相的空性说和《般若经》相摄，究竟处的归宿目标与《涅槃经》沟通，指归净土，宣扬济世，兼说陀罗尼咒密护等，集大乘思想之大成。鸠摩罗什所译《法华经》，在中国汉地流传非常广泛。观《高僧传》中所列举讲的经、诵经者，以讲、诵此经的人数最多；敦煌写经中也是此经的比重最大，南北朝注释此经学者达 70 余家。陈隋之际的智顗法师更是依据此经创立了天台宗，从隋、唐起，乃至明、清，一直都流传不衰，并逐渐与净土宗合流，具有重大影响。

《华严经》

《华严经》全名为《大方广佛华严经》，是佛成道后在菩提场等处，借普贤、文殊诸大菩萨显示佛陀的因行果德如杂华庄严、广大圆满、无尽无碍妙旨的要典。此经汉译本有三种：（1）东晋佛驮跋陀罗的译本；（2）唐武周时实叉难陀的译本；（3）唐贞元中般若的译本。而其中又以唐实叉难陀译八十卷本的文义最为畅达，品日也较完备，因而在汉地流传最盛。此经对于中国佛教宗派的发展意义很大，随着此经在隋、唐时代的盛行流传，有以专弘这一经的教观为主的华严宗（又称贤首宗）形成；而隋代吉藏法师立三转法轮，以此经为根本法轮；天台智凯法师立化仪四教，以此经列为顿教，又立化法四教，以此经列为别兼圆教；唐窥基立三时教，以此经为中道教，正可以见得此经义理的圆融无碍。

《楞伽经》

《楞伽经》全名《楞伽阿跋多罗宝经》或《入楞伽经》。楞伽是斯里兰卡岛的古名，“入楞伽经”意为释迦佛在斯里兰卡地方所说的经。最早的译本是南朝宋元嘉二十年（443 年）求那跋陀罗的译本（《楞伽阿跋多罗宝经》4卷），以后还有北魏菩提流支的译本《入楞伽经》10 卷，实叉难陀的译本《大乘入楞伽经》7 卷。本经宣扬世界万有皆由心识所造成，人认识作用的对象不在外界而在于内心，其思想乃结合如来藏思想与唯识阿赖耶识思想，是代表印度后期大乘佛教思想的经典。《楞伽经》对中国佛教尤其是早期禅宗和唯识宗影响颇大，据说菩提达摩曾以此经授慧可，并云："我观汉地，唯有此经，仁者依行，自得度世"。但是慧可却对于此经"专附言理"，进行了自由阐发。慧可门徒更持此经，游行村落，不入都邑，行头陀行。他们主张"专唯念慧，不在话言"，实行以"忘言、忘念、无得正观"为宗旨的禅法，逐渐形成独立的一种派别，被称为楞伽师，并成为以后禅宗的先驱者。

《六祖坛经》

《六祖坛经》，唐慧能口述，弟子法海集记。慧能是中国禅宗的第六祖。中国禅宗从达摩始百余年间皆以《楞伽经》相印证，故亦称为楞伽宗。达摩的三传弟子道信开始兼以《金刚经》等经为典据，到了慧能即以文句简单的《金刚经》代替了《楞伽经》，其目的在于摆脱名相烦琐的思想束缚，而单刀直入求得开悟。《六祖坛经》集中记载了慧能法师的事迹与思想，其主要部分，在说摩诃般若法。慧能发展了一种"一超直入"的顿教。他揭出"直指人心，见性成佛"的途径，即是修"般若行"。《六祖坛经》宗旨在令学徒从自心中顿见本性，从此以后，于境无染，自在解脱，虽仍不废修行，但既已悟到自性具足万德，无欠无余，所以再有修习，也于体上增不得一分，只是随事体验充实德用而已。中国佛学家的著作，以"经"命名的只有这一部，可见其地位。虽然今天的《六祖坛经》已经是屡经增改，并且版本众多，但是后世南宗禅徒公认本书的价值，南宗各家的思想也确实和它脉络贯通，所以传世的《六祖坛经》无论如何，都是研究禅学必参的典籍。

《大乘起信论》

《大乘起信论》一卷，旧说马鸣造、梁真谛译。但是根据现代学者的研究，一般认为此书是中土佛学的创作，主要内容把大乘如来藏思想和唯识说结合为一，阐明"一心"（如来藏心）、"二门"（心真如门和心生灭门）、"三大"（体大、相大、用大）的佛教理论和"四信"、"五行"的修持方法，体现了中土佛学调和各派的见解。虽然人们很早就对此书的真伪存有疑问，但是因为此书结构严整、文意畅达，素来为中土的学人传诵。直到今天，广大的佛学修行者仍然将本书作为他们进入大乘佛学的入门阶梯。

《弘明集》

《弘明集》十四卷，梁释僧佑（445—518 年）撰。本书作者指出时人对佛教有六种怀疑：“（1）疑经说迂诞大而无征；（2）疑人死神灭，无有三世；（3）疑莫见真佛，无益国治；（4）疑古无法教，近出汉世；（5）疑教在我方，化非华俗；（6）疑汉、魏法微，晋代始盛。”这六疑其实都是当时儒道两家攻击佛教的焦点，而从佛教立场看来，这六疑都是异端，作者撰集本书的主要宗旨，就在于排斥这一些异端，为法御侮而达到弘道明教的目的。本书提供了当时儒道与佛教互相斗争的资料，反映了当时人们对于佛教思想的理解，同时本书保存了大量的珍贵文献。所以，本书是一本不可多得的思想史文献汇编。

《高僧传》

《高僧传》或作《梁高僧传》，十四卷，南朝梁代释慧皎撰，这是一部奠基性质的著作。作者在前人已有的基础上，撷取各家之长，重新规划，撰成本传，遂为后来总传体例的僧传树立了典范。本传记录了从后汉明帝永平十年（67 年）到梁武帝天监十八年（519 年），453 年间魏、吴、晋、宋、齐、北魏、姚等九个朝代中高僧的事迹。本书所引用的资料非常丰富，保存了大量的佛教以及社会史料，比如本传包含了后汉至梁代中叶佛教发展的轮廓和不同行谊人物的面貌，以及佛教思想潮流的发展倾向。而关于翻译家的事迹、学派、造译的经过、译品的好坏，以及义解高僧的学识、学说、著作、与当代社会上名士的往来和对玄学的激扬，都有所记载。至于本文的行文风格，则畅达雅洁，允为正宗的体式。从各个方面说，它都是一部南北朝时期的大著作，值得人们永远的尊敬。

《成唯识论》

《成唯识论》十卷，护法菩萨等造，唐玄奘法师于显庆四年（659 年）纂译，弟子窥基笔受。这是一部解释世亲菩萨《唯识三十论》，属于集注性质的书。玄奘糅译印度亲胜、火辨、难陀、德慧、安慧、净月、护法、胜友、胜子、智月等十大论师分别对《唯识三十颂》所作的注释而成。传说玄奘留学印度时，曾广收十家注释并独得玄鉴居士珍藏的护法注释的传本。回国后，原拟将十家注释全文分别译出，后采纳窥基建议，改以护法注本为主，糅译十家学说，由窥基笔受，集成一部。从这个角度来说，将《成唯识论》视为玄奘本人的著作也是适宜的。本书是唯识宗的集大成之作，甚至可以说是整个大乘佛法的顶峰之作，其立论之圆融完满无可企及。但是唯识宗的学问，名词术语繁多，义理极为艰深，加上中古以后禅宗风行全国，所以中土虽然产生了这么一部伟大的著作，在中国却没有产生应有的影响。这是非常可惜的事情，而它自然也就成为了我们这一辈人要勇于精进、刻苦钻研的一部法宝。

禅宗语录

禅宗语录是记载历代禅师法语的著作。内容包括师徒传法心要、参悟验证、问答、辩难、参究等，常由禅师左右的弟子随时记录编纂而成。第一部语录被认为是《六祖坛经》。它之后的语录，约有三百多种，多记载禅宗师徒对话的“机锋”，内容则是启发顿悟、直见心性的内容。其代表作为南宋的《古尊宿语录》。宋代还出现了以辑录禅师的公案加以评论的新语录体，称为“拈古”、“颂古”。宋元时期，还有就“拈古”、“颂古”进行再评论的体裁：“评唱”、“击节”。

《法苑珠林》

《法苑珠林》是佛教类书，一百卷，唐道世撰。该书在《经律异相》一书的基础上，搜罗了佛教经论和外典俗书达四百余种，将佛家故事、史料、思想、术语等分类概说，以佛教的基础知识及日常生活规范等为重点，在每篇末设立“感应缘”，列举各种灵验的故事、传说等以作佐证。凡所引事例，皆注明出处，若是当代事迹，也一一注明为何人所说。由于引用经论之多，使本书成为检索一切经典的工具书，堪称一切佛经之索引，是一本优秀的中国佛教百科全书。同时它广泛地讨论人世间各种社会现象和伦理是非观念，又可说是集出世与入世思想于一书的一部大著作，又使其成为任何对中国思想感兴趣的人都必须参考的书籍。

《五灯会元》

《五灯会元》是中国佛教禅宗史书，二十卷。宋淳祐十二年（1252 年），一说绍定年间杭州灵隐寺普济编集。“五灯”系指五部禅宗灯录：北宋法眼宗道原的《景德传灯录》、北宋临济宗李遵勖的《天圣广灯录》、北宋云门宗惟白的《建中靖国续灯录》、南宋临济宗悟明的《联灯会要》、南宋云门宗正受的《嘉泰普灯录》。所谓“灯录”（又叫“传灯录”）是禅宗历代传法机缘的记载，譬如灯火相传，辗转不绝，所以叫“灯录”。而五灯为一，故名“会元”。本书虽以记叙禅宗世系源流为宗旨，但单篇的诸方广（一切大乘经）语、拈古、颂古、赞颂偈诗、铭记箴歌和其他杂著辑录甚多，而其摘择枢要，芟夷枝蔓，也使“灯录”更加符合禅宗史书的性质。在体例上，《五灯会元》按禅宗五家七宗的派别分卷叙述，七宗源流本末，指掌了然。这部书自出世，就深受古代僧俗的喜爱，是因为它对丁禅家之擎拳举指、行棒行喝，以及一问一答，一唱一提，一默一言，一吁一笑等机用，莫不备载，极为可读。对于禅宗史有兴趣的人，这本书以及《古尊宿语录》、《指月录》都是最为基础的著作。

《云笈七签》

《云笈七签》一百二十二卷，收于《正统道藏》太玄部，北宋张君房辑。张君房主持编成《大宋天宫宝藏》之后，又摘录其中精华，凡万条，因道教称书籍为“云笈”，三洞四辅总称“七签”，故名其书为《云笈七签》，即缩编《道藏》之意，后人称为“小道藏”。包括经教宗旨、道教本始、经法传授、三洞经教、天文、地理、杂修、斋戒、存思、秘要诀法、诸家气法、金丹、方药、符图、尸解、仙真旨要、赞颂、纪传、灵验等部分，大都摘录原文，分类汇编，不加评说。自谓“习之可以阶云汉之游，览之可以极天人之际”。《四库全书总目提要》说它“类例既明，指归略备，纲条科格，无不兼该。《道藏》菁华，亦大略于是矣”。对道教进行一定程度的综合了解，本书提供了一个很好的台阶。

第七章　地理名胜

紫禁城

紫禁城又称故宫，是明清两代的皇宫，建成于明代永乐18年（1420年），至今已有580多年的历史。紫禁城位于北京城的中心，占地72万平方米，有房屋8700间，是我国历史上现存规模最大、最完整的皇宫。无论在体现封建政治观念、等级尊卑观念，还是在建筑美学与哲学上，乃至整体规划和设计、建筑技术和艺术、实用功能和艺术形式、给排水、防火和防御等诸方面均达到完美的程度。紫禁城南北长961米，东西宽753米，四面围有高10米的城墙，城外有宽52米的护城河。紫禁城有四座城门，南面为午门，北面为神武门，东面为东华门，西面为西华门。城墙的四角，各有一座角楼。紫禁城内的建筑分为外朝和内廷两部分。外朝三大殿，是国家举行大典礼的地方。内廷后三宫，是皇帝和皇后居住的正宫。后三宫两侧排列着东、西六宫，是后妃们居住休息的地方。

颐和园

颐和园是我国现存最完好、规模最宏大的古代园林，位于北京市海淀区境内，占地290公顷，包括万寿山、昆明湖两大部分。全园有各式建筑3000余间，园内布局可分为政治、生活、游览三个区域。政治活动区，以仁寿殿为中心，是过去慈禧太后和光绪皇帝办理朝事、会见朝臣、使节的地方。生活居住区以玉澜堂、宜芸馆、乐寿堂为主体，是慈禧、光绪及后妃居住之地。风景游览区以万寿山前山、后山、后湖、昆明湖为主，是全园的主要组成部分。

万里长城

万里长城是世界上修建时间最长、工程量最大的冷兵器战争时代的国家军事性防御工程，凝聚着我们祖先的血汗和智慧，是中国古代人民创造的世界奇迹之一。

根据历史记载，从战国以来，有20多个诸侯国和封建王朝修筑过长城。最早是楚国，为防御北方游牧民族或敌国，开始营建长城。随后，齐、燕、魏、赵、秦等国基于相同的目的也开始修筑自己的长城。秦统一六国后，秦始皇派著名大将蒙恬北伐匈奴，把各国长城连起来，西起临姚，东至辽东，绵延万余里，遂称万里长城，这就是“万里长城”名字的由来。

秦长城：秦始皇三十三年（前214年）遣大将蒙恬北逐匈奴，又西起临洮（今甘肃岷县）、东至辽东筑长城万余里，以防匈奴南进，史称秦长城。但如今只有遗迹残存。

汉长城：汉代继续对长城进行修建。从文帝到宣帝，修成了一条西起大宛贰师城，东至黑龙江北岸，是中国历史上最长的长城，长达一万余里，它的亭障、烽燧一直向西延伸到新疆的罗布泊地区。古丝绸之路有一半的路程就沿着这条长城。

明长城：为了防御鞑靼、瓦剌族的侵扰，从没间断过长城的修建，从洪武至万历，其间经过20次大规模的修建，筑起了一条西起甘肃的嘉峪关，东到辽东虎山，全长6700千米的边墙。是历史上规模最大、工程最坚固、功能最完善的长城，也是现在保存比较完好的长城。今天我们所见到的主要是明长城。

天下第一奇山——黄山

黄山雄踞风景秀丽的安徽南部，地处皖南歙县、黟县和休宁县的边境，是我国最著名的旅游胜地。泰山之雄伟、华山之险峻、衡山之烟云、庐山之瀑、雁荡山之巧石、峨嵋山之秀丽，黄山无不兼而有之。明代旅行家、地理学家徐霞客两游黄山，赞叹说：“五岳归来不看山，黄山归来不看岳。”黄山无峰不石，无石不松，无松不奇，并以奇松、怪石、云海、温泉四绝著称于世。著名胜景有七十二峰、二十四溪、三瀑、二湖。

承德离宫（避暑山庄）

承德避暑山庄又名承德离宫或热河行宫，位于河北承德。它建造于18世纪初，是由皇帝宫室、皇家园林和宏伟壮观的寺庙群所组成。清朝的康熙、乾隆皇帝，每年大约有半年时间要在承德度过，清前期重要的政治、军事、民族和外交等国家大事，都在这里处理。因此，避暑山庄也就成了北京以外的陪都和第二个政治中心。

避暑山庄占地564万平方米，环绕山庄蜿蜒起伏的宫墙长达万米，是中国现存最大的皇家园林。避暑山庄借助自然和野趣的风景，形成了东南湖区、西北山区和东北草原的布局，共同构成了中国版图的缩影。宫殿区建于南端，是皇帝行使权力、居住、读书和娱乐的场所，至今珍藏着两万余件皇帝的陈设品和生活用品。避暑山庄这座清帝的夏宫，以多种传统手法，建造了120多组建筑，融汇了江南水乡和北方草原的特色，成为中国皇家园林艺术荟萃的典范。

黄石国家公园

黄石国家公园，简称黄石公园。是世界第一座国家公园，成立于1872年。黄石公园位于美国中西部怀俄明州的西北角，并向西北方向延伸到爱达荷州和蒙大拿州，面积达7988平方公里。这片地区原本是印地安人的圣地，但因美国探险家路易斯与克拉克的发掘，而成为世界上最早的国家公园。它在1978年被列为世界自然遗产。

自从1872年黄石公园创办以来，游人来自五湖四海，所获得的感受自然也就丰富多彩，各不相同；有赏心悦目的赞美，有敬畏或惊诧的感叹，有肃然起敬的沉思，有惊险恐惧的刺激，有对大自然威力和宁静的领悟，还有悲喜交加的经历……

黄石公园是世界上最原始、最古老的国家公园。根据 1872 年 3 月 1 日的美国国会法案，黄石公园“为了人民的利益被批准成为公众的公园及娱乐场所”，同时也是“为了使她所有的树木，矿石的沉积物，自然奇观和风景，以及其他景物都保持现有的自然状态而免于破坏”。

最初吸引人们的兴趣并使黄石成为国家公园的显著特征是地质方面的地热现象，这里拥有比世界上其他所有地方都多的间歇泉和温泉、彩色的黄石河大峡谷、化石森林，以及黄石湖。

根据这里的文化遗迹可以判断黄石公园的文明史可以追溯到 12000 年前。更近的历史可以从这里的历史建筑，以及各个时期保存下来的公用设施看出来。公园 99% 的面积都尚未开发，从而大量的生物种类得以繁衍，这里拥有陆地上最大数量的，种类也最多的哺乳动物。

黄石公园，这个冰火磨砺的世界、犬牙交错的幻境，诞生于近两百万年前的一次火山爆发，这是一片广袤而洁净的原始自然区，丰沛的雨水是这里成为美国众多大河的发源地。在这个平均高度为 8000 英尺的开阔火成岩高原上，有山峦、石林、冲蚀熔岩流和黑曜岩山等地质奇观。

黄石国家公园是美国设立最早、规模最大的国家公园。它就像中国的长城一样，是外国游客必游之处。它以保持自然环境的本色而著称于世。

黄石国家公园内的另一景观是黄石河，它由黄石峡谷汹涌而出，贯穿整个黄石公园到达蒙大拿州境内。黄石河将山脉切穿而创造了神奇的黄石大峡谷。在阳光下，两峡壁的颜色从橙黄过渡到橘红，仿佛是两条曲折的彩带。由于公园地势高，黄石河及其支流深深地切入峡谷，形成许多瀑布，蔚为壮观。

自由女神像

自由女神像是法国 1876 年赠送给美国独立 100 周年的礼物。美国的自由女神像坐落于美国纽约州纽约市附近的自由岛，是美国重要的观光景点。自由女神像重 45 万磅，高 46 米，底座高 45 米，其全称为“自由女神铜像国家纪念碑”，正式名称是“照耀世界的自由女神”。整座铜像以 120 吨钢铁为骨架，80 吨铜片为外皮，30 万只铆钉装配固定在支架上，总重量达 225 吨。铜像内部的钢铁支架是由建筑师约维雷勃杜克和以建造巴黎艾菲尔铁塔闻名于世的法国工程师艾菲尔设计制作的。

女神双唇紧闭，头戴光芒四射的冠冕，身着罗马古代长袍，右手高擎长达 12 米的火炬，左手紧抱一部象征《美国独立宣言》的书板，上面刻着《宣言》发表的日期“1776.7.4”字样。脚上残留着被挣断了的锁链，象征暴政统治已被推翻。

观光的游人从铜像底部乘电梯直达基座顶端，然后沿着女神像内部的 171 级盘旋式阶梯登上顶部的冠冕处。为了方便游人，每隔三节旋梯就设置一些休息座，供不能一口气登顶的游客小憩。冠冕处可同时容纳 40 人观览，四周开有 25 个小铁窗，每个窗口高约 1 米。通过窗口向外远眺，东边可见有“钢铁巴比伦”之称的曼哈顿，岛上高楼大厦林立；南边的纽约湾一望无际，波光船影相映；北边的哈得逊河逶迤伸向远方。从冠冕处向右还可登上铜像右臂高处的火炬底部，这里可容纳 12 人凭窗远望，9.11 袭击后因顾及安全暂停了开放，直到 2009 年 5 月才再次对外开放。塑像的基座是一个大厅，1972 年美国联邦政府将其辟为移民博物馆。馆内设有电影院，为游客放映美国早期移民生活的影片。从市区到自由岛之间，每隔半小时有一班轮渡，来往非常方便。

巴黎圣母院

巴黎圣母院大教堂是一座位于法国巴黎市中心、西堤岛上的教堂建筑，也是天主教巴黎总教区的主教座堂。属哥特式建筑形式，是法兰西岛地区的哥特式教堂群里面非常具有关键代表意义的一座。始建于 1163 年，是巴黎大主教莫里斯·德·苏利决定兴建的，整座教堂在 1345 年全部建成，历时 180 多年。

在圣母院的修建计划中，新的建物要东移，以便在教堂前方腾出一个可以作为游行用途的广场。为达到此点，昴熙斯主教将一个原本是孤立在西堤岛东边的小岛与本岛相连，以填土的方式产生出可以建筑教堂的用地。除此之外他也拆建了不少屋舍，以便能铺设一条全新的街道“新圣母院路”，这条六米宽的街道是中世纪时巴黎最宽的一条街。至于主教宅邸与教堂附设的医院（主宫医院），则因为岛上用地不足之故，被迫迁移到塞纳河南岸。

教堂的平面上，承袭老教堂的基本格局，圣母院被设计成有五个纵舱的规划，包括一个中舱与两侧各两个的翼舱。但整栋建筑的尺度规模放大许多，教堂全长128米，光是中舱就有12.5米宽，而整座教堂的全宽则为40米，穹顶则为33米宽。

巴黎圣母院是一座石头建筑，在世界建筑史上，被誉为一级由巨大的石头组成的交响乐。虽然这是一幢宗教建筑，但它闪烁着法国人民的智慧，反映了人们对美好生活的追求与向往。

克里姆林宫

俄罗斯克里姆林宫这一世界闻名的建筑群，享有“世界第八奇景”的美誉，是旅游者必到之处。12世纪上叶，尤里·多尔戈鲁基大公在波罗维茨低丘上修筑了一个木结构的城堡——克里姆林宫，莫斯科就是从这个城堡逐步发展起来的。现在的红场是1485年至1495年兴建的。大致呈三角形。宫墙全长2235米，高5到19米不等，厚3.5至6.5米，共四座城门和19个尖耸的楼塔。

克里姆林宫曾是历代沙皇的宫殿，是莫斯科最古老的建筑群。十月革命后，成为苏联的党政机关所在地。苏联解体后，这里成了俄罗斯政府的代称。克里姆林宫坐落在涅格林纳河和莫斯科河汇合处的鲍罗维茨丘陵上，南临莫斯科河，西北依亚历山德罗夫花园，东南界红场，始建于1156年，初为木墙，1367年改为石墙；15世纪的砖砌宫墙（周长2.5公里）保留至今。中央教堂广场上建有15至16世纪圣母升天教堂、天使教堂、报喜教堂、伊凡大帝钟楼和多棱宫等。1788年参议院大厦（今政府大厦）竣工，19世纪40年代建成克里姆林宫大厦。宫墙四周有塔楼20座，宫内塔楼中最宏伟的有斯巴达克、尼古拉、特罗伊茨克、保罗维茨、沃多夫兹沃德等塔楼，1937年在塔楼上装置五角红宝石星。

克里姆林宫位于俄罗斯的莫斯科市中心，是俄罗斯的标志之一。在克里姆林宫周围是红场和教堂广场等一组规模宏大、设计精美巧妙的建筑群。此外，还有建于公元18世纪的枢密院大厦，以及建于公元19世纪的大克里姆林宫和兵器陈列馆等。每一座建筑都蕴含着俄罗斯人民无与伦比的智慧，是世界建筑史上不可多得的杰作。

凡尔赛宫

1624年，法王路易十三以1万里弗尔的价格买下面积达117法亩的凡尔赛宫原址附近的森林、荒地和沼泽地区并修建一座两层红砖楼房，作为狩猎行宫。当时的凡尔赛行宫仅拥有26个房间，一层为家具储藏室和兵器库，二楼为国王办公室、寝室、接见室、藏衣室、随从人员卧室等房间。

1789年10月6日，路易十六被法国大革命中的巴黎民众挟至巴黎城内，后被推上断头台斩首。凡尔赛宫作为法兰西宫廷的历史至此终结。随后的革命恐怖时期，凡尔赛宫被民众多次洗掠，宫中陈设的家具、壁画、挂毯、吊灯和陈设物品被洗劫一空，宫殿门窗也被砸毁拆除。1793年，凡尔赛宫内残存的艺术品和家具均转运往巴黎城内另一座艺术瑰宝殿堂——卢浮宫，凡尔赛宫沦为废墟。

1833年，奥尔良王朝的路易·菲利普国王下令修复凡尔赛宫，将其改为历史博物馆。

凡尔赛宫宫殿为古典主义风格建筑，凡尔赛宫外立面为标准的古典主义三段式处理，即将立面划分为纵、横三段，建筑左右对称，造型轮廓整齐、庄重雄伟，被称为是理性美的代表。其内部装潢则以巴洛克风格为主，少数厅堂为洛可可风格。

正宫前面是一座风格独特的“法兰西式”的大花园，园内树木花草别具匠心，使人看后顿觉美不胜收。而建筑群周边园林亦是世界著名，它与中国古典和皇家园林有着截然不同的风格，它完全是人工雕琢的，极其讲究对称和几何图形化。

如果凡尔赛宫的外观给人以宏伟壮观的感觉，那么它的内部陈设及装潢就更富于艺术魅力，室内装饰极其豪华富丽是凡尔赛宫的一大特色。500余间大殿小厅处处金碧辉煌，豪华非凡；内壁装饰以雕刻、巨幅油画及挂毯为主，配有17、18世纪造型超绝、工艺精湛的家具。大理石院和镜厅是其中最为突出的两处。除了上面讲到的室内装饰外，太阳也是常用的题目，因为太阳是路易十四的象征，有时候还和兵器、盔甲一起出现在墙面上。除了用人像装饰室内外，还用狮子、鹰、麒麟等动物形象来装饰室内。有的还用金属铸造成楼梯栏杆，有些金属配件还镀了金，配上各种色彩大理石，显得十分灿烂。天花板除了象镜厅那样的半圆拱外，还有平的，也有半球形穹顶，顶上除了绘画也有浮雕。宫内随处陈放着来自世界各地的珍贵艺术品，其中有我国古代的精品瓷器。

白金汉宫

白金汉宫，位于圣詹姆士宫与维多利亚火车站之间，1703 年由白金汉公爵兴建，故称“白金汉宫”。

这是 19 世纪前期的豪华式建筑风格，庞大的规模甚至比华丽的外表更加引人注目。1702 年白金汉公爵开始建造第一所房子，60 年后被卖给乔治三世，成为王室成员住所。1761 年乔治三世加以扩建。由白金汉屋转变为白金汉宫的工作由乔治四世和他所器重的建筑师约翰·纳什完成。其中维多利亚女王像上的金色天使，代表皇室希望能再创造维多利亚时代的光辉。若皇宫正上方飘扬着英国皇帝旗帜时，则表示女王仍在宫中。

1837 年维多利亚女王即位后，正式成为王宫，此后白金汉宫一直是英国王室的府邸。1847 年，左右两翼被连接起来，正门道路，即大理石拱道迁至今址。1863 年始成为英国历代君主的寝宫，集合办公与居家功能于一身。

卢浮宫

卢浮宫是世界上最古老、最大、最著名的博物馆之一。位于法国巴黎市中心的塞纳河北岸（右岸），始建于 1204 年，历经 800 多年扩建、重修达到今天的规模。卢浮宫占地面积（含草坪）约为45 公顷，建筑物占地面积为4.8 公顷。全长 680 米。它的整体建筑呈“U”形，分为新、老两部分，老的建于路易十四时期，新的建于拿破仑时代。宫前的金字塔形玻璃入口，是华人建筑大师贝聿铭设计的。同时，卢浮宫也是法国历史上最悠久的王宫。

卢浮宫有着非常曲折、复杂的历史，而这又是和巴黎以至法国的历史错综地交织在一起。人们到这里当然是为了亲眼看到举世闻名的艺术珍品，同时也是想看卢浮宫这座建筑本身，因为它既是一件伟大的艺术杰作，也是法国近千年来历史的见证。这里曾经居住过50位法国国王和王后，还有许多著名艺术家在这里生活过。

卢浮宫始建于1190年，当时只是菲利普·奥古斯特二世皇宫的城堡。在十字军东征时期，为了保卫北岸的巴黎地区，菲利普二世于1200年在这里修建了一座通向塞纳河的城堡，主要用于存放王室的档案和珍宝，同时也存放他的狗和战俘，当时就称为卢浮宫。查理五世时期，卢浮宫被作为皇宫，因而使它成为完全不同的一座建筑物了。

路易十四是法国历史上著名的国王，他被称为太阳王。他登基时只有5岁，在卢浮宫做了72年的国王。路易十四把卢浮宫建成了正方形的庭院，并在庭院外面修建了富丽堂皇的画廊。他购买了欧洲各派的绘画，包括卡什代、伦勃朗等人的作品。他一生迷恋艺术和建筑，致使法国的金库空虚。

路易十六在位期间，爆发了著名的1789年大革命，在卢浮宫“竞技场”院子里建立了法国革命的第一个断头台。1792年5月27日，国民议会宣布，卢浮宫将属于大众，成为公共博物馆。这种状况一直延续了6年，直到拿破仑一世搬进了卢浮宫。

拿破仑在这座建筑的外围修建了更多的房子，并增强了宫殿的两翼，还在竞技场院里修建了拱门，拱门上的第一批雕刻马群是从威尼斯的圣马可教堂上取下来的。

拿破仑以前所未有的方式装饰卢浮宫，他把欧洲其他国家所能提供的最好的艺术品搬进了卢浮宫。拿破仑不断地向外扩张，并称雄于欧洲。于是几千吨的艺术品从所有被征服的国家的殿堂、图书馆和天主教堂运到了巴黎。拿破仑将卢浮宫改名为拿破仑博物馆，巨大的长廊也布满了他掠夺来的艺术品。在卢浮宫里，拿破仑的光彩持续了12年，一直到滑铁卢战役的惨败。

对拿破仑来说，每一幅天才的作品都必须属于法国。这样的观点是德国人、意大利人、西班牙人和荷兰人所不能接受的。拿破仑失势后，他们来到卢浮宫，约有5000件艺术品物归原主。但由于法国人的外交手段及法国人的说服力，仍然有许多他掠夺的艺术品被留在了卢浮宫。

拿破仑三世是一位野心勃勃的皇帝，他是卢浮宫建造以来所遇到的投资最多的“建筑人”，5 年内的建筑比所有前辈在 700 年内修建的还要多。3 个世纪以前想到的宏伟设计图留给了拿破仑三世来完成。当它竣工后，卢浮宫变成了皇家庆祝活动的场所。这样到拿破仑三世时，卢浮宫整个宏伟建筑群才告以完成，前后将近 600 年。

大英博物馆

大英博物馆位于英国伦敦新牛津大街北面的大罗素广场，成立于 1753 年，1759 年 1 月 15 日起正式对公众开放，是世界上历史最悠久、规模最宏伟的综合性博物馆，也是世界上规模最大、最著名的博物馆之一。博物馆收藏了世界各地的许多文物和图书珍品，藏品之丰富、种类之繁多，为全世界博物馆所罕见。大英博物馆和纽约的大都会艺术博物馆、巴黎的卢浮宫同列为世界三大博物馆。

大英博物馆包括埃及文物馆、希腊罗马文物馆、西亚文物馆、欧洲中世纪文物馆和东方艺术文物馆。其中以埃及文物馆、希腊罗马文物馆和东方艺术文物馆藏品最引人注目，所收藏的古罗马遗迹、古希腊雕像和埃及木乃伊闻名于世。

现有建筑为 19 世纪中叶所建，共有 100 多个陈列室，面积六七万平方米，共藏有展品 400 多万件。博物馆正门的两旁，各有 8 根又粗又高的罗马式圆柱，每根圆柱上端是一个三角顶，上面刻着一幅巨大的浮雕。整个建筑气魄雄伟，蔚为壮观。除了欣赏展品外，游客还可以领略英国人在博物馆设计方面的过人之处。

迪士尼乐园

1955 年，富于想象力和创造精神的美国动画片先驱华特·迪士尼在加利福尼亚州创办了第一座现代化的游乐园，取名迪士尼乐园。这不仅是第一个迪士尼乐园，同时也是世界上第一个现代意义上的主题公园。迪士尼乐园将米老鼠等卡通人物重现于距洛杉矶 35 公里、占地 64.7 公顷的主题公园中。在有着真人大小卡通形象的乐园中可以驾驶未来车、搭乘密西西比的船尾舢车、嬉游于中世纪的城堡，或在美国大街上漫步。到今天，除了加州洛杉矶迪斯尼乐园外，还建造了奥兰多迪士尼乐园、巴黎迪士尼乐园等主题公园。

全球首个迪士尼乐园，1955 年 7 月 17 日开业。完工时，这座超级乐园耗资 1700 万美元，每天需要 2500 名工人维护，预计每年可吸引 500 万名游客，是当时世界上构思最精巧的游乐公园。园内共有五个区域：冒险世界、西部边疆、童话世界、玩具王国和未来世界，并且不断更新。大人和孩子同样喜爱这个乐园，它每年吸引几百万游客来到这里。

埃菲尔铁塔

埃菲尔铁塔是一座于 1889 年建成位于法国巴黎战神广场上的镂空结构铁塔，高 300 米，天线高 24 米，总高 324 米。铁塔设计新颖独特，是世界建筑史上的技术杰作，因而成为法国和巴黎的一个重要景点和突出标志。

埃菲尔铁塔从 1887 年起建，分为三楼，分别在离地面 57.6 米、115.7 米和 276.1 米处，其中一、二楼设有餐厅，第三楼建有观景台，从塔座到塔顶共有 1711 级阶梯，共用去钢铁 7000 吨，12000 个金属部件，250 万只铆钉，极为壮观。

1889 年 5 月 15 日，为给世界博览会开幕式剪彩，铁塔的设计师居斯塔夫·埃菲尔亲手将法国国旗升上铁塔的 300 米高空。由此，人们为了纪念他对法国和巴黎的这一贡献，特别还在塔下为他塑造了一座半身铜像。

埃菲尔铁塔是巴黎的标志之一，被法国人爱称为“铁娘子”。它和纽约的帝国大厦、东京的电视塔同被誉为西方三大著名建筑。

1889 年，法国大革命 100 周年，巴黎举办了大型国际博览会以示庆祝。博览会上最引人注目的展品便是埃菲尔铁塔。它成为当时席卷世界的工业革命的象征。

比萨斜塔

比萨斜塔是意大利比萨城大教堂的独立式钟楼，位于意大利托斯卡纳省比萨城北面的奇迹广场上。广场的大片草坪上散布着一组宗教建筑，它们是大教堂、洗礼堂、钟楼和墓园，它们的外墙面均为乳白色大理石砌成，各自相对独立但又形成统一罗马式建筑风格。比萨斜塔位于比萨大教堂的后面。

意大利比萨斜塔修建于1173年，由著名建筑师那诺·皮萨诺主持修建。它位于罗马式大教堂后面右侧，是比萨城的标志。开始时，塔高设计为100米左右，但动工五六年后，塔身从三层开始倾斜，直到完工还在持续倾斜，在其关闭之前，塔顶已南倾（即塔顶偏离垂直线）3.5米。1990年，意大利政府将其关闭，开始进行整修。

在实际工作中，许多有关专家对比萨斜塔的全部历史以及塔的建筑材料、结构、地质、水源等方面进行充分的研究，并采用各种先进的仪器设备进行测试。比萨中古史学家皮洛迪教授研究后认为，建造塔身的每一块石砖都是一块石雕佳品，石砖与石砖间的粘合极为巧妙，有效地防止了塔身倾斜引起的断裂，成为斜塔斜而不倒的一个因素。但他仍强调指出，现在当务之急是弄清比萨斜塔斜而不倒的奥妙。

中国六大古都

北京：人类文明发祥地之一。远在69万年前，中华民族的远古祖先——“北京人”，曾在境内西南郊的周口店地区繁衍生息；在距今约18000年的旧石器时代晚期，“山顶洞人”也在这里生活。战国时的燕、五代时的前燕和金、元、明、清各朝都先后定都于北京。民国初年，北京仍是首都，称为京师，1928年改称北平特别市。1949年成为中华人民共和国的首都。重要的历史文化古迹有：故宫、长城、颐和园、圆明园、天坛、天安门、明十三陵、周口店中国猿人遗址等。

西安：我国六大古都中建都朝代最多、帝都历史最长的古都。在我国历史上，先后有 12 个王朝，即西周、秦、西汉、新莽、西晋、前赵、前秦、后秦、西魏、北周、隋、唐在西安地区建都，前后历时一千多年，其中统一的周、秦、汉、唐诸朝，在西安城市历史中影响最大，文化遗存最多。西安著名的历史文化古迹有：大雁塔、秦始皇兵马俑、大明宫遗址、丰镐遗址、阿房宫遗址、蓝田人遗址、华清池、钟楼等。

洛阳：九朝古都，中华民族历史文化的发祥地之一。东周、东汉、曹魏、武周、西晋、北魏、后梁、后唐、后晋先后曾定都于洛阳。九朝以洛阳为都近千年，仅次于西安。著名的文化古迹有：龙门石窟、仰韶遗址、白马寺、汉魏洛阳城遗址、光武帝陵等。

开封：七朝古都，名胜古迹众多。公元前 364 年，魏惠王将都城从安邑（今山西省内）迁往开封（时称大梁），开封作为都城的历史由此开始。五代时期，后梁、后晋、后汉、后周先后均定都于此，历经 40 年。公元 960 年，赵匡胤建立宋王朝时，定都开封，长达 168 年之久，时称东京，开封成为全国政治、经济、文化和军事中心，是开封历史上的鼎盛时代。宋代东京人口已逾百万，为当时世界上最繁华的城市。宋徽宗时，张择端的著名画卷《清明上河图》生动地描绘了当时开封的繁华景象。以后，开封曾为金的都城，改名汴京，历时 20 年。开封著名的历史文化古迹有：大雄宝殿、仓颉墓、铁塔、相国寺、禹王台、龙亭、岳飞庙等。

南京：六朝古都。公元 229 年，孙吴从武昌迁都南京（时称建业），南京建都自此开始。此后，西晋、东晋、南朝的宋、齐、梁、陈及南唐均以南京为都（时称建邺、建康）。1368 年，朱元璋称帝时才改称南京，南京第一次成为全国统一的政治中心。明初，在此建立了南京城和规模宏伟的宫城，称应天府。清初改应天府为江宁府。1853 年，太平天国攻克南京，在此建都，称天京。辛亥革命后，1912 年 1 月在此成立中华民国临时政府，改称南京。南京著名的历史文化古迹有：夫子庙、明故宫、中山陵、中华门城堡、灵谷塔、栖霞寺舍利塔等。

杭州：一座有两千年历史的文化名城。古称钱塘，公元 589 年，隋朝开皇九年，废钱塘郡设置杭州，杭州之名首次在历史上出现。五代吴越国和南宋王朝都曾在此地建都，是我国历史文化名城。著名的历史文化古迹有：灵隐寺、雷峰塔、六和塔、孙权故里、瑶林仙境、西湖等。

苏州四大古典园林

苏州古典园林是中国南方私家园林体系的杰出代表之一，其吸收了江南园林建筑艺术的精华，巧妙地运用了对比、衬托、对景、借景以及尺度变换、层次配合和小中见大、以少胜多等种种造园技巧和手法，将亭、台、楼、阁、泉、石、花、木组合在一起，在都市中创造了人与自然和谐的居住环境。

沧浪亭、狮子林、拙政园、留园被称为苏州四大古典园林，分别代表着宋、元、明、清四个朝代的艺术风格，素有“江南园林甲天下，苏州园林甲江南”之誉。

江南三大名楼

1. 黄鹤楼

黄鹤楼位于湖北省武汉市长江南岸的蛇山之巅，以历史悠久、楼姿雄伟居三楼之首。始建于三国时期，距今已有 1700 余年的历史，屡建屡毁，最后一次毁于光绪年间，现在的黄鹤楼是 1981 年开始重建的，楼高 514 米，壮观华美。

2. 岳阳楼

岳阳楼矗立在湖南岳阳市西门城楼上，濒临洞庭湖，始建于三国时期，原为吴将鲁肃训练水师的阅兵台。到唐代时，唐中书令张说谪守岳阳，在此筑楼，正式定名为岳阳楼。北宋庆历五年（1045 年）重修，文学家范仲淹因此写下了千古名篇《岳阳楼记》，岳阳楼从此楼以文传，声名益振。现存建筑是清同治六年（1867 年）所建。岳阳楼整个建筑没有一颗铁钉，没有用一道巨梁，充分显示了我国古代建筑的精湛工艺。

3. 滕王阁

滕王阁坐落在江西省南昌市赣江之滨，李渊第 22 子滕王李元婴所建，故名滕王阁。滕王阁之所以声贯古今，主要得益于王勃的《滕王阁序》。滕王阁历时 1300 多年，屡毁屡建，重建重修约 28 次，明清以后有“江西第一楼”之称。

中国四大名亭

1. 陶然亭：位于北京市陶然亭公园内，因白居易诗句“与君一醉一陶然”而得名。

2. 醉翁亭：位于安徽滁县琅琊山，因欧阳修及其《醉翁亭记》而闻名遐迩。

3. 湖心亭：位于浙江杭州外西湖。

4. 爱晚亭：位于湖南长沙岳麓山，名字取自杜牧诗句的“停车坐爱枫林晚”，现在的“爱晚亭”三字为毛泽东手书。

中国名塔

塔起源于印度，梵文称作 Stupa，中文释作浮屠。释迦牟尼圆寂之后，尸体被火化，产生了许多“舍利子”，因而建塔埋葬，以此纪念。后来佛教高僧、大法师死后，亦建塔埋葬灵骨，也有用以埋葬重要的经卷、袈裟、法器的。中国的佛塔源于印度，但又有自己的特点，即把中国原有的亭台楼阁建筑特点运用在塔的建筑之中，创造了各种样式的名塔。

开元寺塔：位于河北定州城内，建于北宋初年，因建于开元寺内而得名，因它位于定州城内，又俗称定州塔。塔高 84.2 米，是世界上现存最高的砖木结构古塔，有“中华第一塔”之称。

大雁塔：大雁塔位于陕西西安南郊的大慈恩寺内，故又名大慈恩寺塔。建于唐高宗永徽三年，大雁塔共有七层，高 64 米，呈方形角锥状。塔身为青砖砌成，造型简洁，气势雄伟，是我国佛教建筑艺术的杰作。

小雁塔：小雁塔即荐福寺塔，在西安城南荐福寺内，与大雁塔相距三千米，因低于大雁塔，故称“小雁塔”。小雁塔为密檐式砖塔，略呈梭形，高 43.38 米。

应县木塔：即佛宫寺释迦塔，俗称应县木塔。位于山西应县城佛宫寺内。辽清宁二年（1056 年）建。塔平面八角形，外观五层，夹有暗层四级，实为九层。塔高 67.13 米，是国内外现存最古老最高大的木结构塔式建筑。

开封铁塔：又名开宝寺塔、佑国寺塔，坐落在河南开封城东北隅铁塔公园内，因塔身全部以褐色琉璃瓦镶嵌，远看酷似铁色，故称为“铁塔”。铁塔建于北宋皇佑元年（1049年），距今已有900多年历史，1961年被国务院定为全国重点文物保护单位。铁塔成等边八角形，共十三层，高55.88米。塔身遍砌花纹砖，上有飞天、麒麟、菩萨、乐伎、狮子等花纹图案50余种，造型优美，神态生动，堪称宋代砖雕艺术杰作。

云居寺塔：位于北京涿州，与其南侧的智度寺塔合称双塔。云居寺塔始建于辽大安八年（1092年），为八角楼阁式仿木构砖塔，高六层，55.7米。云居寺塔是国内少数几个保存完整的阁楼式辽塔之一。

云岩寺塔：位于苏州城外虎丘山上，俗称荒丘塔。建于五代吴越国显德六年（959年），号称江南第一古塔，为砖砌楼阁式。云岩寺塔为八角七层仿木结构楼阁式砖塔，塔身残高47.5米。因地基不均匀下沉，云岩寺塔已经倾斜，与意大利著名的比萨斜塔东西相映，称为东方斜塔。

嵩岳寺塔：是我国现存最古老的多角形密檐式砖塔。该塔位于河南登封嵩岳寺内，建于北魏孝明帝正光元年（520年），距今已有近1500年的历史。这种密檐形12边形塔在中国现存的数百座砖塔中，是绝无仅有的，是中国和世界古代建筑史上的一件珍品。

崇圣寺三塔：位于大理古城（中和镇）西北2千米的苍山应乐峰下，原有崇圣寺，现已毁，仅存三塔。主塔又名千寻塔，始建于唐代，为密檐式方形空心砖塔，高69.13米。南、北二小塔建于宋代，为密檐式的八角形空心砖塔，均高43米。三塔布局成鼎足之势，高耸蓝天，成为大理白族文化的象征，是我国南方最古老最壮丽的塔群。

妙应寺白塔：位于北京妙应寺内，建于元朝至元八年（1275年），初名大圣寿万安寺，至二十八年曾遭火焚，于明宣德八年（1433年）再建，改称妙应寺。因寺内有通体涂以白垩的塔，俗称白塔寺。现寺内的建筑大都为清代所建，仅白塔在火焚中幸免，为元代遗物，至今已700余年。白塔塔体为砖石结构，高50.9米。妙应寺白塔是元大都保存至今的重要标志，是我国现存最早最大的一座藏式佛塔。

天下西湖三十六

北宋著名的大文学家苏轼曾留下“天下西湖三十六，其中最美是杭州”

的诗句以赞美杭州西湖冠绝群芳。在古代，神州大地曾同时分布有36个西湖，至今仍存31个，它们是：

杭州西湖、福州西湖、海口西湖、兰州西湖、青岛小西湖、沈阳西湖、桂林西湖、广东潮州西湖、惠州西湖、湛江雷州西湖、南昌西湖、扬州瘦西湖、安徽阜阳颍州西湖、建德严州西湖、寿昌西湖、海盐西湖、九江都昌西湖、河南许昌西湖、商丘睢县西湖、湖南衡阳西湖、湖南耒阳西湖、常德津市西湖、湖北天门西湖、自贡富顺西湖、江苏徐州云龙湖、济南大明湖、宁波月湖、武汉西北湖、北京昆明湖和莲花池、昆明翠湖。

其实这西湖的“西”字，一般是相对于城市来说的，即这里指的湖泊基本上都在城市的西边，所以就叫做西湖。因为中国的地形，取城市位置的时候，一般都取下风下水，水多在城市的西边，西边的地势比较高。而在众多的西湖里面，最有名的是杭州的西湖和扬州的瘦西湖。

杭州西湖：位于浙江省杭州市西面，三面环山，景区由一山（孤山），两堤（苏堤、白堤），三岛（阮公墩、湘心亭、小瀛洲），五湖（外西湖、北里湖、西里湖、岳湖和南湖），十景（曲院风荷、平湖秋月、断桥残雪、柳浪闻莺、雷峰夕照、南屏晚钟、花港观鱼、苏堤春晓、双峰插云、三潭印月）构成。历代诗人都有吟咏西湖的名句，最著名的当属苏轼的“欲把西湖比西子，淡妆浓抹总相宜”。

扬州瘦西湖：位于江苏省扬州市西郊，因湖面瘦长，称“瘦西湖”。窈窕曲折的湖道，串以长堤春柳、四桥烟雨、徐园、小金山、吹台、五亭桥、白塔、二十四桥、玲珑花界、熙春台、望春楼、吟月茶楼、湖滨长廊、石壁流淙、静香书屋等两岸景点，俨然一幅天然秀美的国画长卷。

中国七大名泉

唐代茶圣陆羽周游各地，细心品尝天下名泉，把全国宜于煎茶的水分为七等，评定了“天下七大名泉”。

1．谷帘泉：位于江西九江庐山康王谷，又称三叠泉、三级泉，在庐山东谷会仙亭旁。陆羽曾为该泉题写了“泻从千仞石、寄逐九江船”的名句。

2．惠山泉：位于江苏省无锡惠山白石坞下，陆羽把它评为“天下第二泉”。此泉分上、中、下三池，泉水清纯，沏茶酿酒实属上乘。现代民间盲艺人阿炳的代表作《二泉映月》便是在此地创作而成。

3．观音泉：又名陆羽井，位于苏州虎丘山观音殿后，此泉园门横楣上刻有“第三泉”三字，每年吸引大量游人前来游览。

4．虎跑泉：位于杭州西湖和钱塘江之间的大慈山下，与西湖龙井茶号称“双绝”。虎跑泉水分子密度高，将泉水舀入杯中，放人镍币数枚可浮于水面，泉水高出杯面约一二毫米而不外溢，为西湖奇观之一。

5．大明寺泉：位于扬州西北部蜀岗平山堂“欧阳修读书处”附近的大明寺西花园内。

6．招隐泉：位于江西庐山观音桥东，泉井上有木房，以保护泉水清洁。

7．中冷泉：位于江苏省镇江金山寺之西、石弹山下，中冷泉又名中濡泉，泉水清澈，水味甘醇清冽，沸水注入杯中可高出杯口而不溢出。

天下第一泉

据粗略估计我国现有泉眼约10万眼，号称天下第一泉的就有四处：

庐山谷帘泉——被陆羽评为“天下第一泉”。

镇江中冷泉——被陆羽稍后的刘伯刍重新品评为“天下第一泉”。

北京玉泉山玉泉——乾隆皇帝亲自鉴定，还写了《御制天下第一泉记》，并刻碑立石。

济南趵突泉——也是清朝乾隆皇帝钦定的天下第一泉，位居济南“七十二名泉”之首。

丝绸之路

丝绸之路是指中国古代经中亚通往南亚、西亚以及欧洲、北非的陆上贸易通道。因大量中国丝和丝织品多经此路西运，故称丝绸之路，简称丝路。丝绸之路这一名称是由德国地理学家李希霍芬（Ferdinand von Richthofen）在1877年出版的《中国》一书中首先提出的。原指两汉时期中国与中亚河中地区以及印度之间，以丝绸贸易为主的交通路线。其后，德国历史学家赫尔曼（Albert Hellman）把丝路延伸到地中海西岸和小亚细亚，确定了丝路的基本

内涵。

丝绸之路有“沙漠丝绸之路”、“海上丝绸之路”和“草原丝绸之路”三个概念。人们通常所指的丝绸之路是穿越中亚、翻过帕米尔高原、抵达西亚的线路。若再往北走，则是北路，北路是指穿越蒙古高原、越喀喇昆仑山（Karakoram）的草原之路。南路基本上是指经印度、东南亚至红海、波斯湾的南海路。

茶马古道

茶马古道起源于唐宋时期的“茶马互市”。康藏属高寒地区，海拔都在三四千米以上，糌粑、奶类、酥油、牛羊肉是藏民的主食，过多的脂肪在人体内不易分解，而茶既能够分解脂肪，又防止燥热，故藏民在长期的生活中，创造了喝酥油茶的高原生活习惯。藏区不产茶，却产良马，而内地产茶，骡马却供不应求。于是，具有互补性的茶和马的交易即“茶马互市”便应运而生。这样，藏区和川、滇边地出产的骡马、毛皮、药材等和川滇及内地出产的茶叶、布匹、盐和日用器皿等等，在横断山区的高山深谷间，在滇、川、藏“大三色”地带的丛林草莽之中，流动不息，日趋繁荣形成一条延续至今的“茶马古道”。

茶马古道中的滇、藏路线是：西双版纳——普洱——大理——丽江——德钦——察隅——邦达——林芝——拉萨。到达拉萨的茶叶，还经喜马拉雅山口运往印度加尔各答，大量行销欧亚，使得它逐渐成为一条国际大通道。

三江源自然保护区

三江源自然保护区是长江、黄河、澜沧江的发源地，被誉为“中华水塔”。它位于青海省南部，西南部与西藏自治区接壤，东部与四川省毗邻，北部与青海省格尔木市、都兰县相接。三江源保护区的总面积为31.6万多平方千米，占青海省土地总面积的32.7%。

三江源自然保护区有四个显著特点：一是我国面积最大的自然保护区，保护区面积相当于两个山东省的面积；二是我国海拔最高的天然湿地，平均海拔 4000 米左右；三是世界高海拔地区生物多样性最集中的地区，分布珍稀野生动物 70 余种；四是三江流域生态系统最敏感的地区，这一地区生态破坏将对三江流域内各省区经济社会可持续发展带来不良影响。

长城八大雄关

山海关：位于河北省秦皇岛市东北 15 千米，是明长城东端的起点。明太祖洪武十四年（1381 年），大将徐达在此筑城设关，因其背负燕山，西临渤海，故名山海关。山海关地处辽西走廊，自古为交通要冲，有“天下第一关”之美称。

居庸关：位于距北京市区 50 余千米外的昌平县境内。相传秦始皇修筑长城时，将囚犯、士卒和强征来的民夫徙居于此，后取“徙居庸徒”之意，故名居庸关。由于它是保卫京师的屏障，因此与嘉峪关、山海关齐名，为历代兵家必争之地。

紫荆关：紫荆关位于河北省易县西北 45 千米处，因关城居于紫荆岭上而得名。紫荆关是长城千百座雄关险隘中历史最悠久的几座之一，在中国古代战争史上有着重要的地位。

雁门关：位于山西省代县西北 20 千米的勾注山上，因两峰夹峙，其形如门，如飞雁出其间，故得此名。该地东西山岩峻峭，中路盘旋崎岖，地势极为险要，归属九边重镇之一的太原，战略地位十分显赫。

娘子关：位于平定县城东北 45 千米处，是古代的一处关隘，原名苇泽关，处于山西、河北两省交界处，是山西河北的界关。唐太宗李世民的妹妹平阳公主，曾率领娘子军据守此关，因此得名。

偏关：位于山西偏关县，偏关关城，即今山西省偏关县县城，与宁武关、雁门关，合称外三关。此三关鼎峙晋北，互为犄角，是北疆之门户，京师之屏障。

嘉峪关：位于甘肃省河西走廊的西端，嘉峪关市区西南 6 千米处，位于嘉峪关最狭窄的山谷中部，地势最高的嘉峪山上，城关两翼的城墙横穿沙漠戈壁，向北 8 千米连黑山悬壁长城，向南 7 千米接天下第一墩，是明代万里长城西端主宰，自古为河西第一隘口。

玉门关：俗称小方盘城，在河西走廊西端的敦煌市境内，位于敦煌市城西北约90千米处。相传，古时候西域和田等地的美玉从塔里木盆地经此处输入中原，玉门关由此而得名。

明十三陵的来历

十三陵是明朝迁都北京以后的13个皇帝的陵墓群，坐落在北京昌平天寿山下方圆40平方千米的小盆地上。这里自永乐七年始修长陵，到明朝最后一个皇帝崇祯葬入思陵止，其间230多年，先后修建了13座金碧辉煌的帝王陵墓、7座妃子墓、1座太监墓。共埋葬了13位皇帝、23位皇后、2位太子。其中以长陵建筑最为宏伟。

明朝共有17个皇帝，但为什么只有13座帝王陵墓呢？原来，由于英宗登基过两次，所以实际上只有16位皇帝。而明朝开国皇帝朱元璋葬于南京钟山；其孙建文帝朱允炆不知所终，所以没有陵墓；第七帝朱祁钰（代宗），在其兄英宗皇帝被瓦剌所俘后即位，但英宗被放回后实施了复辟，朱祁钰被害死。英宗不承认他是皇帝，将其在天寿山修建的陵墓捣毁，而以“王”的身份将他葬于北京西郊玉泉山。这便是十三陵的来历。

中国著名牌坊

中国古代的牌坊最初设在里巷入口处，由表柱与横木构成。后来演变为一种旌表孝义的纪念性建筑物，名曰牌坊。牌坊在封建社会是崇高荣誉的象征，是人们一生的最高追求。

许国牌坊：矗立在安徽歙县解放街和打箍井巷十字路口上，高11.5米，南北长11.5米，东西宽6.77米，是国内罕见的一座“八角牌楼”。由于许国历官嘉靖、隆庆、万历三朝，被称为三朝元老，因而获得御赐建牌坊。牌坊建于1584年，坊主当年58岁。在坊主在世之时，就获得御赐建牌坊，这在中国历史上是绝无仅有的。

刺史牌坊：位于安徽黟县西递宏村口，坊主是曾任胶州刺史的胡文光。石坊建于1578年，高12.3米，宽9.95米，全部以质地坚细的“黟县青”石料建成，雕刻精细，至今保存完好。

棠樾牌坊群：位于安徽歙县城西的棠樾村，牌坊群由 7 座牌坊组成，以忠、孝、节、义的顺序相向排列，分别建于明代和清代。在牌坊群旁，还有男女二祠，建筑规模宏大，砖木石雕特别精致。棠樾牌坊群是明清时期建筑艺术的代表作。

梅溪牌坊：位于珠海市前山镇上冲梅溪村。梅溪牌坊现存三座，建于清光绪十二年（1886 年）和光绪十七年（1891 年），为光绪皇帝表彰陈芳及其父母等亲人为家乡多作善举而赐建。

大三巴牌坊：大三巴牌坊是圣保罗教堂的遗迹，位于澳门大巴街附近的小山丘上。圣保罗教堂建成于 1637 年，是当时东方最大的天主教堂，1835 年被一场大火烧毁，仅残存了现在的前壁部分，因为它的形状与中国传统牌坊相似，所以取名为“大三巴牌坊”。大三巴牌坊是澳门最有名的建筑，也是澳门的象征。

长江三峡

长江三峡西起重庆奉节的白帝城，东到湖北宜昌的南津关，全长 192 千米。长江三峡是瞿塘峡、巫峡和西陵峡三段峡谷的总称，是长江上最为奇秀壮丽的山水画廊。

1. 长江三峡中最雄伟的峡谷——瞿塘峡：以“雄”著称。它西起重庆市奉节县白帝山，东迄重庆市巫山县大溪镇，是长江三峡中最短的一个，全长虽然只有 8 千米，但却有“西控巴渝收万壑，东连荆楚压群山”的雄伟气势，在长江三段的峡谷中，它最短，最狭，最险，气势和景色也最为雄奇壮观。

2. 长江三峡中最秀丽的峡谷——巫峡：以“秀”著称，是长江三峡最精彩的一段。位于重庆巫山和湖北巴东两县境内，西起巫山县城东面的大宁河口，东迄巴东县官渡口，绵延 40 余千米。巫峡以巫山得名。它幽深秀丽，千姿百态，以俊秀著称天下。巫山云雨的奇妙景观充满诗情画意，令人叹为观止。

3. 长江三峡中最惊险的峡谷——西陵峡：以“险”著称。它西起秭归县香溪口，东止宜昌市南津关，全长约 76 千米，是长江三峡中最长的峡谷。整个西陵峡由高山峡谷和险滩礁石组成，峡中有峡，大峡套小峡，滩中有滩，大滩含小滩。

巫山小三峡

在长江三峡的中段巫峡处，有一条支流大宁河。大宁河上有一个三处相连的峡谷，人称“小三峡”，也称大宁河小三峡。小三峡是大宁河流经巫山县大昌古镇以后，穿过滴翠峡、巴雾峡、龙门峡三个峡谷的总称，全长约 50 千米。小三峡的特色是秀美、神奇。有人认为它有六奇，即山奇雄、水奇清、峰奇秀、滩奇险、景奇幽、石奇美，可称为“天下奇峡”。有人赞颂它“不是三峡，胜似三峡”。

中国四大自然奇观

桂林山水：广西桂林有着举世无双的喀斯特地貌。这里的山，千姿百态；漓江的水，明洁如镜；山多有洞，洞幽景奇；洞中怪石，鬼斧神工，于是形成了“山青、水秀、洞奇、石美”的桂林“四绝”，自古便有“桂林山水甲天下”的美誉。

长江三峡：长江三峡是瞿塘峡、巫峡和西陵峡的总称。位于四川省的奉节、巫山和湖北的巴东、秭归、宜昌五县之间，西起奉节白帝城，东止宜昌南津关，全长 208 千米，是世界较长的峡谷之一。以峡长壁陡、谷窄滩多、水急浪大和峰奇洞多为特征。

吉林雾凇：俗称树挂。隆冬时节，当北方大多数河流都被冰雪覆盖时，唯独环绕吉林市区的一段松花江水（约 50 千米）依然活泼流淌。夜里，江上蒸腾的雾气遇到寒冷的空气，便凝结于树上，渐渐形成了神奇而瑰丽的冰花——雾凇。

云南石林：与桂林山水一样，同属喀斯特地貌。石林位于石林彝族自治县境内，范围达 350 平方千米，包括大小石林、乃古石林、芝云洞、长湖、大叠水瀑布、月湖、奇风洞 7 个区域景区，以“雄、奇、险、秀、幽、奥、旷”著称，具有世界上最奇特的喀斯特地貌景观，素有“造型地貌天然博物馆”之称。

青少年文化常识一本通

吉林雾凇的成因

雾凇俗称树挂，是一种冰雪美景。它是由于雾中无数零摄氏度以下而尚未结冰的雾随风在树枝等物上不断积聚冻粘的结果。它其实也是霜的一种。因此雾凇现象在我国北方是很普遍的，在南方高山地区也很常见，只要雾中有过冷却水滴就可形成。

吉林的雾凇最为著名，关键就是因为这里存在着“严寒的大气和温暖的江水”这对互相矛盾的自然条件的缘故。吉林冬季气候严寒，清晨气温一般都低至零下20~25℃，尽管松花湖面上结了1米厚的坚冰，但从松花湖大坝底部丰满水电站水闸放出来的湖水却在零上4℃。这25~30℃的温差使得湖水刚一出闸，就如开锅般地腾起浓雾。数十里云雾长龙随松花江水源源流过吉林市区，十分壮观，这就是美丽的吉林雾凇得天独厚的原料来源。

什么是海市蜃楼

平静的海面、雪原、沙漠或戈壁等地方，偶尔会在空中或地下出现高大楼台、城郭、树木、人物等幻景，并且可以运动，栩栩如生，被人们称为海市蜃楼。我国山东蓬莱海面上常出现这种幻景，古人归因于蛟龙之属的蜃，吐气而成楼台城郭，因而得名。海市蜃楼是光线在铅直方向密度不同的气层中，经过折射造成的结果。

什么是温室效应

温室效应是指透射太阳光的密闭空间由于与外界缺乏热交换而形成的保温效应，就是太阳短波辐射可以透过大气射入地面，而地面增暖后放出的长短辐射却被大气中的二氧化碳等物质所吸收，从而产生大气变暖的效应。形成温室效应的气体，二氧化碳约占75%、氯氟代烷约占15%~20%，此外还有甲烷、一氧化氮等30多种。如今，温室效应正在不断增强。估计到下个世纪中叶，地球表面平均温度将上升1.5～4.5℃，而两极地区的气温升幅要比平均值高3倍左右。这将引起海平面上升，对人类社会的影响十分严重。

喜马拉雅山脉

喜马拉雅山是世界上最高大最雄伟的山系。它耸立在青藏高原南缘，绵亘于中国和印度、不丹、尼泊尔、锡金之间。西起帕米尔，东到雅鲁藏布江的大拐弯处，长达2500多千米。平均海拔高度6000米以上，为世界上任何山系所不及。它拥有8000米以上高峰14座，7000米以上高峰40多座。其中，位于我国与尼泊尔边界上的珠穆朗玛峰，海拔8844.43米，是世界第一高峰。

喜马拉雅山是世界上最高，也是最年轻的山脉之一。据地质学家考证，7000万年以前，这里还是一片汪洋大海，到了3000万年前，由于造山运动，南方的印度洋板块与北方的欧亚大陆板块相互碰撞，交叠相挤，使喜马拉雅山不断抬高。到了300万年前，已上升到3500米，而近10万年以来，上升更快，平均高度今已达到6000米以上，现在还在继续上升。喜马拉雅山骤然隆起，构成一道凌空屏障，阻挡了印度洋暖湿气流的北上，造成青藏高寒干旱气候，一直影响到大西北。

“珠穆朗玛”是藏语雪山女神的意思。她银装素裹，亭亭玉立于地球之巅，俯视人间，保护着善良的人们；时而出现在湛蓝的天空中，时而隐藏在雪白的祥云里，更显出她那圣洁、端庄、美丽和神秘的形象。作为地球最高峰的珠穆朗玛峰，对于中外登山队来说，是极具吸引力的攀登目标。

人类攀登珠穆朗玛峰活动开始于1921年，英国登山队首次向珠峰进军，不幸失败而归。随后不断总结经验，在20多年间先后九次登山均未成功。第10次，于1953年5月29日终于登上了地球最高点。此后，不断有各国登山者创造新纪录。我国登山队于1960年5月25日，首次从北坡成功地登上世界顶峰。中国登山队还于1964年5月2日成功地征服了喜马拉雅山8000米以上的最后一座高峰——希夏邦玛峰（8012米）。

秦岭山脉

秦岭山脉西起甘肃省南部，经陕西省西南部到河南省西部，长1100千米，山峰海拔2000米左右。主峰太白山海拔3767米，山顶有古冰川遗迹。宝成铁路沿嘉江河谷穿过山地。秦岭山地是中国地理的南北分界线，对气流运行有明显的阻滞作用。夏季湿润的海洋性气流不易深入西北，使北方气候干燥；冬季阻滞寒冷空气的南侵，使汉中盆地、四川盆地少受冷空气的侵袭。因此，秦岭成为亚热带与暖温带的分界线。秦岭以南河流不冻、植被以常绿阔叶林为主。以北为黄土高原，1月均温0℃以下，河流冻结，秦岭山地、白珑江流域尚保存连片森林，并有珍贵动物和植物。地处秦岭中段的佛坪为大熊猫生存地之一。秦岭脚下的商洛地区的核桃，位于北秦岭岷县的当归等均以高产优质着称。

太行山脉

太行山，又名五行山、王母山、女娲山。耸于河北、山西、河南、北京4省、市间。太行山北高南低，大部分海拔在1200米以上。最高峰为小五台山，高2882米。山中多雄关，著名的有位于河北的紫荆关，山西的娘子关、虹梯关、壶关、天井关等。在太行山深山区河北赞皇县，有世界最大的天然回音壁。

太行山形势险峻，历来被视为兵要之地。从春秋战国直到明、清，两千多年间烽火不息。前204年，刘邦被困于荥阳、成皋之间，他采纳郦食其的建议，北扼飞狐之口，南守白马（今河南滑县）之津，终于转危为安。抗日战争时期，八路军一二九师在刘伯承、邓小平的领导和指挥下，创建了太行区（晋冀豫边区），先后形成许多重要战略区。

大兴安岭

大兴安岭位于中国内蒙古自治区东北部和黑龙江省北部，东北—西南走向，长约1200千米，海拔1100～1400米。大兴安岭经过长期风化侵蚀，山顶浑圆，无明显高大山峰，其中黄岗梁 2029 米，太平岭 1712 米，巴伐艾来 1540 米，大光顶子山 1455 米。大兴安岭是重要的气候分界线。山地北段属寒温带，1 月均温 -30℃以下，北纬 47°~48°以北有多年冻土带，冻土厚度在 5~20 米左右，有的达 50~100 米。大兴安岭北部生长着茂密的森林，主要树种有兴安落叶松、樟子松、红皮云杉、白桦、蒙古栎、山杨等。林带北宽南窄，面积约 166.67 万公顷，森林覆盖率约 62%，是中国最大的原始林区。

武夷山脉

武夷山脉长五百多千米，平均海拔一千米以上，纵贯江西、福建两省的交界处，通常称之为“大武夷山”。主峰黄岗山，海拔 2158 米，武夷山脉中景色最美的是小武夷山风景名胜区。武夷山的山体则为红色沙砾岩，属于丹霞地貌形态，以其“奇秀甲东南”的丹山碧水而著称于世。相传唐尧时彭祖率领族人来到崇安居住。当时洪水泛滥，到处汪洋一片，民不聊生。彭祖的两个儿子彭武和彭夷带领大家挖河堆山，疏浚洪水，他们所挖的河道就是九曲溪。人们为了纪念武、夷两兄弟，就把此山称为“武夷山”，并在九曲溪汇入崇阳溪的地方建造了武夷宫。

玉山

玉山山脉为台湾五大山脉之一。位于南台湾，北起玉山山块，南抵高雄县的六龟乡十八罗汉山附近，长约 180 千米，是台湾五大山脉中最短者。著名的台湾百岳高峰中，玉山山脉名列前十名的就有五座，如玉山主峰（3952 米）为第一高峰、玉山东峰（3869 米）为第三高峰、玉山北峰（3858 米）为第四高峰、玉山南峰（3845 米）为第五高峰、东小南山（3711 米）为第九高峰。这些高山皆位于玉山主峰周边，合称玉山群峰。

五岳

五岳是中国五大名山的总称，即东岳泰山（位于山东省，海拔1524米）、南岳衡山（位于湖南省，海拔1290米），西岳华山（位于陕西省，海拔1997米），北岳恒山（位于山西省，海拔2017米），中岳嵩山（位于河南省，海拔1440米）。古代帝王附会五岳为群神所居，在诸山举行封禅、祭祀盛典。五岳一说始于汉武帝。唐玄宗、宋真宗封五岳为王，为帝。明太祖尊五岳为神。汉宣帝定的五岳以安徽省天柱山为南岳，河北省曲阳的恒山为北岳，后始改为以湖南省的衡山为南岳，隋以后成为定制，明代又以山西省浑源县的恒山为北岳，清代移祀于此。

东岳泰山巍峨陡峻，气势磅礴，被尊为五岳之首，中国历代曾有72个皇帝到泰山封禅。孔子曾有“登泰山而小天下”之叹，而唐代诗人杜甫则写下了“会当凌绝顶，一览众山小”的豪言壮语。南岳衡山地临湘水之滨，林木苍郁，景色幽秀，享有“五岳独秀”的美名。西岳华山，险居五岳之首。“自古华山一条路，登临犹比上天难，不吃豹子胆，只能望峰叹”。北岳恒山则山势陡峭，沟谷深邃，交通不便，但深山藏宝，“悬空寺”便隐匿其中。中岳嵩山雄险有之，奇秀有之，突出在一个“奥”字上：在嵩山留下了覆盖经济、文化、艺术、宗教、科技全方位博奥精深的历史文化遗产，“佛、道、儒”三教荟萃，“天、地、人”竞相生辉，“山、寺、貌”互补争艳。也有“恒山如行，泰山如坐．华山如立，嵩山如卧，唯有南岳独如飞”的说法。

道教名山

武当山位于中国湖北省丹江口市境内。相传为上古玄武（真武）修仙得道飞升之地，有“非真武不足当之”之意，故名。一名太和山。山体呈西北—东南走向，一般海拔在1000米左右，主峰天柱峰海拔1612米，山中林木茂密，树种繁多。武当山还是著名道教圣地和武当派武术的发源地。唐代时太宗李世民于贞观年间（627－649年），在此敕建五龙祠。到宋代，以崇祀真武帝君为根本理义，直接为皇室服务的武当道教基本形成。至明代成祖朱棣封武当山为“大岳”，明世宗封为“治世玄岳”。这时武当道教达到鼎盛时期，成为至高无上的皇室家庙、全国道教活动中心。武当山古建筑群已被联合国教科文组织列为世界文化遗产。

青城山为道教发祥地之一。位于中国四川省都江堰市西南 16 千米。古称丈人山，据传黄帝封青城山为五岳丈人。唐贞元六年（790 年）更名为青城山。山上林木苍翠，峰峦突起，终年绿树掩映，以“青城天下幽”而闻名。青城山海拔 1600 余米，山上宫观 70 余座，名胜云集，以天师洞、上清宫、建福宫等著名。在青城山巅的上清宫，始建于晋，后几经兴废：现存的殿宇建于清同治年间，殿后拾级 100 米可达峰顶。天师洞位于青城山腰，三面环山，一面临涧，相传东汉天师张道陵在此修炼而得名，现存殿宇多为清代所建，主殿为三皇殿，气势雄伟。在青城山麓的建福宫，宫前小溪流淌，院内有树木假山、委心亭等古迹。

佛教名山

中国四大佛教名山为中国四处最主要的佛教圣地，分别是：五台山，位于山西省五台县，为文殊菩萨道场；峨眉山，位于四川省峨眉山市，为普贤菩萨道场：普陀山：位于浙江省舟山市，为观音菩萨道场；九华山：位于安徽省青阳县，为地藏菩萨道场。

四大名山中，五台山名气最大。五台山绕周约 250 千米，由五座山峰环抱而成。五峰高耸，峰顶平坦宽阔，如垒土之台，故称五台。五台各有其名，东台望河峰、西台挂月峰、南台锦绣峰、北台叶斗峰、中台翠岩峰。五台中北台最高，海拔 3058 米，是华北地区最高峰，素称华北屋脊。山中气候寒冷。4 月解冻，9 月积雪，故又名清凉山。五台山所有寺庙中以五大禅庙最有名：显通寺、塔院寺、菩萨顶、殊像寺和罗喉寺。在五寺中又以显通寺历史最久、规模最大。塔院寺中高达 60 米的舍利塔为五台山标志。

峨眉山因山势逶迤“如螓首蛾眉，细而长，美而艳”，故名。主峰万佛顶海拔 3099 米。峨眉有大峨、二峨、三峨之分。一般所称的峨眉山专指大峨山而言。有三个高峰：金顶、千佛顶、万佛顶。山上寺庙初建于东汉，历代续有增修。初流行道教，唐、宋以后佛教日趋兴盛，到明清时极盛，大小庙宇达 100 余座，为著名的佛教道场。

九华山古名陵阳山，南北朝时更名帻山，唐代以前称九子山。因李白游秋浦时遥望此山写下“妙有分二气，灵山开九华”的名句而易名九华山。周长100多千米. 总面积334平方千米。最高峰十王峰海拔1342米。早在汉代，九华山就是道教圣地。东晋隆安五年(401年)，由天竺（今印度）僧人杯渡在此开始建佛寺。唐开元年间，新罗国（今朝鲜）僧金乔觉来此，死后被僧徒当做地藏菩萨化身，辟九华为地藏王道场，从此佛教逐渐取代道教，成为佛教名山。

普陀山也称补陀洛迦。在浙江舟山市普陀县，是舟山群岛中的一个小岛。相传为观音菩萨应化的道场。唐以前传有梅福等寄隐修道，故又名梅岭山。据佛教传说，唐大中年间有一印度僧人来此，亲睹观音菩萨现身说法，授以七色宝石，故称此地为观音显圣地。普陀山呈狭长形，南北纵长8.6千米，东西宽3.5千米，面积12.5平方千米。山势挺秀，最高峰佛顶山海拔291.3米。

庐山

庐山位于中国江西省九江市南，东临鄱阳湖，北濒长江。又称匡山，或匡庐。相传殷周时期，有匡氏7兄弟结庐隐居于山中，后化仙而飞，仅庐存下，故名。山体呈椭圆形，长约25千米，宽约10千米，面积约300平方千米。最高峰汉阳峰海拔1474米。庐山1500年前就是南方佛教圣地之一，有三大名’寺（西林、东林、大林）。402年，东晋名僧慧远在此创建东林寺和净土宗，其影响广及东南亚。庐山以文明悠久而著称。中国历代许多诗人、学者、名流都曾到此游历或隐居，留下了大量吟咏庐山的诗文和石刻。李白、杜甫、自居易、苏轼、陆游、范仲淹、欧阳修、岳飞、王阳明等都曾来此。

井冈山

井冈山位于中国江西省中部，属罗霄山脉万洋山北段。海拔336~1841米。外形高大，险峻陡峭，中多盆地。以茨坪为中心，有大井、小井、上井、中井、下井等地。第二次国内革命战争时期，毛泽东在此创建了全国第一个农村革命根据地，开辟了中国革命以农村包围城市，武装夺取政权的光辉道路。井冈山有革命摇篮之称，有毛泽东旧居和革命纪念地多处，并建有革命博物馆、会师纪念碑、革命烈士纪念塔、烈士墓等。井冈山革命遗址为全国重点文物保护单位。

三清山

三清山坐落于江西省上饶东北部。素有“江南第一仙峰”、“云雾的家乡，松石的画廊”、“华东明珠”等殊誉，三清山主峰玉京峰海拔 1816．9 米，因玉京、玉华、玉虚三峰如三清（道教所遵的三神：玉清、上清、太清）并肩端坐其巅，故名。最先在三清山修建道观的为唐朝信州太守王鉴的后裔。唐僖宗时（873—888 年）王鉴奉旨抚民，到达三清山北麓，见到此山风光秀丽，景色清幽，卸任后即携家眷归隐在此。到宋朝时，其后裔王霖捐资兴建道观，成为道家洞天福地，有“露天道教博物馆”之称。三清山东险、西奇、北秀、南绝。我国著名散文家秦牧赞之为“云雾的家乡，松石的画廊”。历代名臣名家王安石、朱熹、苏东坡等都在这里留下足迹。

长江

长江为中国第一大河，干流全长 6397 千米（以沱沱河为源），一般称 6300 千米。流域面积 180 余万平方千米（不包括淮河流域），约占全国土地总面积的 1/5。年均入海水量达 1 万亿立方米，居世界第 3 位。长江源于青藏高原巴颜喀拉山与唐古拉山脉间，在唐古拉山脉主峰各拉丹冬西南侧。这里冰川广布，冰雪融水就是长江的源头。

古时长江简称江，六朝以后才有大江和长江之称。长江曾经闪耀着大溪文化的异彩，诞生过伟大的爱国诗人屈原和千古才女昭君。三国时代，这里曾是吴蜀相争的战场。唐宋以来，李白、杜甫、自居易、刘禹锡、范成大、苏轼、陆游等许多诗圣文豪，在这里写下了许多千古传诵的诗章。我们的祖先在这里创造了丰富的文化，留下了许多名胜古迹。

黄河

黄河在中国古代也称河，又名浊河、中国河。发源于青海省巴颜喀拉山脉，流经9个省区，最后于山东省注入渤海。干流河道全长5464千米，仅次于长江，为中国第二长河，是世界第五长河。黄河流域内，连同下游豫、鲁沿河地区共有2亿多亩耕地，1亿左右人口。

黄河是中华民族的母亲河。作为中华文明的发祥地，维系炎黄子孙的血脉。是中华民族民族精神与民族情感的象征。早在80万年以前，中华民族的祖先就在黄河流域过着狩猎、采集的生活。散布在黄河中游黄土高原上的黄帝族和当时的炎帝族联合起来攻杀了蚩尤族。不久，炎帝族和黄帝族的人民逐渐融合，并定居在陕、甘、晋地区，共同开发黄河中下游地区。3500多年前进入奴隶社会的夏、商、周王朝都是黄帝的后裔。他们自称“华”或“夏”。华族就是汉族的前身，所以汉族人民都把黄帝奉为始祖，自称为黄帝（也称炎黄）子孙。当时的华族居住在中原地区，人们认为中原居四方之中，故又称这一带为“中华”。后来，华族的文化向全国各地传播，“中华”二字便成了整个中国的名称。商王朝称为殷帝国，文化相当发达，与当时的埃及、巴比伦并称为3个古代帝国，是世界古代三大文化中心。

淮河

淮河发源于河南省桐柏县桐柏山主峰太白顶（又称大复峰），自西向东经河南省南部、安徽省北部，到江苏省北部注入洪泽湖。长约1000千米，流域面积26.9万平方千米。淮河流域地处我国南北气候过渡地带，自古以来，淮河与秦岭、白龙江连线就作为我国南方与北方的“地理分线”。早在《晏子春秋》中就有“橘生淮为橘，生于淮北则为枳”的记述，形象地指明了淮河流域作为我国南北气候过渡地带的特征。干流南侧气候湿润，年降水在1000毫米以上，各支流水源充足、丰富，最冷月温度高于0℃，河水基本冻结。干流北侧，属暖温带半湿润气候，降水量在600～900毫米之间，河川径流不及南支充足，且径流的年际变化大。最冷月平均温度低于0℃，冬季河流结冰。

渭水

渭水为黄河最大支流。位于中国陕西省中部。源出甘肃省渭源县鸟鼠山，东流横贯陕西省渭河平原，于潼关注入黄河。全长818千米，流域面积13.47万平方千米。北岸支流源远流长，如葫芦河、千河、泾河、洛河等，这些河流流经黄土高原，是渭河的主要来沙支流。多年平均径流量105亿立方米。其中7、8、9三个月的径流约占全年的60%～70%。流域水土流失严重，水土流失面积约占流域面积60%～70%。多年平均含沙量为53千克/立方米。多年平均输沙量5.58亿吨，占黄河年输沙量的34.9%。

黑龙江

黑龙江因河水含腐殖质多，水色发黑得名。全长4370千米（从上源至河口），流域面积184.3万平方千米。在中国境内河长3474千米，流域面积约88.7万平方千米，占流域的48.1%，为中、俄界江。流域年径流量3465亿立方米。11月份进入冬半年枯水期，冬半年降水均以雪的形式降落。冰期长达6个月。流域内森林以及金、煤等矿产资源丰富，产鱼类，尤以大马哈鱼和鲟鳇鱼最为著名。

在中国古代文献中，黑龙江有黑水、弱水、乌桓河等诸多别称，公元13世纪成书的《辽史》第一次以“黑龙江”来称呼这条河流。满语音“萨哈连乌拉”，其中“萨哈连”意为“黑”，“乌拉”意为“水”。蒙古语则称“哈拉穆连”。俄文音“阿穆尔”或“阿母”，成为世界上大多数国家认同的名称。

松花江

松花江为中国黑龙江最大支流。发源于长白山主峰白头山天池。由东南向西北流，在黑龙江省与吉林省交界处、松原市北面的三岔河附近与嫩江汇合后转向东北流，于同江附近入黑龙江。长2308千米，流域面积54.6万平方千米。冬季结冰，河流封冻期（11 月至翌年 3 月）约 5 个月。多年平均径流量 777 亿多立方米超过了黄河的径流总量。水量年际变化大，最大、最小年径流量的比值达 3～29 倍。松花江源于满语，意思是“白色的”江。松花江流域范围内山岭重叠，布满原始森林，蓄积在大兴安岭、小兴安岭、长白山等山脉上的木材，总计十亿立方千米，是中国面积最大的森林区。矿产蕴藏量也极为丰富，除主要的煤外，还有金、铜、铁等。

雅鲁藏布江

雅鲁藏布江是世界上海拔最高的大河。位于西藏自治区南部。“雅鲁藏布”藏语意为“高山流下的雪水”。源头海拔 5590 米，由喜马拉雅山脉中段北坡的一系列冰川融水汇成，出山口经巴昔卡流入印度，称布拉马普特拉河，进入孟加拉国称贾木纳河，注入印度洋的孟加拉国湾。居中国段雅鲁藏布江全长 2057 千米，流域面积 24.05 万平方千米。已被藏族视为“摇篮”和“母亲河”

珠江

珠江为中国第三大河，旧称粤江。原指广州到入海口的一段河道。后来逐渐成为西江、北江、东江的总称。流域面积 453690 万平方千米，其中国内面积约 44.17 万平方千米。珠江由三大水系构成，即西江水系、北江水系和东江水系。多年平均径流量为 3360 亿立方米，仅次于长江，是黄河的 5.7 倍。

鄱阳湖

鄱阳湖为中国最大的淡水湖。在江西省北部，长江南岸。古称彭蠡、彭泽。湖面高呈 21 米，湖水面积 3583 平方千米，最深 16 米，蓄水量达 248.9 亿立方米。

鄱阳湖流域自古以来是中国经济较为发达的富裕地区，中国历史上很多杰出人物如徐稚、陶渊明、林士弘、刘恕、洪适、江万里、朱奋等都在湖区出生和成长。这里又发生过许多英雄故事，如周瑜操练水师、朱元璋与陈友谅鄱阳湖水战、太平军“湖口大捷”、李烈钧在湖口发起“二次革命”等。鄱阳湖是古代从北方进入江西的唯一水道，发生在鄱阳湖上的文人轶事和民间传说则更是难以胜数。唐代诗人王勃在《腾王阁序》中的名句“渔舟唱晚，响彭蠡之滨”，描述的正是鄱阳湖上的渔民捕鱼归来的欢乐情景。宋代诗人苏轼在《李思训画长江绝岛图》中写的“山苍苍，水茫茫，大姑小姑江中央”，描写的正是鄱阳湖的胜景。

洞庭湖

洞庭湖为中国第二大淡水湖，位子湖南省北部，荆江南岸，水面跨湘、鄂两省，为断陷湖。湖面高33.5米，面积2740平方千米，蓄水量178亿立方米。洞庭湖是长江流域最主要的集水、蓄洪湖盆，削减洪峰流量近30%左右。

历代文人墨客都对美丽的洞庭湖作过热情的吟咏。北宋著名政治家、军事家和文学家范仲淹的《岳阳楼记》，从岳阳楼的视角对洞庭湖变化多端的风光，描绘得淋漓尽致。洞庭湖的气势雄伟磅礴。洞庭湖的月色柔和瑰丽。即使在阴晦的天气，也给人别致、谲秘的感觉，激起人们的游兴。碧波万顷的洞庭湖不愧为天下第一水。

太湖

太湖古称震泽，又名“笠泽”，是古代滨海湖的遗迹，位于江苏和浙江两省的交界处，长江三角洲的南部。大约在100万年前，太湖还是一个大海湾，后来逐渐与海隔绝，转入湖水淡化的过程，变成了内陆湖泊。太湖面积2425平方千米，湖岸线长达400千米，是我国第三大淡水湖。

太湖水产丰富，盛产鱼虾，素有“太湖八百里，鱼虾捉不尽”的说法。太湖历史悠久，人杰地灵。历代民风淳厚，文风蔚然，素有“一门四进士，十里两状元”之称。既发生过勾践卧薪尝胆立志灭吴的历史故事，也孕育了陶朱公范蠡与西施的美丽传说。

青海湖

青海湖，古称“西海”，又称“鲜水”或“鲜海”。蒙语称“库库诺尔”，藏语称“错温波”，意为“青色的海”、“蓝色的海洋”。由于青海湖一带早先属于卑禾族的牧地，所以又叫“卑禾羌海”，汉代也有人称它为“仙海”。从北魏起才更名为“青海”。青海湖离西宁约200千米，海拔为3200米。它的周长360千米，面积达4583平方千米。

青海湖最诱人的奇观是驰名中外的鸟岛。它在湖的西北部，面积仅0.8平方千米，每年五六月份，十多种候鸟成群结队返回故乡，营巢产卵，孵幼育雏，栖息在这个小岛上，最多可达10万只以上。

青海湖是中国最大的内陆咸水湖泊。从古到今，人们向往它的浩瀚、神奇、博大，为它的雄伟、秀丽而赞叹不已，把它誉为青海高原上一颗璀璨的明珠。

滇池

滇池为断陷构造湖。位于云南省昆明市西南，古称滇南泽，又称昆明湖。湖面海拔1885米，南北长约32千米，东西平均宽11千米，面积297平方千米，外形呈弓弦形。蓄水量约14亿立方米。湖北部有一长堤，名海堤，将湖分成两部分：堤外的叫外海，面积275平方千米，水深3~5米，最深处8米，堤内叫草海，又名西湖、积波池和青草湖，面积约22平方千米，水深只有1~2米。多年平均来水量约7亿立方米，泄出水量约5亿立方米。素称“五百里滇池”。滇池是中国第六大内陆淡水湖。

杭州西湖

杭州西湖为中国风景游览胜地。古代以西湖命名的湖有36个之多，其中以杭州西湖最有名，如单称西湖通常指的就是杭州西湖。

杭州西湖因湖三面环武林山，曾称武林水。钱塘县治从灵隐山移至东面平陆后，湖处县境内，故名钱塘湖：因湖在城西，又称西湖。唐代同时并用这两个名称。北宋中期，西湖之名逐渐取代了钱塘湖。唐朝时期西湖已闻名全国。五代时期的吴越国和南宋王朝先后建都杭州（南宋时称临安），西湖面貌的改变尤为迅速。元朝初年，意大利旅行家马可·波罗在游记中赞誉杭州为世界上最美丽的华贵之城，从此西湖驰名世界。

扬州瘦西湖

瘦西湖其实是扬州城外一条较宽的河道，原名保障河。面积480多亩，长4.3千米。原是唐罗城、宋大城的护城河遗迹，南起北城河，北抵蜀冈脚下，明清时期，许多富甲天下的盐业巨子纷纷在沿河两岸，不惜重金聘请造园名家摹画经营，构筑水上园林。乾隆极盛时期沿湖有二十四景，誉为“两堤花柳全依水，一路楼台直到山”。康熙和乾隆两位皇帝均六次南巡来此，对这里的景色赞赏有加。

瘦西湖名称的来历，是乾隆年间寓居扬州的诗人汪沆的一首感慨富商挥金如土的诗作：“垂杨不断接残芜，雁齿红桥俨画图。也是销金一锅子，故应唤作瘦西湖。”

日月潭

日月潭风景区位于台湾省南投县，是由玉山和阿里山涧的断裂盆地积水而成。湖面海拔760米，周长35千米，水域面积9平方千米，平时水深30多米。日月潭中有一个小岛，远看好像浮在水面上的一颗珠子，所以这个小岛被叫做“珠子屿”，现在也叫光华岛。以这个岛为界，湖的北半部分圆圆的像太阳，湖的南半部分弯弯的像月牙，这就是日月潭名字的来历。

日月潭北山腰有文武庙，庙中有孔子像，左右有文昌君与关羽像。日月潭的南边是青龙山，山中有玄光寺，从玄光寺拾级而上，就到了玄奘寺。这座寺气魄宏大，金光闪闪，寺中有一小塔，供奉着唐代著名高僧玄奘的一份遗骨。

沈阳故宫

1625年，努尔哈赤将都城迁移至沈阳，在沈阳中修筑故宫。这组建筑主要是作为理政和朝贺的场所，努尔哈赤居住的寝宫在原沈阳城的北门——安定门。

清朝入关后，沈阳故宫失去了作为皇宫的地位，成为陪都行宫。康熙帝和乾隆帝东巡祭祖期间，曾在此居住。乾隆四十六年，即1780年，增建了西路建筑，包括戏台嘉荫堂和用于储藏四库全书的文溯阁，并在中路修建了东所、西所和盛京太庙。与北京故宫相比，沈阳故宫建筑风格具有独特的满、蒙、藏特色。东路大政殿、十王亭建筑群布局仿照八旗行军帐殿（大幄次）的布局。中路的特点则是“宫高殿低”，居住部分位于高台之上，俯瞰理政的正殿区域，这是来源于满族人喜居于台岗之上的生活习惯。西路则是完全的汉式建筑。

雍和宫

雍和宫是北京最大的藏传佛教寺院，建于清康熙三十三年（1694年）。原为清第三代皇帝雍正即位前府邸。雍正三年（1725年）改为行宫，乾隆九年（1744年）改为藏传佛教寺院。

雍和宫是由三座精致的牌坊和雍和门、雍和宫殿、“四学殿”（药师殿、数学殿、密宗殿、讲经殿）及三个文物陈列室构成。整个建筑布局完整，巍峨壮观，具有汉、满、藏、蒙古民族特色。各殿内供有众多的佛像、唐喀及大量珍贵文物，其中有紫檀木雕刻的500个罗汉山、金丝楠木雕刻的佛龛和18米的檀香木大佛。檀木大佛1990年被载入《吉尼斯世界纪录大全》。

圆明园

圆明园位于北京市西郊，海淀区东部。原为清代一座大型皇家御苑，占地约5200亩，平面布局呈倒置的品字形，圆明园由圆明、长春、绮春三园组成。

圆明园的陆上建筑面积和故宫一样大，水域面积相当于一个颐和园。圆明园汇集了当时江南若干名园胜景的特点，融中国古代造园艺术之精华的南部为朝廷区，是皇帝处理公务之所。许多景点直接模仿外地的名园胜景，如杭州西湖十景，不仅模仿建筑，连名字也照搬过来。圆明园中还建有西式园林景区。如“观水法”，在湖水中还有一个威尼斯城模型。

1860年英法联军和1900年八国联军两次洗劫圆明园，园中的建筑被烧毁，文物被劫掠，奇迹和神话般的圆明园变成一片废墟。

上林苑

上林苑是汉武帝刘彻于建元二年（前138年）在秦代的一个旧苑址上扩建而成的宫苑，位于西安市西部，规模宏伟，宫室众多，有多种功能和游乐内容。上林苑内容，据《汉书·旧仪》载：“苑中养百兽，天子春秋射猎苑中，取兽无数。其中离宫七十所，容千骑万乘。”《关中记》载，上林苑中有三十六苑、十二宫、三十五观。三十六苑中有供游憩的宜春苑，供御人止宿的御宿苑，为太子设置招待宾客的思贤苑、博望苑等。上林苑中有大型宫城建章宫，还有一些各有用途的宫、观建筑，如演奏音乐和唱曲的宣曲宫；观看赛狗、赛马和观赏鱼鸟的犬台宫、走狗观、走马观、鱼鸟观；饲养和观赏大象、白鹿的观象观、白鹿观；引种西域葡萄的葡萄宫以及养南方奇花异木，如菖蒲、山姜、桂、龙眼、荔枝、槟榔、橄榄、柑橘之类的扶荔宫。

狮子林

狮子林为苏州四大名园之一，至今已有650多年的历史。元代至正二年(1342年)，元末名僧天如禅师维则的弟子“相率出资，买地结屋，以居其师”。因园内“林有竹万，竹下多怪石，状如狻猊（狮子）者”，又因天如禅师维则得法于浙江天目山狮子岩普应国师中峰，为纪念佛徒衣钵、师承关系.取佛经中狮子座之意，故名“狮子林”。狮子林既有苏州古典园林亭、台、楼、阁、厅、堂、轩、廊之人文景观，更以湖石奇峰，洞壑深邃而盛名于世，素有“假山王国”之美誉。假山群共有九条路线，21个洞口。横向极尽迂回曲折，竖向力求回环起伏。“人道我居城市里，我疑身在万山中”。就是狮子林的真实写照。所谓“苏州园林甲江南；狮子林假山迷宫甲园林”。

畅春园

畅春园位于北京海淀区，圆明园南，北京大学西。原址是明朝明神宗的外祖父李伟修建的“清华园”。明朝灭亡后，园址荒废。1684年，清朝康熙皇帝南巡归来后，利用清华园残存的水脉山石，在其旧址上仿江南山水营建畅春园，作为在郊外避暑听政的离宫。园林山水总体设计由宫廷画师叶洮负责，聘请江南园匠张然叠山理水，同时整修万泉河水系，将河水引入园中。为防止水患，还在园西面修建了西堤（今颐和园东堤）。

畅春园以园林景观为主，建筑朴素，多为小式卷棚瓦顶建筑，不施彩绘。园墙为虎皮石砌筑，堆山则为土阜平冈，不用珍贵湖石。园内有大量明代遗留的古树、古藤，又种植了腊梅、丁香、玉兰、牡丹、桃、杏、葡萄等花木，林间散布麋鹿、白鹤、孔雀、竹鸡，景色清幽。畅春园这种追求自然朴素的造园风格影响了在其之后落成的避暑山庄和圆明园（乾隆扩建之前）等皇家宫苑。

恭王府

恭王府位于什刹海西北角，始建于18世纪末，是北京保存最完整的清代王府，堪称“什刹海的明珠”。曾属乾隆后期大学士和珅的宅邸，后改赐为恭亲王奕䜣的王府。府后有一独具特色的花园，名萃锦园，占地约三万平方米。花园东、南、西三面被马蹄形的土山环抱，园中景物别致精巧。恭王府是国家级重点文物保护单位。某些红学家认为此园可能是《红楼梦》中大观园的原型。

清代王府有严格的规制。规定亲王府有大门五间，正殿七间，后殿五间，后寝七间，左右有配殿，形成多进四合院，不少府邸有后花园。但许多王府经历沧桑，早已面目全非，只有恭王府是北京现存最完整、布置最精的一座清代王府。著名学者侯仁之先生称之为“一座恭王府，半部清代史”。

福建土楼

风格奇异的土楼民宅散布在闽西的永定、武平、上杭及闽西南的南靖、平和、漳浦等地。土楼，俗称“生土楼”。因其大多数为福建客家人所建，故又称“客家土楼”。它是以生土作为主要建筑材料，掺上细沙、石灰、糯米饭、红糖、竹片、木条等，经过反复揉、舂、压建造而成。楼顶覆以火烧瓦盖，经久不损。土楼高可达四五层，供三代或四代人同楼聚居。

这种以生土为墙的土木构架民宅，其造型在中国传统民居的种类中，是花样较多的一种。有圆、方、半圆、椭圆、交椅、五角、八卦、五凤、桃形及不规则形等许多种类，又以圆、方、交椅形和五凤楼最为常见。

北京四合院

北京四合院的格局大约始于元代。元大都的总体规划是按《周礼·考工记》中所说：“匠人营国，方九里，旁三门。国中九经九纬，经涂九轨，面朝后市，左祖右社……”其中如棋盘的街道都是南北向或东西向，因此就决定了民居的基本形状为方形或长方形。

四合院的基本型是由四面房屋合围而成的院子。根据宅基地的大小，一宅可能建成多个彼此相通的四合院，因而有一进院、两进院、三进院……有些豪宅甚至还辟有花园。

北京四合院的组成部分有大门、影壁、屏门、垂花门、廊、正房、耳房、厢房、倒座房、厅房、后罩房、群房、园林、围墙及更道。最简单的一进院由正房、耳房、厢房、倒座房、大门及围墙组成，这种格局是因为宅基地较小。有些更小的院落甚至只是三合院（仅有三面房屋），但无论大小，每一宅院总是四面合围，自成独立体系的，一个宅院住一户，并非现在的大杂院。

上海弄堂

“弄堂”是上海人对里弄的俗称，“里弄房子”就是弄堂建筑。弄堂和弄堂房子其实是上海开埠后的“土特产”，起初外国人只许中国人在租界里工作，而不允许在租界里居住。于是在19世纪50年代太平天国运动进入江南，面对大量富有的中国难民要求移入的情况，租界向中国居民开放。为了便于管理，就在指定的地块上兴建大批集体住宅。这些房子多为立帖式结构，像兵营一样联立成行，对内交通自如，对外只有弄口抵达马路，弄口设铁门，可以随时关闭。

安徽民居

安徽民居其布局一般都以三合院或四合院为基本单位，但与北京的院落形式有别，安徽传统的民居建筑多为各种造型的二层楼房。

安徽民居代表西递村简介：

西递村以一条纵向的街道和两条沿溪的道路为主要骨架，构成东向为主、向南北延伸的村落街巷系统。所有街巷均以黟县青石铺地，古建筑为木结构、砖墙维护，木雕、石雕、砖雕丰富多彩，巷道、溪流、建筑布局相宜。村落空间变化韵味有致，建筑色调朴素淡雅，体现了皖南古村落人居环境营造方

面的杰出才能和成就，具有很高的历史、艺术价值。西递的石、砖、木三雕，堪称西递三绝。

窑洞式民居

窑洞式民居是一种很古老的居住方式，即是在黄土断崖地区挖掘横向洞穴作为居室。因为它有施工简便，造价低廉，冬暖夏凉，不破坏生态，不占用良田等优点，虽然存在采光及通风方面的缺陷，但在北方少雨的黄土地区，仍为人民习用的民居形式。按构筑方式可分为三种：靠崖窑、平地窑、锢窑。靠崖窑即是利用天然土壁挖出的券顶式横穴，可单孔，可多孔，还可结合地面房屋形成院落：平地窑又称地坑院、地窨院、暗庄子。即在平地上向下挖深坑，使之形成人工土壁，然后在坑底各个方向的土壁上纵深挖掘窑洞，也可以说是竖窑与横窑结合而成的民居。此式窑洞多流行于河南巩县、三门峡、灵宝和甘肃庆阳、山西平陆一带。锢窑为在平地上以砖石或土坯按发券方式建造的独立窑洞，券顶上敷土做成平顶房，以晒晾粮食。多通行于山西西部及陕西北部。目前中国的窑洞民居大致集中在五个地区，即晋中、豫西、陇东、陕北、冀西北。

四川传统民居

四川地区夏季炎热，冬季少雪，风力不大，雨水较多，于是平房瓦顶、四合头、大出檐成为民居的主要形式。阁楼亦成了储藏隔热之处。

由于多山，山区民居不十分讲究朝向，因地制宜，且天井纵深较浅，以节省用地面积。四合院住宅的屋顶相连，雨天可免受雨淋之苦，夏日不致使强烈的阳光过多射入室内。而且宅出檐及悬山挑出很大，也可防止夹泥墙或木板墙、杜土墙遭雨水冲刷。

四川民居多为穿斗式屋架。这里的人们在建造民居时善于利用地形，因势修造，不拘成法。常常在同一住宅中，地平有数个等高线。住宅基地的退台有横向、有纵向，造成屋顶高低的配合。加上屋檐一般不高，绿影婆娑，润泽可悦，使人感到温适而明快。重庆及川东山区的民居不注重朝向，依山崖而建，吊脚楼伸出很大，有的层层出挑，气魄宏大，雄伟异常。

傣家竹楼

傣家竹楼以竹为主要材料建筑而成。傣族的竹楼一般用数十根大竹子做支撑主架，在离地 2 米多高处铺楼板。楼分上下两层，楼下无围墙，是拴牲畜、养家禽和堆放农具的地方。楼上住人，竹墙缝隙较大，既采光又通风，所以一般竹楼都没有窗户。竹楼的一端设有楼梯，拾级登楼，先是走廊，正面是阳台。阳台上放置水缸，人们在这里洗漱、晾晒衣物和纳凉。室内以一道竹篱笆隔成堂屋和卧室。楼顶呈 A 字形，覆盖以茅草编成的“草排”。大概是由于它像一顶被支撑的大帽子，所以当地流传着这样一个传说：当年诸葛亮到西双版纳的时候，一个叫岩肯的青年人向他请教建造什么样的房屋才能让傣家人住得更舒适，诸葛亮想了想便在地上插了几根筷子，然后将自己的帽子往上一放说：就照这个样子盖吧。

土家族吊脚楼

吊脚楼是鄂西土家族地区最复杂而又最能显示富有的一种典型的建筑形式。它们最基本的特点是正屋建在实地上，厢房除一边靠在实地和正房相连，其余三边皆悬空，靠柱子支撑，正屋和厢房（吊脚部分）的上面住人，厢房的下部有柱无壁，用来喂养牲畜、堆放杂务。其类型有以下几种：单吊式、双吊式、四合水式、平地起吊式。

吊脚楼有着丰厚的文化内涵，除具有土家族民居建筑注重龙脉，依势而建和人神共处的神化现象外，还有着十分突出的空间宇宙化观念。从某种意义上来说，土家族吊脚楼在其主观上与宇宙变得更接近，更亲密，从而使房屋、人与宇宙浑然一体，密不可分。

第八章　医药卫生

李时珍与《本草纲目》

李时珍（1518～1593 年），明代杰出的药物学家，字东璧，晚号濒湖老人，蕲州（今湖北蕲春）人。李时珍出生于医学世家，祖父和父亲都是有名望的民间医生。李时珍从小就对医药很有兴趣，常随父亲入山采药，认识了许多药草。24 岁那年，李时珍跟随父亲开始行医。他经常为穷苦人家免费治病，还送药给他们。不久，李时珍成为远近闻名的医生。

李时珍在行医和阅读医书的时候，发现古代药物学著作《本草》（中草药统称本草）有不少错误。于是，他决心重新编写一部新的药物学著作。自明嘉靖三十一年（1552 年）始，李时珍开始编写《本草纲目》。他遍访名医，远涉深山旷野，在樵夫、药农、猎户、渔民的帮助下，观察和收集药物标本，并参阅古书 800 多种。经过 27 年的努力，1578 年终于完成了这部药物学巨著。这一年李时珍 61 岁。

《本草纲目》共有 52 卷，载有药物 1892 种，其中载有新药 374 种，收集医方 11096 个，书中还绘制了 1111 幅精美的插图，是我国医药宝库中的一份珍贵遗产。《本草纲目》不仅在药物学方面有巨大成就，在化学、地质、天文等方面，都有突出贡献。《本草纲目》不仅是我国一部药物学巨著，也是我国古代的百科全书。

《黄帝内经》

《黄帝内经》简称《内经》，系后人托名黄帝所作，原书 18 卷，共 162

篇。其中9卷名《素问》；另外9卷无书名，汉晋时被称为《九卷》或《针经》，唐以后被称为《灵枢》，并非一人一时之作，主要部分形成于战国至东汉时期。《素问》主要论述了自然界变化的规律、人与自然的关系等；《灵枢》则偏重于人体解剖、脏腑经络、腧穴针灸等等。《黄帝内经》是中国医学宝库中现存成书最早的一部医学典籍。

医圣张仲景

张仲景，名机，生于东汉桓帝元嘉、永兴年间，南阳郡（今河南省邓县）人。相传曾举孝廉，做过长沙太守。东汉末年，疫疾广泛流行，大批人民死亡，其中伤寒病占70%。张仲景刻苦学习《内经》，广泛收集医方，写出了传世巨著《伤寒杂病论》。它确立的辨证论治的原则，既是中医临床的基本原则，也是中医的灵魂所在。在方剂学方面，《伤寒杂病论》创造了很多剂型，记载了大量有效的方剂。其所确立的六经辩证的治疗原则，受到历代医学家的推崇。这是中国第一部从理论到实践、确立辨证论治法则的医学专著，是中国医学史上影响最大的著作之一。《伤寒杂病论》序中有这样一段话：“上以疗君亲之疾，下以救贫贱之厄，中以保生长全，以养其身”，表现了仲景作为医学大家的仁心仁德，后人尊称他为“医宗之圣”。河南南阳市建有医圣祠。

刮痧

刮痧是用刮痧板蘸刮痧油反复刮动，摩擦患者某处皮肤，以治疗疾病的一种方法。刮痧的原理是根据中医十二经脉及奇经八脉、遵循“急则治其标”的原则，运用手法强刺激经络，使局部皮肤发红充血，从而起到醒神救厥、解毒祛邪、清热解表、行气止痛、健脾和胃的效用。刮痧的工具就是刮痧板，由水牛角制成，形状为长方形，边缘钝圆。背部刮痧。取俯卧位，肩部取正坐位。刮拭后会出现青紫色出血点。感冒、发烧、中暑、头痛、肠胃病、落枕、肩周炎、腰肌劳损、肌肉痉挛、风湿性关节炎等病症都可以通过刮痧治愈。

推拿按摩

推拿，又称按摩，就是用手在人体皮肤、肌肉、穴位上施行各种手法，达到保健、治病的目的。可以由他人按摩，也可以自我按摩，就是自己给自己按摩。按摩是一种适应症十分广泛的民间物理疗法。有正骨按摩、伤科按摩、小儿按摩、经络按摩、脏腑按摩、急救按摩、保健按摩、点穴按摩等。

器官移植

器官移植是将某个健康的器官通过手术或其他方法放置到一个患有严重疾病、危在旦夕的病人身体上，让这个器官继续发挥功能，从而使接受捐赠者获得新生。器官移植在 20 世纪以前一直是人类的梦想，1954 年，波士顿的医学家哈特韦尔·哈里森和约瑟夫·默里成功地完成了第一例肾移植手术，开创了器官移植的时代。但由于不能很好地控制移植后的排斥反应，器官移植的效果不尽人意。这种情况一直延续到 70 年代诺华公司发明了免疫抑制药物——环孢素（新山地明）。环孢素的发明使移植后器官存活率大大提高，器官移植成为常规疗法。可以接受器官移植的脏器包括：心脏、肺脏、肝脏、肾脏、胰脏等。

试管婴儿

试管婴儿即体外受精联合胚胎移植技术（IVF），就是借助内窥镜或在 B 超指引下，从患有不孕症妇女的卵巢取出成熟的卵子，和精子一起放入试管内或培养皿中，先体外培养 70 小时左右，使卵受精并发育形成胚胎，然后再借助于内窥镜将之送到未来母亲的子宫内，使之逐步发育成胎儿，也就是经过取卵——受精——植入三部曲，最终还是在母体子宫内发育成熟的，而所用的精子、卵子，既可用夫妇双方的也可用他人提供的。试管婴儿的成功率约为 10% ~30% 。

自1978年7月25日世界上第一例试管婴儿路易斯·布朗在英国诞生以来，这项新的助孕技术已在全球广泛开展，至1986年止已有73000个试管婴儿诞生。我国从1988年开始引进这一技术，北京医科大学附属三院于当年完成中国内地首例试管婴儿。至今，已有50多个试管婴儿诞生。

听诊器的发明

听诊器的发明人是19世纪法国临床医学家雷内克。有一次，他为一位年轻的女性病人看病，因为性别与年龄的因素，他不能直接将耳朵贴在病人胸部，通过听诊来取得有助于诊断的体征材料。雷内克由此发明了木质听诊用具，这是一种中空的直管，长30cm，口径0.5cm，为了便于携带，从中部分为两段，有螺纹可以旋接。雷内克将之命名为听诊器。因为这种听诊器样子像笛子，所以被称为“医生的笛子”。后来，雷内克医生又做了许多实验，最后确定，用喇叭形的象牙管接上橡皮管做成单管听诊器，效果更好。单管听诊器诞生的年代是1814年。由于听诊器的发明，使得雷内克能诊断出许多不同的胸腔疾病，他也被后人尊为“胸腔医学之父”。

1840年，英国医师乔治·菲力普·卡门改良了雷内克设计的单耳听诊器，发明了双耳听诊器，将两个耳栓用两条可弯曲的橡皮管连接到可与身体接触的听筒上，听诊器是一个中空镜状的圆锥。卡门的听诊器，有助于医师听诊静脉、动脉、心、肺、肠内部的声音，甚至可以听到母体内胎儿的心音。如今医师们普遍爱用的就是这种听诊器。

体温计

体温计又称“医用温度计”。人体温度的变化一般在35℃到42℃之间，所以体温计的刻度通常是35℃到42℃，而且每度的范围又分成10份，因此体温计可精确到0.1度。体温计的下部靠近液泡处的管颈是一个很狭窄的曲颈，在测体温时，液泡内的水银，受热体积膨胀，水银可由颈部上升到管内某位置，当与体温达到热平衡时，水银柱恒定。当体温计离开人体后，外界气温较低，水银遇冷体积收缩，就在狭窄的曲颈部分断开，使已升入管内的部分水银退不回来，仍保持水银柱在与人体接触时所达到的高度。体温计是一种最高温度计，它可以记录这温度计所曾测定的最高温度。用后的体温计应“回表”，即拿着体温计的上部用力往下猛甩，可使已升入管内的水银，重新回到液泡里。其他温度计绝对不能甩动，这是体温计与其他液体温度计的一个主要区别。

中国传统医学的鼻祖——扁鹊

扁鹊，战国时医学家。姓秦，名越人，齐国渤海莫州（今河北任丘）人。由于扁鹊医道高明，为百姓治好了许多疾病，劳动人民送他“扁鹊”称号。扁鹊，传说是黄帝时代的名医，是中国传统医学的鼻祖，对中医药学的发展有着特殊的贡献。他总结前人经验，创立望、闻、问、切的四诊法。他遍游各地行医，擅长各科，在赵国为“带下医”（妇科），至周国为“耳目痹医”（五官科），入秦国则为“小儿医”（儿科），医名甚著，并推崇为脉学的倡导者。

外科鼻祖——华佗

华佗字元化，东汉末年沛国谯（今安徽亳州）人，他一生行医范围主要集中在苏、鲁、皖、豫四省交界地区，其中有很大一部分时间是在徐州度过的。华佗精通内科、外科、儿科和针灸，最擅长外科手术，被后人称为外科鼻祖。在外科手术方面，他最突出的贡献是发明了麻醉剂——麻沸散。他是世界上第一个用麻醉方法进行外科手术的人，比欧洲早1600多年。华佗还发明了一套健身体操“五禽戏”，因此他又被认为是我国健身体操的创始人。

药王孙思邈

孙思邈（约581—682年）中国唐代医学家，京兆华原（今陕西耀县）人。孙思邈活了102岁，所以人们把他当做“神仙”，尊称为“药王”。

青少年文化常识一本通

他从小聪明好学，有“圣童”之称。到了20岁，已精通诸子百家学说，既“善谈庄、老”，又“兼好释典”，学问非常渊博。隋唐两代帝王屡次请他做官，他都“固辞不受”，而立志学医。孙思邈主要著作为《备急千金要方》30卷和《千金翼方》30卷。《备急千金要方》简称《千金要方》，内容极为丰富。分医学总论、妇人、少小婴孺、七窍、诸风、脚气、伤寒、内脏、痈疽、解毒、备急诸方、食治、平脉、针灸等，共计232门，收方5300种。特别值得注意的是，书中首创“复方”，这是孙思邈对医学的重大建树，是我国医学史上的重大革新。《千金翼方》是对《千金要方》的补编。此书收录了唐代以前本草书中所未有的药物，补充了很多方剂和治疗方法，首载药物八百余种。这两部书，合称为《千金方》，收集了大量的医药资料，是唐代以前医药成就的系统总结，也是我国现存最早的医学类书。

中国首位儿科专家——钱乙

钱乙，字仲阳，北宋郓州（今山东东平）人。他撰写的《小儿药证直诀》是我国现存的第一部儿科专著，它第一次系统地总结了对小儿的辨证施治法，使儿科自此发展成为独立的一门学科。后人视之为儿科的经典著作，把钱乙尊称为“儿科之圣”、“幼科之鼻祖”。

温病学的奠基人——叶天士

叶天士（1667～1746），名桂，号香岩，别号南阳先生，江苏吴县人，清代杰出的医学家，为温病学派的主要代表人物之一。叶天士生于医学世家，祖父叶时、父宋叶朝采都精通医术，尤其以儿科闻名。叶天士12岁开始从父学医，最擅长治疗时疫和痧痘等症，是中国最早发现猩红热的人，在温病学上的成就，尤其突出，是温病学的奠基人之一。他著的《温热论》，为我国温病学说的发展，提供了理论和辨证的基础。

“岐黄之术”

岐黄其实就是岐伯与黄帝的合称。据说黄帝和他的臣子岐伯都能治病，黄帝常与岐伯讨论医学，并以问答形式写成《黄帝内经》。其文简而意博，其理深奥有趣，是我国现存较早的一部医学文献。因而人们把“岐黄”视为医家之祖，“岐黄之术”即指中医学术，“岐黄再世”常被用以誉称高明医家。其实《黄帝内经》成书约在战国时期，只是托名于黄帝、岐伯而已，它汇集了古代医务人员和劳动人民长期与疾病作斗争的临床经验和理论知识。

藏医学

以藏族为主的少数民族在漫长的医疗实践中创造发展起来的传统医学，简称藏医学或藏医，是中国传统医学的重要组成部分，主要流行于藏族聚居的地区，包括西藏、青海、四川、甘肃、云南、内蒙古等省区；在国外，尤其是南亚地区如印度、尼泊尔等国，也较为流行。自20世纪以来，对西方国家也有一定的影响。

藏医兴起于松赞干布至赤松德赞时期，在藏族传统医学理论的基础上，吸收和借鉴汉医、印度医学理论而形成。藏医理论认为，人体内存在着“隆”（气）、“赤巴”（火）、“培根”（土和水）三大因素；饮食的精微、肉、血、脂肪、骨、髓、精七种物质基础；大便、小便、汗液三种排泄物。三大因素支配七种物质基础和三种排泄物的运行变化。认为人生病的原因在于环境、气候和饮食起居的影响及体内三大因素的失调。其诊断方法亦采用望闻问切，尤其重视舌苔与早晨首次小便的变化。将疾病分为热症与寒症两大类，并将病人分为“隆”型、“赤巴”型和“培根”型。药物治疗分内服和外治两种。内服药物采取“热者寒之”、“寒者温之”的原则。外治有灸疗、放血、拔罐、热酥油止血、青稞酒糟贴敷外伤患处等。常用药是由多种药物配制的成药，共有1400多种，其中一部分为青藏高原特产。

藏医理论系统完整，医学典籍众多。其中最著名的是公元8世纪宇妥·宁玛元丹贡布所著的《四部医典》。这部书的问世标志着藏医药学体系的形成，此后的藏医学都是在《四部医典》基础上发展起来的。

北京同仁堂

举世闻名的北京同仁堂药店位于宣武区大栅栏商业街路南20号，是一家历史悠久，驰名中外的老字号。同仁堂药店的前身是创办于清康熙八年（1669年）的同仁堂药室。创办者乐显扬，其曾祖父乐良才是走方郎中（旧时称负笈行医卖药、周游四方者为走方郎中。因手摇串铃，又称铃医），明永乐年间由浙江宁波迁京。清初，乐显扬当上了清太医院吏目，这才结束了祖传铃医生涯，于康熙八年（1669年）始创同仁堂药室。清康熙二十七年（1688年）乐显扬逝世，由其子乐凤鸣接续祖业，于康熙四十一年（1702年）在北京前门外大栅栏街路南开设了同仁堂药铺。他刻意精求丸散膏丹及各类剂型配方，分门汇集成书，该书收载宫廷秘方、古方、家传秘方、历史验方，汇集了中医药之精华，并为同仁堂制作药品建立起严格的工艺规范。自此以后，同仁堂制售的药品药到病除，名扬中外，同时也得到皇室的信任。清雍正元年（1723年），同仁堂开始供奉宫廷用药，成为皇家药铺。1954年，同仁堂在北京第一个带头申请公私合营，带动了许多民族工商业者。如今，同仁堂的十大名药为：牛黄解毒片、消栓再造丸、塞隆风湿酒、感冒清热颗粒、京制咳嗽痰喘丸、狗皮膏、儿童清肺口服液、安神健脑液、偏瘫复原丸、骨刺消痛液。

国际红十字会

国际红十字会是一个遍布全球的慈善救援组织，目的为推动“红十字运动”（或称“红十字与红新月运动”），是全世界组织最庞大，也是最有影响力的组织之一。国际红十字会系由瑞士银行家亨利·杜南创立。因此，红十字会将他的生日5月8日定为“世界红十字日”，为了对瑞士表示敬意，红十字标志立即调转瑞士国旗的颜色而成。

1863年，杜南与古斯塔·莫瓦尼埃、吉勒姆亨利·杜福尔、路易斯·阿皮亚及西奥多·莫诺瓦一同成立了“救援伤兵国际委员会”，即国际红十字运动的前身。1875年，改名为红十字国际委员会（International Committee of the Red Cross），并向外扩张至伊斯兰国家，但由于十字是基督教的宗教符号，伊斯兰教徒不愿意接受，1876 年在奥斯曼帝国采用“红新月”标志，波斯帝国采用古老的狮子和太阳图案。1929 年国际红十字会承认了这两个符号。伊朗霍梅尼政变取得政权后，废弃了红狮子会的符号，和其他伊斯兰教世界一样采用红新月符号。国际红十字运动于 1986 年改名为“红十字与红新月运动”，而红十字会联合会则于 1991 年改名为“红十字会与红新月会国际联合会”。

红十字运动一百多年来，由于在战时及平时对人类社会都有卓著的贡献，所以共获得 3 次诺贝尔和平奖，加上创办人亨利·杜南于 1901 年获得诺贝尔和平奖，总计红十字会获得 4 次最高的和平殊荣。

青霉素的发明

自古以来，传染病就是人类的大敌。直到青霉素被发现，传染病才得以治愈，人类的平均寿命也得以延长。青霉素是一种疗效非常好的抗菌素，是从青霉菌培养液中提制的药物，是第一种能够治疗人类疾病的抗生素。

青霉素的发现者是英国细菌学家弗莱明。1928 年的一天，弗莱明在他的一间简陋的实验室里研究导致人体发热的葡萄球菌。由于盖子没有盖好，他发觉培养细菌用的琼脂上附了一层青霉菌。这是从楼上的一位研究青霉菌的学者的窗口飘落进来的。使弗莱明感到惊讶的是，在青霉菌的近旁，葡萄球菌忽然不见了。这个偶然的发现深深吸引了他，他设法培养这种霉菌进行多次试验，证明青霉素可以在几小时内将葡萄球菌全部杀死。弗莱明据此发明了葡萄球菌的克星——青霉素，并把它命名为“盘尼西林”。但当时未引起重视，而且青霉素的提纯问题也还没有解决。

1935 年，英国病理学家弗洛里和侨居英国的德国生物化学家钱恩合作，终于解决了青霉素的浓缩问题。当时正值二战期间，青霉素的研制和生产转移到了美国。青霉素的大量生产，拯救了千百万伤病员。这一造福人类的贡献使弗莱明、钱恩和弗洛里共同获得了 1945 年诺贝尔生理学和医学奖。

注射青霉素为什么要做皮试

皮试是皮肤（或皮内）敏感试验的简称。某些药物在临床使用过程中容易发生过敏反应，如青霉素、链霉索、细胞色素 C 等，常见的过敏反应包括皮疹、荨麻疹、皮炎、发热、血管神经性水肿、哮喘、过敏性休克等，其中以过敏性休克最为严重，甚至可导致死亡。为了防止过敏反应的发生，特别是严重过敏反应的发生，规定一些容易发生过敏反应的药物在使用前需要做皮肤敏感试验，皮试阴性的药物可以给病人使用，皮试阳性的则禁止使用。特别要注意的是，口服这类药物也应当做皮试。

天花的灭绝

天花，是世界上流行时间最长的一种传染病。早在 3000 多年前的埃及木乃伊上，人们就发现了天花疤痕。在对抗天花的过程中，中国古代的医人们发明了“人痘接种术”。即根据以毒攻毒的原理，取天花患者疮中脓汁敷于皮肤的办法预防天花。但由于人痘接种术的局限性，因而并不能广泛应用。

18 世纪 70 年代，爱德华 · 琴纳对牛的一种疾病——牛痘发生了兴趣。所谓牛痘，就是一种温和的天花病，因为是在牛及其他牲畜体内发现的，故叫牛痘。琴纳在他居住的乡村观察到一个有趣的现象：凡是和农场牲畜打交道的人，大多不得天花，而那些挤牛奶的女工，从未患过天花，这件事既让琴纳吃惊又让他纳闷。经过 20 多年的探索、研究，1796 年 5 月的一天早晨，他用清洁的柳叶刀在一个叫杰米的 8 岁孩子的两条胳膊上划破几道，接种上牛痘浆。事实证明，这是一预防生天花的正确而有效的途径，牛痘疫苗从此产生了。由于牛痘法比人痘法更安全，所以很快在全世界普遍推广。1977 年 10 月 26 日，联合国卫生组织在索马里发现最后一例天花病例。1980 年，联合国在内罗毕宣告“天花已经在世界上绝迹”。

狂犬病

狂犬病（Rabies）即疯狗病，又称恐水病 Hydrophobia)，是由狂犬病毒引起感染所致的以损害中枢神经系统为主的一种自然疫源性或动物源性的急性传染病。狂犬病是一种人、兽（畜）共患的死亡率极高的传染病，多由携带狂犬病病毒的犬、狼、猫、鼠等肉食动物咬伤或抓伤而感染。临床表现为特有的狂躁、恐惧不安、怕风恐水、流涎和咽肌痉挛，终至发生瘫痪而危及生命。狂犬病的潜伏期短到 10 天，长至 2 年或更长，一般为 31 天至 60 天，15% 发生在 3 个月以后，视被咬部位距离中枢神经系统的远近和咬伤程度，或感染病毒的剂量而异。已感染狂犬病毒未发病的动物同样能使人发生狂犬病。

目前，狂犬病虽有疫苗可供预防，但没有特异的有效治疗，发病后 90% 以上病人都会死亡，因此做好预防至关重要。

万金油

万金油其实就是清凉油。万金油的主要成分是薄荷脑、薄荷油、桉叶油、樟脑、丁香油等，现代科学已经确定，这些成分有抗偏头痛、抗抑郁、止呕吐、抗昏迷、兴奋和止痛作用，当它们以一定的配方组合在一起时，药效由于协同作用而得到加强，比单一成分强得多。万金油的发明人是福建的胡文虎、胡文豹兄弟俩。清同治初年，胡氏兄弟随父在缅甸的仰光开了一家药铺，由于缅甸位于东南亚，属于热带季风气候，天气炎热，雨水充沛，蚊蝇虫豸繁多，胡文虎据此开始研究中草药，并吸取了南洋等国的民间草药配方，制成了“虎标万金油”。当人们遇到蚊虫叮咬、皮肤瘙痒或者有轻度烫伤时，取万金油涂抹患处，即能活血消肿、镇痛止痒；此外，当伤风、头痛时，取万金油涂在印堂、太阳穴处，便有清凉缓解之效。

X 射线

1895 年，德国科学家威廉·伦琴对其妻子的左手骨骼拍照时，偶然发现了 X 射线及其强大威力。这项具有深远意义的创新于 20 世纪 20 年代开始应用于日常医疗。这种带有阴影的灰色照片实际上打开了一扇通向身体内部“宫殿”的窗户。现在，医生们可以通过它观察骨折部位，肿瘤和肺部充血情况。超声波、CT 扫描、PET 扫描和核磁共振成像等技术也接踵而至，各种技术都可在无需进入身体内部的情况下为体内器官提供不同的视图。

血压计的发明

血压计就是用于测量人体血压的工具，它的发明与研制源于18世纪初的英国。英国医生哈尔斯把自己饲养的一匹马作为测试血压的对象。他将一根9英尺长的玻璃管与一根铜管的一端相连接，接着将铜管的另一端插入马腿的动脉内，然后使玻璃管垂直，让马腿动脉血管里的血顺着玻璃管上升，这样就测得马的血压为83英寸的高度。这就是世界上的第一次血压测量。但是，这样测量血压既不安全，也不方便，特别是对血管的破坏更严重，难以用于人体。于是，到1896年，意大利人里瓦罗克西在哈尔斯测量马的血压的试验基础上，终于改制成了一种不破坏血管的血压计。这种血压计由袖带、压力表和气球三个部分构成。测量血压时，将袖带平铺缠绕在手臂上部，用手捏压气球，然后观察压力表跳动的高度，以此推测血压的数值。但是，它也有很大的缺陷，只能测量动脉的收缩压，而且测量出的数值也只是一个推测性的约数，欠准确性。为了克服这些不足，大约10年后，俄国人尼古拉科洛特科夫对罗克西的血压计的基本构造不变，只是在测定血压时，另在袖带里面靠肘窝内侧动脉搏动处放上听诊器。在测量时，当听到听诊器中传出的第一个声音时，水银柱所达到的高度就是收缩压，接着水银柱下降，到脉搏跳动声音变弱时，此时水银柱所在的高度就是舒张压。这种血压计测定血压的方法既科学，又安全、准确。所以，它一直沿用至今。

钡餐

在医院里，医生准备给胃、肠病患者进行X光照相时，常常给病人吃一种无色无味的白色粉糊，过半小时后，才进行X光射线拍摄。这白色的粉糊在医疗术语上就称作钡餐。钡餐其实就是用于消化道检查的药用硫酸钡，因为它不溶于水和脂质，所以不会被胃肠道黏膜吸收，因此对人基本无毒性。

为什么硫酸钡可以用于消化道X光照射？这是因为它是碱土金属硫酸盐中溶解度最小的，常温时，每100克水中的溶解量为0.00025克，它是钡盐中唯一没有毒的一种，对人体无害，而且不容易被x射线透过。因此，当病人吃“钡餐”后，能清晰地拍得X射线照片，否则拍出的底片上，除了几根骨头的影子外，别无一物，无法进行诊断。硫酸钡除了用作“钡餐”外，最主要的用途是作为白色颜料——钡白，是与硫化锌的混合物，置于空气中很久，依然是白色的。

人工胰岛素

1921年，加拿大多伦多大学的弗雷德里克·班廷和查尔斯·贝斯持从狗的体内分离出消耗糖所需的活性物质——胰岛素。他们把这种物质注入一条患有糖尿病、濒临死亡的狗身上，这条狗的病情很快就出现了好转。第二年，他们在一名生命垂危的14岁男孩身上尝试了类似的实验。这名男孩子的血糖水平几乎立刻就降了下来。随后，这种激素进入大规模生产。尽管它不能彻底治愈糖尿病，但它是一种重要的救命药物。

艾滋病

艾滋病是英语AIDS的中文译名，AIDS是获得性免疫缺陷综合征（Acquired ImmunoDeficiency Syndrome）的英文缩写。它是由于感染了人类免疫缺陷病毒（简称HIV）后引起的一种致死性传染病。HIV主要破坏人体的免疫系统，使机体逐渐丧失防卫能力而不能抵抗外界的各种病原体，因此极易感染一般健康人所不易患的感染性疾病和肿瘤，最终导致死亡。艾滋病的传播途径有四种：性交传播、血液传播、共用针具的传播和母婴传播。

艾滋病起源于非洲，后由移民带入美国。1981年6月5日，美国亚特兰大疾病控制中心在《发病率与死亡率周刊》上简要介绍了5例艾滋病病人的病史，这是世界上第一次有关艾滋病的正式记载。1982年，这种疾病被命名为“艾滋病”。不久以后，艾滋病迅速蔓延到各大洲。日前，世界上每天都有万余人新感染上艾滋病病毒。

DNA 的发现

20 世纪最伟大的发现就是 DNA（脱氧核糖核酸）。1953 年，剑桥大学的詹姆斯·沃森和弗朗西斯·克里克发现了 DNA 的双螺旋结构。一个梯级就是一个遗传密码单位，它们集合在一起，包含了生命的所有信息。DNA 双螺旋提出后，被认为是 20 世纪以来生物科学中最伟大的成果。它为生物科学、农业科学、医学的发展开辟了新天地，为破译生物的遗传密码提供了依据，导致遗传工程学的出现。用人工的方法将生物体内的 DNA 分离出来，重新组合搭配，再放回生物体内，创造新的品种，成为 20 世纪下半叶最活跃的领域。例如我国科学家成功实验的杂交水稻，抗棉铃虫棉花等等，都是 DNA 重组的产物；目前国际上正热门的克隆技术，也是 DNA 的绝妙之作。

亲子鉴定

亲子鉴定就是利用医学、生物学和遗传学的理论和技术，从子代和亲代的形态构造或生理机能方面的相似特点，分析遗传特征，判断父母与子女之间是否是亲生关系。亲子鉴定在中国古代就已有之，如滴骨验亲、滴血验亲等。现代的亲子鉴定方法主要有：血型测试、染色体多态性鉴定以及 DNA 鉴定。目前用得最多的就是 DNA 分型鉴定。人的血液、毛发、唾液、口腔细胞等都可以用于亲子鉴定，十分方便。DNA 亲子鉴定的准确率可达到 99.99%。

性别由什么决定

人类的染色体数目共有 46 条，其中 44 条为常染色体（autosome），2 条为性染色体（sexchromosome）。女性的性染色体组成为 2 条 X 染色体（xx），男性的性染色体组成为 1 条 x 染色体和 1 条 Y 染色体（xy）。常染色体没有性别的差异，46 条染色体按其形态特征可配对成 23 对，每对分别来自生父和生母，称对应染色体（homologous）。

性别决定于受精时精子携带的性染色体是 X 还是 Y。受精时，如果 Y 精子与卵子结合，组合为 XY 性染色体核型时，则为男性；受精时，如果 X 精子与卵子结合，组合为 XX 性染色体核型时，则为女性。所以说，生男还是生女起决定作用的是孩子的父亲。

奇怪的双胞胎

双胞胎可以分为同卵双胞胎和异卵双胞胎。同卵双胞胎是一个受精卵分裂而成的，同卵双胞胎的发生要经过两个步骤：第一步，卵子受精成为受精卵；第二步，受精卵一分为二，各自发育成一个成体。而异卵双胞胎则是不同的卵子被不同的精子授精形成不同的受精卵发育而成。由于同卵双胞胎具有完全相同的基因，所以他们的性别相同，长相近似；异卵双胞胎因为只有一半相同的基因，所以他们既可以是两男、两女，也可能是一男一女，而且长相一般差别较大。

中华骨髓库

中国造血干细胞捐献者资料库亦称“中华骨髓库”，英文缩写 CMDP。她的前身是 1992 年经卫生部批准建立的“中国非血缘关系骨髓移植供者资料检索库”。2001 年，在政府有关部门的支持下，中国红十字会重新启动了建设资料库的工作。同年 12 月，成立中国造血干细胞捐献者资料库管理中心，统一管理和规范开展志愿捐献者的宣传、组织、动员，HLA（自细胞抗原）分型，为患者检索配型相合的捐献者及移植相关服务等。

白化病

白化病是一种较常见的皮肤及其附属器官黑色素缺乏所引起的疾病。这类病人通常是全身皮肤、毛发、眼睛缺乏黑色素，因此表现为眼睛视网膜无色素，虹膜和瞳孔呈现淡粉色，怕光，看东西时总是眯着眼睛，皮肤、眉毛、头发及其他体毛都呈白色或白里带黄。人们将这类病人俗称为“羊白头”。

事实上，人体表现出不同的肤色是由于人体皮肤中含有的黑色素多少不一的缘故。黑种人皮肤的黑色素最多，而黄种人皮肤中的黑色素较少，而白种人皮肤中的黑色素最少。白化病的患者则是由于机体中缺少一种酶——酪氨酸酶，患者体内的黑色素细胞不能将酪氨酸酶变成黑色素。白化病属于隐性遗传。

色盲

先天性色觉障碍通常称为色盲，患者不能分辩自然光谱中的各种颜色或某种颜色，而对颜色的辨别能力差的则称色弱，它与色盲的界限一般不易区分，只不过轻重程度不同罢了。根据三原色学说，可见光谱内任何颜色都可由红、绿、蓝三色组成。如能辨认三原色为正常人，三种原色均不能辨认称为全色盲。辨认任何一种颜色的能力降低者称色弱，主要有红色弱和绿色弱。如有一种原色不能辨认都称色盲，主要为红色盲与绿色盲，红绿色盲极为常见。

一般认为，红绿色盲决定于x染色体上的两对基因，即红色盲基因和绿色盲基因。由于这两对基因在x染色体上是紧密连锁的，因而常用一个基因符号来表示。红绿色盲的遗传方式是X连锁隐性遗传。男性仅有一条X染色体，因此只需一个色盲基因就表现出色盲。女性有两条X染色体，因此需有一对致病的等位基因，才会表现异常。一个正常女性如与一个色盲男性婚配，父亲的色盲基因可随x染色体传给他们的女儿，不能传给儿子。女儿再把父亲传来的色盲基因传给她的儿子，这种现象称为交叉遗传，因而男性色盲患者远多于女性患者。

ABO 血型

ABO 血型仅仅是多个血型系统中的一个而已，其他还有 MN、Rh 血型系统等等。血型是由红细胞表面带的血型抗原决定的。血型抗原有多种，而ABO 血型系统则是红细胞膜上带有抗原 A 或抗原 B 或都不带或都带。带有 A

抗原的血型为 A 型血，带有 B 抗原的血型为 B 型血；红细胞表面既不带抗原 A，也不带抗原 B，则为 O 型血；两者都有，则为 AB 型血。

人类 ABO 的血型是属于共显性遗传的。因此知道了双亲的血型，便可推测子女中可能出现的血型或不可能出现的血型。例如知道母亲为 AB 型血，而父亲为 O 型血。则子女的血型可能为 A 型或 B 型，但不可能为 O 型和 AB 型。

非典型性肺炎

非典型性肺炎（SARS）是指还没找到确切的病源，尚不明确病原体的肺炎。目前特指在中国 2003 年流行的非典型性肺炎。

非典型肺炎是相对典型肺炎而言的，典型肺炎通常是由肺炎球菌等常见细菌引起的。症状比较典型，如发烧、胸痛、咳嗽、咳痰等，实验室检查血白细胞增高，抗菌素治疗有效。非典型肺炎本身不是新发现的疾病，它多由病毒、支原体、衣原体、立克次体等病原引起，症状、肺部体征、验血结果没有典型肺炎感染那么明显，一些病毒性肺炎抗菌素无效。非典型肺炎是指一组由上述非典型病原体引起的疾病，而不是一个明确的诊断。非典型肺炎大多数人感染 4 天后发病，以发烧为首位症状，体温持续 39℃ 以上数日。部分人可伴有头痛、畏寒、乏力、关节痛、全身酸痛、腹泻。呼吸道症状明显，干咳、少痰，偶有血丝痰，重则 5 天后出现呼吸加速、憋气等呼吸困难症状，极个别病人出现呼吸衰竭，如诊治延误可引起死亡。

医学美容

医学美容是通过医学手段，包括药物、仪器及手术等，以达到改变人体外部形态、色泽及部分改善其生理功能，增强人体外在美感为目的，而进行的一系列创伤性的治疗。且“创伤性”是医学美容区别于生活美容的根本点，即凡是有一定创伤的美容治疗一定是医学美容的范畴，比如割双眼皮、隆鼻、去皱等。只有具备合法的医学美容经营资质，且拥有取得国家执业医师资格证的医师，才能开展医学美容。

近视、远视、散光和老花眼

近视是平行光进入眼内后在视网膜之前形成焦点，外界物体在视网膜不能形成清晰的影像，病人主观感觉看远模糊，看近还清楚，用凹透镜矫正近视。

远视是平行光线进入眼内后在视网膜之后形成焦点，外界物体在视网膜不能形成清晰的影像。病人主观感觉看远模糊，看近更模糊。用凸透镜矫正远视。轻度的远视，通过晶体的调节，主观感觉不明显。

散光是平行光经椭圆形的屈光面成像后，在视网膜不能形成清晰影像，有近视散光、远视散光、近视远视散光同时存在。散光可以用带柱镜的眼镜矫正，也可以用隐形眼镜矫正，硬性隐形眼镜矫正散光很好。

老花眼和远视是不同的。远视是一种屈光不正，主要表现视远不清，视近更不清，视物疲劳。远视自幼发生。老花是一种自然的生理老化现象，随着调节力下降，从 40 岁左右开始，无论有无近视或远视均会发生老花。表现为将阅读物放远些才能看清楚，到一定时候需用正透镜帮助看清。

中风

中风（applexy）是以突然晕倒、不省人事，伴口角歪斜、语言不利、半身不遂，或不经昏倒仅以口歪、半身不遂为临床主症的疾病。因发病急骤，症见多端，病情变化迅速。本病发病率和死亡率较高，常留有后遗症，是威胁人类生命和生活质量的重大疾患。

肝炎都传染吗

肝炎泛指肝脏发炎，而人们通常所说的传染性肝炎指的是病毒性肝炎，只是众多肝炎中的一种。病毒性肝炎都有不同程度的传染性，传播途径复杂、流行面广、发病率高是其特点。目前已明确的病毒性肝炎主要有甲型、乙型、丙型、丁型和戊型5种。近年又发现有已型、庚型和TTV肝炎。另外，一些较为少见的病毒感染人体后，也可以导致病毒性肝炎，如EB病毒、巨细胞病毒、黄热病病毒、某些肠道病毒等，也有一定传染性。

而酒精性肝炎，自身免疫性肝炎，药物性肝炎、细菌、真菌、立克次体、螺旋体及某些病原虫和寄生虫的感染引起的肝脏发炎等，生活中也常见到，都没有传染性。

大三阳，小三阳，以及“两对半”

“大三阳”是指在乙肝检查中HbsAg阳性，HBeAg阳性，抗HBc阳性。“小三阳”是指在乙肝检查中HbsAg阳性，抗HBe阳性，抗HBc阳性。“两对半”是指在乙肝检查中Hh. sAg、HbeAg，抗HBs、抗Hbe和抗HBc。

“大三阳”表示病毒复制活跃，常同时伴有乙肝病毒DNA（脱氧核糖核酸）阳性，说明具有较强的传染性；“小三阳”表示病毒已基本停止复制，若乙肝病毒DNA阴性，则基本不再具有传染性。

无论患者是“大三阳”还是“小三阳”，如果肝功能止常，又没有明显的症状，都称为乙肝病毒携带者，而不能诊断为乙肝患者。乙肝病毒携带者中，大多数人是在婴幼儿时期感染乙肝病毒，由于当时机体免疫系统发育尚未完全成熟，无力清除病毒，容忍乙肝病毒与其长期和平共处，而成为携带者的。乙肝病毒携带者不适于药物治疗，等待自然转阴才是明智之举。他们可以正常生活、学习和工作，但不宜从事餐饮服务和保育工作。

第九章　经济贸易

五铢钱

汉初，允许私铸货币，造成币制混乱和铸币失控，于是汉武帝在统治期间先后进行了六次币制改革。元狩五年（前 118 年）进行的第四次币制改革中，“废三铢钱，改铸五铢钱”。钱形圆，有方孔，正反两面都有外廓，同文字一样高低，保护钱文不受磨损，钱重五铢（约 3.33 克），铸有篆字“五铢”二字。西汉时的五铢钱有郡国五铢、赤（侧）仄五铢、三官五铢、宣帝五铢以及小五铢、金五铢等等。此后至公元 739 年间，各代均有铸造，但形状大小不尽相同。唐高祖武德四年（621 年）废五铢，改铸开元通宝，但五铢钱继续在民间流通。

交子

交子是世界上最早的纸币，从北宋初年在四川成都开始流行。北宋时期商业繁荣、商品交易发达，然而黄金、白银以及铜钱在大宗买卖中携带起来极不方便，于是一些商人就发明了一种制楮（纸）的卷。他们在楮卷上暗藏标记，隐蔽密码，并以此代替钱币进行商品交易，当时这种楮卷被称为“交子”。“交子”出现以后，就有了商人所开设的专门经营“交子”的铺子。宋仁宗圣元年（1023 年），“交子”改由地方政府垄断发行，并禁止民间私造，设置了益州“交子务”，发行“官交子”。1105 年，“交子”改称“钱引”，在全国大部分地区通用。到了元代，进一步完善了纸币制度。意大利旅行家马可·波罗来到中国后，发现了元代使用的纸币，于 1298 年撰写的《马可·

波罗记》中，详细介绍了我国纸币印制工艺和发行流通的情况，从此，纸币传入欧洲。最早的欧洲纸币 1661 年由瑞典发行。

自动柜员机

自动柜员机，即 ATM，是指银行在不同地点设置一种小型机器，利用一张信用卡大小的胶卡上的磁带记录客户的基本户口资料（通常就是银行卡），让客户可以通过机器进行提款、存款、转账等银行柜台服务，但是大多数客户都把这种自助机器称为提款机。

并非所有地区的 ATM 服务都是免费的，澳大利亚和新西兰都会对客户每次利用 ATM 提存款项而收取少量费用。并非所有 ATM 都是 24 小时服务的，在韩国，只有标明“24 时间 Service”（即 24 小时服务）的 ATM 才是，少量只在银行办公时才提供服务，其他的大多数会在 22 时停止运作。使用 ATM 时，要留意机种是否匹配。在美国和韩国有不少旧式 ATM 只能输入四位数字的密码，如果你的提款卡需要输入六位的密码，请放弃并使用其他提款机。

华尔街

华尔街（wall street）号称西方的金融中心，是美国纽约市曼哈顿区南部从百老汇路延伸到东河的一条大街道的名字，长不超过一英里，宽仅 11 米，是英文“墙街”的音译。荷兰统治时，在这里筑过一道防卫墙。英国人赶走荷兰人后，拆墙建街，因而得名。

这条街上的联邦厅曾是美国第一届国会的所在地，首任总统华盛顿就是在这里宣誓就职的。由于华尔街设有纽约证券交易所、美国证券交易所、投资银行、政府和市办的证券交易商、信托公司、联邦储备银行、各公用事业和保险公司的总部以及棉花、咖啡、糖、可可等商品交易所，所以一般常把华尔街作为垄断资本的代名词。垄断资本从这里支配着美国的政治、经济。可以说，华尔街是金融和投资高度集中的象征。

信用卡

信用卡是商业银行向个人和单位发行的，凭以向特约单位购物、消费和向银行存取现金，具有消费信用的特制载体卡片，其形式是一张正面印有发卡银行名称、有效期、号码、持卡人姓名等内容，背面有磁条、签名条的卡片。信用卡按是否向发卡银行交存备用金分为贷记卡、准贷记卡两类，贷记卡是发卡银行给予持卡人一定的信用额度，持卡人可在信用额度内先消费、后还款的信用卡。准贷记卡则是先按发卡银行要求交存一定金额的备用金的信用卡。我们现在所说的信用卡，一般单指贷记卡。

信用卡起源于美国。最早发行信用卡的机构是一些百货商店、饮食业、娱乐业和汽油公司。他们为招徕顾客，推销商品，有选择地在一定范围内发给顾客一种类似金属徽章的信用筹码，顾客可以在这些发行筹码的商店及其分号赊购商品，约期付款。这就是信用卡的雏形。1950 年春，美国商人麦克纳马拉与他的好友施奈德合作投资一万美元，在纽约创立了“大来俱乐部”(Diners Club)，即大来信用卡公司的前身。1952 年，美国加利福尼亚州的富兰克林国民银行作为金融机构首先发行了银行信用卡。1959 年，美国的美洲银行在加利福尼亚州发行了美洲银行卡。此后，许多国家的许多银行都加入了发卡银行的行列。

布雷顿森林体系

布雷顿森林体系是以 1944 年 7 月在联合国“联盟国家国际货币金融会议”上通过的《布雷顿森林协定》为基础建立的美元为中心的资本主义货币体系。1944 年 7 月，44 个国家或政府的经济特使聚集在美国新罕布什尔州的布雷顿森林，商讨战后的世界贸易格局。会议通过了《国际货币基金协定》，决定成立一个国际复兴开发银行（即世界银行）和国际货币基金组织，以及一个全球性的贸易组织，前两者总称“布雷顿森林协定”，确立了以美元为中心的国际货币体系，即布雷顿森林体系。1971 年和 1973 年尼克松政府两次宣布美元贬值，自此西方各主要国家的货币同美元的比价，由固定汇率制变为浮动汇率制，标志着“布雷顿森林体系”的瓦解。

国际货币基金组织

国际货币基金组织（the International Monetary Fund，IMF），是政府间的国际金融组织。它是根据1944年7月在美国召开的国际货币金融会议上通过的《国际货币基金协定》而建立起来的。于1945年12月27日正式成立，1947年3月1日开始办理业务。同年11月15日成为联合国的一个专门机构，但在经营上有其独立性。至今，IMF已有182个成员。

基金组织设5个地区部门（非洲、亚洲、欧洲、中东、西半球）和12个职能部门（行政管理、中央银行业务、汇兑和贸易关系、对外关系、财政事务、国际货币基金学院、法律事务、研究、秘书、司库、统计、语言服务局）。IMF主要业务活动有：向成员提供货款，在货币问题上促进国际合作，研究国际货币制度改革的有关问题，研究扩大基金组织的作用，提供技术援助和加强同其他国际机构的联系。

世界银行

国际复兴开发银行（International Bank for Reconstruction and Development，IBRD）通称“世界银行”（World Bank）。根据1944年7月在美国布雷顿森林举行的联合国货币金融会议上通过的《国际复兴开发银行协定》而建立，1945年12月27日，国际复兴开发银行正式成立。1946年6月25日开始营业，1947年11月5日起成为联合国专门机构之一，是世界上最大的政府间金融机构之一。总部设在美国华盛顿。

世界银行主要下设机构有最高权力机构理事会和执行董事会。该行历届行长都由美国总统提名，均为美国人。行长同时兼任国际开发协会会长、国际金融公司主席、多国投资保证机构的主席等职。截至2007年1月世界银行拥有185个成员国，总资金额达1882.2亿美元。1980年5月，中国恢复了在世界银行的合法席位。

世界银行有三个限制条件：1. 只有参加国际货币基金组织的国家，才允许申请成为世界银行的成员，贷款是长期的，一般为15－20年不等，宽限期为5年左右，利率为6.3%左右。2. 只有成员国才能申请贷款，私人生产性企业申请贷款要由政府担保。3. 成员国申请贷款一定要有工程项目计划，专款专用，世界银行每隔两年要对其贷款项目进行一次大检查。

世界贸易组织（WTO）

1994年4月15日，在摩洛哥举行的关贸总协定乌拉圭回合部长会议决定成立更具全球性的世界贸易组织（World Trade Organization，简称WTO），以取代成立于1947年的关贸总协定（GATT）。1995年1月1日正式开始运作，总部设在瑞士日内瓦。1996年1月1日，WTO正式取代关贸总协定临时机构。

WTO的宗旨是促进经济和贸易发展，以提高生活水平、保证充分就业、保障实际收入和有效需求的增长；根据可持续发展的目标合理利用世界资源、扩大货物和服务的生产；达成互惠互利的协议，大幅度削减和取消关税及其他贸易壁垒并消除国际贸易中的歧视待遇。

WTO成员分四类：发达成员、发展中成员、转轨经济体成员和最不发达成员。截至2006年4月16日，世界贸易组织有149个成员，中国于2001年11月正式加入该组织。2007年1月，越南成为世贸组织第150个正式成员。

欧元

欧元（EURO）是欧洲货币联盟（EMU）国家单一货币的名称，是EMU国家的统一法定货币。1999年1月1日起在奥地利、比利时、法国、德国、芬兰、荷兰、卢森堡、爱尔兰、意大利、葡萄牙和西班牙11个国家开始正式使用。希腊于2000年加入欧元区，成为欧元区第12个成员国。欧元于2002年1月1日正式流通，欧元区的各成员国原流通货币从2002年3月1日起停止流通。

欧佩克

1960 年 9 月 14 日，世界产油大国为了维护自身利益，在伊拉克首都巴格达成立石油输出国组织，简称欧佩克（OPEC）。创始成员国有 5 个，它们是：伊朗、伊拉克、科威特、沙特阿拉伯和委内瑞拉。1962 年 11 月 6 日，欧佩克在联合国秘书处备案，成为正式的国际组织。总部设在奥地利首都维也纳。欧佩克旨在通过消除有害的、不必要的价格波动，确保国际石油市场上石油价格的稳定，保证各成员国在任何情况下都能获得稳定的石油收入，并为石油消费国提供足够、经济、长期的石油供应。

欧佩克主要机构有欧佩克大会、欧佩克理事会、欧佩克秘书处等。欧佩克大会是该组织的最高权力机构，各成员国向大会派出以石油、矿产和能源部长（大臣）为首的代表团。大会每年召开两次，如有需要还可召开特别会议。

目前，欧佩克共有 11 个成员国，它们是：阿尔及利亚、印度尼西亚、伊朗、伊拉克、科威特、利比亚、尼日利亚、卡塔尔、沙特阿拉伯、阿拉伯联合酋长国和委内瑞拉。

国内生产总值

国内生产总值（gross domestic product，简称 GDP）是指一个国家或地区所有常住单位在一定时期内（通常为 1 年）生产活动的最终成果。国内生产总值有三种表现形态，即价值形态、收入形态和产品形态。从价值形态看，它是所有常住单位在一定时期内所生产的全部货物和服务价值超过同期投入的全部非固定资产货物和服务价值的差额，即所有常住单位的增加值之和；从收入形态看，它是所有常住单位在一定时期内所创造并分配给常住单位和非常住单位的初次分配收入之和；从产品形态看，它是最终使用的货物和服务减去进口货物和服务。

GDP 的测算有三种方法：生产法：GDP = 各产业部门的总产出 − 各产业部门的中间消耗；收入法：GDP = 各产业部门劳动者报酬 + 各产业部门固定资产折旧 + 各产业部门生产税净额 + 各产业部门营业利润；支出法：GDP = 总消费 + 总投资 + 净出口。

通货膨胀与通货紧缩

通货膨胀最初指因纸币发行量超过商品流通中的实际需要量而引起的货币贬值现象。纸币流通规律表明，纸币发行量不能超过它代表的金银货币量，一旦超过了这个量，纸币就要贬值，物价就要上涨，从而出现通货膨胀。通货膨胀只有在纸币流通的条件下才会出现，在金银货币流通的条件下不会出现此种现象。

若市场上流通的货币减少，人民的货币所得减少，购买力下降，引起物价下跌，则会造成通货紧缩。长期的货币紧缩会抑制投资与生产，导致失业率升高及经济衰退。经济学者普遍认为，当消费物价指数（cpi）连跌两个季度，即表示已出现通货紧缩。通货紧缩就是物价、工资、利率、粮食、能源等统统不能停顿的持续下跌，而且全部处于供过于求的状况。

没有出现通货膨胀或极低度通货膨胀称之为稳定性物价。在若干场合中，通货膨胀一词意为提高货币供给，此举有时会造成物价上涨。

道·琼斯指数

道·琼斯指数是世界上历史最为悠久的股票指数，它的全称为股票价格平均指数。它以在纽约证券交易所挂牌上市的一部分有代表性的公司股票作为编制对象，由四种股价平均指数构成，分别是：①以 30 家著名的工业公司股票为编制对象的道·琼斯工业股价平均指数；②以 20 家著名的交通运输业公司股票为编制对象的道·琼斯运输业股价平均指数；③以 6 家著名的公用事业公司股票为编制对象的道·琼斯公用事业股价平均指数；④以上述三种股价平均指数所涉及的 56 家公司股票为编制对象的道·琼斯股价综合平均指数。在四种道·琼斯股价指数中，以道·琼斯工业股价平均指数最为著名，它被大众传媒广泛地报道，并作为道·琼斯指数的代表加以引用。

道·琼斯指数由美国报业集团——道·琼斯公司负责编制并发布，登载在其属下的《华尔街日报》上。历史上第一次公布道·琼斯指数是在 1884 年 7 月 3 日，当时的指数样本包括 11 种股票，由道·琼斯公司的创始人之一、

《华尔街日报》首任编辑查尔斯·亨利·道编制。1928 年 10 月 1 日起其样本股增加到 30 种并保持至今，但作为样本股的公司已经历过多次调整。

上市公司

上市公司是指依法公开发行股票，并在获得证券交易所审查批准后，其股票在证券交易所上市交易的股份有限公司。上市公司是股份有限责任公司的一种，具有股份有限公司的一般特点。与非上市公司相比，上市公司最大的特点在于可利用证券市场进行筹资，广泛地吸收社会上的闲散资金，从而迅速扩大企业规模，增强产品的竞争力和市场占有率。因此，股份有限公司发展到一定规模后，往往将公司股票在交易所公开上市作为企业发展的重要战略步骤。从国际经验来看，世界知名的大企业几乎全是上市公司。例如，美国 500 家大公司中有 95% 是上市公司。

印花税

印花税是对经济活动和经济交往中书立、领受的应税经济凭证所征收的一种税。印花税是一个很古老的税种，它起源于荷兰。公元 1624 年，荷兰发生经济危机，政府财政困难，于是当时的统治者摩里斯（Maurs）提出要用增加税收的办法来解决支出的困难，但又怕人民反对，便要求政府的大臣们出谋献策。众大臣束手无策，最后只好公开招标，以重赏来寻求新税设计方案。印花税便由此而来。印花税的设计者观察到人们在日常生活中使用契约、借贷凭证之类的单据很多，一旦征税，税源将很大；而且，人们还有一个心理，认为凭证单据上由政府盖个印，就成为合法凭证，在诉讼时可以有法律保障，因而对交纳印花税也乐于接受。正是这样，印花税被资产阶级经济学家誉为税负轻微、税源畅旺、手续简便、成本低廉的“良税”。

从 1624 年世界上第一次在荷兰出现印花税后，由于印花税“取微用宏”，简便易行，欧美各国竞相效法。丹麦在 1660 年、法国在 1665 年、美国在 1671 年、奥地利在 1686 年、英国在 1694 年先后开征了印花税。印花税逐渐成为世界上普遍采用的一个税种。

超级市场

超级市场是英文 super maket 的直译，即以顾客自选方式经营的大型综合性零售商场，又称自选商场。是许多国家特别是经济发达国家的主要商业零售组织形式。

超级市场产生于1930年的美国纽约，被称为零售业的第三次革命。1930年8月美国人迈克尔－库仑在美国纽约州开设了第一家超级市场——金库仑联合商店。当时，美国正处在经济大危机时期，迈克尔·库仑为了保证售价的低廉，就以连锁的方式开设分号，建立起保证大量进货的销售系统。它首创了自助式销售方式，采取一次性集中结算。

超级市场中最初经营的主要是各种食品，以后经营范围日益广泛，几乎无所不包。超级市场里的商品均事先分门别类地摆放在货架上，明码标价。顾客可以随意挑选。超级市场广泛使用电子计算机和其他现代化设备，便于管理人员迅速了解销售情况以及结算，因而提高了工作效率，扩大了销售数量，降低了成本，所以商品价格相对低廉，受到广大顾客的欢迎。

20世纪30年代中期以后，超级市场这种零售组织形式由美国逐渐传到了日本和欧洲。1978年传入中国，当时称作自选商场。

电子商务

电子商务源于英文 ELECTRONIC COMMERCE，简写为 EC。电子商务有广义和狭义之分。广义的电子商务是指使用各种电子工具从事商贸活动，这些工具包括从初级的电报、电话、广播、电视、传真到计算机、计算机网络，到 NII（国家信息基础结构、信息高速公路、GII（全球信息基础结构）和 Internet 等现代系统。狭义电子商务定义为主要利用 Internet 从事商贸活动。最完整最高级的电子商务就是利用 Internet 网络进行全部的贸易活动，即在网上将信息流、商流、资金流和部分的物流完整地实现；也就是说，从寻找客户开始，一直到洽谈、订货、在线付（收）款、开具电子发票以至到电子报关、电子纳税等通过 Internet 一气呵成。

要实现完整的电子商务还要涉及很多方面，除了买家、卖家外，还要有银行或金融机构，政府机构、认证机构、配送中心等机构的加入。由于参与电子商务中的各方在物理上是互不谋面的，因此整个电子商务过程并不是物理世界商务活动的翻版，网上银行、在线电子支付等条件和数据加密、电子签名等技术在电子商务中发挥着重要、不可或缺的作用。

1929 年经济大危机

1992 年经济大危机是迄今为止世界历史上最严重、持续时间最长的一次经济危机。1929 年 10 月 24 日星期四，纽约股票市场一开盘就出现价格狂跌，并很快波及世界各地，被人们称为“黑色星期四”。这次危机涉及工、农、商、金融等各行各业，并一直持续到 1933 年。危机所造成的损失总计约 2500 亿美元。欧美各主要工业国家经济瘫痪，生产倒退了 20 多年。经济危机引起了资本主义世界的政治危机。这次经济危机成为资本主义发展史上的一个转折点，它宣告了自由放任资本主义时代的结束。

恩格尔系数

恩格尔系数是食品支出总额占个人消费支出总额的比重，是表示生活水平高低的一个指标。19 世纪德国统计学家恩格尔根据统计资料，对消费结构的变化得出一个规律：一个家庭收入越少，家庭收入中（或总支出中）用来购买食物的支出所占的比例就越大；随着家庭收入的增加，家庭收入中（或总支出中）用来购买食物的支出则会下降。推而广之，一个国家越穷，每个国民的平均收入中（或平均支出中）用于购买食物的支出所占比例就越大，随着国家的富裕，这个比例呈下降趋势。恩格尔定律的公式为：

恩格尔系数（%）=食品支出总额/家庭或个人消费支出总额×100%

除食物支出外，衣着、住房、日用必需品等的支出，也同样在不断增长的家庭收入或总支出中，所占比重上升一段时期后，呈递减趋势。

恩格尔系数是国际上通用的衡量居民生活水平高低的一项重要指标，一般随居民家庭收入和生活水平的提高而下降。根据联合国粮农组织提出的标准，恩格尔系数在59%以上为贫困，50%～59%为温饱，40%～50%为小康，30%～40%为富裕，低于30%为最富裕。

国民生产总值

国民生产总值（gross national product，简称GNP）是指一个国家（地区）所有常住机构单位在一定时期内（年或季）收入初次分配的最终成果。一个国家常住机构单位从事生产活动所创造的增加值（国内生产总值）在初次分配过程中主要分配给这个国家的常住机构单位，但也有一部分以劳动者报酬和财产收入等形式分配给该国的非常住机构单位。同时，国外生产单位所创造的增加值也有一部分以劳动者报酬和财产收入等形式分配给该国的常住机构单位。从而产生了国民生产总值概念，它等于国内生产总值加上来自国外的劳动报酬和财产收入减去支付给国外的劳动者报酬和财产收入。

国民生产总值的计算方法有三种：生产法（或称部门法），是从各部门的总产值（收入）中减去中间产品和劳务消耗，得出增加值。各部门增加值的总和就是国民生产总值；支出法（或称最终产品法），即个人消费支出+政府消费支出+国内资产形成总额（包括固定资本形成和库存净增或净减）+出口与进口的差额；收入法（或称分配法），是将国民生产总值看作为各种生产要素（资本、土地、劳动）所创造的增加价值总额。因此，它要以工资、利息、租金、利润、资本消耗、间接税净额（即间接税减政府补贴）等形式，在各种生产要素中间进行分配。这样，将全国各部门（物质生产部门和非物质生产部门）的上述各个项目加以汇总，即可计算出国民生产总值。

股市俗语

牛市：像牛的脾气，头向上冲顶，形容股价节节上升，长期看好。

熊市：像熊的脾气，头向下慢慢爬行，股价连连下跌，后市不好。

鹿市：投资人短线行为较多，使股市涨跌幅度很大，前景不明朗。

猴市：我国股票市场独特的形态，股市很不稳定，大幅震荡，像猴一样上蹿下跳。

虎市：虎视眈眈，不能轻易入市。

债券

债券是由国家、金融机构、国际组织、工商企业按照一定手续发行的有价证券，他们通过发行债券，直接向社会广泛集资。债券是一种有价证券，是社会各类经济主体为筹措资金而向债券投资者出具的，并且承诺按一定利率定期支付利息和到期偿还本金的债务凭证。由于债券的利息通常是事先确定的，所以债券又被称为固定利息证券。债券作为一种债券债务凭证，与其他有价证券一样，也是一种虚拟资本，而非真实资本，它是经济运行中实际运用真实资本的证书。

个人所得税

个人所得税于1799年在英国创立，是指国家对居住在国境内的本国居民和外籍人员的各项所得及本国境外的外籍人员就来源于本国境内的所得而征收的所得税。

中国个人所得税属于分项税制，课税对象包括六类个人所得：

1、工资、薪金所得。

2、劳务报酬所得。

3、财产租赁所得。

4、特许权使用费所得。

5、利息、股息、红利所得。

6、经财政部确定征税的其他所得。

八小时工作制的由来

八小时工作制源于1886年美国芝加哥的工人大罢工。1877年，美国发生了历史上第一次全国罢工。工人阶级走向街头游行示威，向政府提出改善劳动与生活条件，要求缩短工时，实行八小时工作制。在工人运动的强大压力下，美国国会被迫制定了八小时工作制的法律。但是，狠毒的资本家根本不予理睬，工人们仍然是生活在水深火热之中，备受资本家的折磨。

1884年10月，美国和加拿大的八个国际性和全国性工人团体，在美国芝加哥举行集会，决定于1886年5月1日举行总罢工，迫使资本家实施八小时工作制。1886年4月，21万6千余名工人参加了游行示威活动。此项活动由非政府国际工人联合会组织，活动的中心在芝加哥，商人和政府对这次活动以暴力方式进行了镇压。这场斗争虽然被镇压了，但其意义却十分深远。此后由于各国工人阶级的团结和不断斗争，终于赢得了8小时工作制，后经世界劳工组织大会通过的决议，成为世界的共识。为纪念这次伟大的工人运动，1889年7月"第二国际"宣布将每年的5月1日定为国际劳动节。

传销与直销

传销产生于美国哈佛大学两位数学系学生的天才想法，二人开始只是研究倍增学，比如1变2，2变4这样的数学模型。后来被引用到市场营销学中成为了传销。

在汉语中，直销和传销两个词的意思区分不明显；在英文中"non—store retailing"翻译为无固定地点销售，也被称为广义的直销，"Direct selling"翻译为狭义的直销。Direct selling中又包括Multilevel marketing，翻译为"多层次直销"，后者被叫做"传销"。直销刚进入内地时，传销和直销两个词没有分别。但1998年国务院《关于禁止传销经营活动的通知》出台后，传销成为非法，相关企业开始称呼为"直销"。事实上在经济学界，一致认为传销是直销的一种，所谓传销就是"多层次直销"。

第 444 号国务院令公布的《禁止传销条例》中指出，传销是指组织者或者经营者发展人员，通过对被发展人员以其直接或者间接发展的人员数量或者销售业绩为依据计算和给付报酬，或者要求被发展人员以交纳一定费用为条件取得加入资格等方式牟取非法利益，扰乱经济秩序，影响社会稳定的行为。

传销方式在世界各地都较为流行，传销企业因此获取大量的差额利润，但并非佣金。正因为传销的巨大商业利润，驱使有些不法商人利用传销的方式开展非法传销，将正当传销演变为“网络连锁”等非法形式，变相聚敛财富，欺诈群众，从而连锁引发非法传销人追求财产为核心的各类型犯罪。

跳蚤市场

跳蚤市场是欧美国家对旧货地摊市场的别称，由一个个地摊摊位组成，市场规模大小不等。出售商品多是人们多余的物品及未曾用过但已过时的衣物等，小到衣服上的小装饰物，大到完整的旧汽车、录像机、电视机、洗衣机，一应俱全，应有尽有；价格低廉，仅为新货价格的 10% ~30%。一般认为，跳蚤市场起源于法国巴黎北面近郊圣—图安的市场，跳蚤市场得名于市场上出售的被跳蚤感染的衣服等物品。从 17 世纪后期开始，户外市集已经成形，在一些临时摊位及长台上，一些拾荒者把收集到的旧衣以廉价卖出。时至今日，最大的古董跳蚤市场仍然在圣—图安。

第三产业

根据 2002 年 5 月 10 日国家统计局重新修订的国家标准《国民经济行业分类》规定，第一产业是指农、林、牧、渔业，第二产业是指采矿业，制造业，电力、燃气及水的生产和供应业，建筑业。第三产业是指除第一、二产业以外的其他行业。第三产业包括：交通运输、仓储和邮政业，信息传输、计算机服务和软件业，批发和零售业，住宿和餐饮业，金融业，房地产业，租赁和商务服务业，科学研究、技术服务和地质勘察业，水利、环境和公共设施管理业，居民服务和其他服务业，教育，卫生、社会保障和社会福利业，文化、体育和娱乐业，公共管理和社会组织，国际组织。

第十章　科学技术

中国古代四大发明

中国古代四大发明即造纸术、指南针、火药、印刷术。四大发明对中国古代的政治、经济、文化的发展产生了巨大的推动作用。而且对世界文明发展史也产生了非常大的影响。

克隆技术

克隆技术是利用生物技术由无性生殖产生与原个体有完全相同基因组织后代的过程。科学家把人工遗传操作动物繁殖的过程叫克隆，这门生物技术叫克隆技术，含义是无性繁殖。克隆技术在现代生物学中被称为“生物放大技术”。

克隆技术，是由同一个祖先细胞分裂繁殖而形成的纯细胞系，该细胞系中每个细胞的基因彼此相同。克隆通常是一种人工诱导的无性生殖方式或者自然的无性生殖方式（如植物）。一个克隆就是一个多细胞生物在遗传上与另外一种生物完全一样。克隆可以是自然克隆，例如由无性生殖或是由于偶然的原因产生两个遗传上完全一样的个体（就像同卵双生一样）。但是我们通常所说的克隆是指通过有意识的设计来产生的完全一样的复制。

克隆技术，已经历了三个发展时期：第一个时期是微生物克隆，即用一个细菌很快复制出成千上万个和它一模一样的细菌，而变成一个细菌群；第二个时期是生物技术克隆，比如用遗传基因——DNA 克隆；第三个时期是动物克隆，即由一个细胞克隆成一个动物。克隆绵羊“多利”由一头母羊的体

细胞克隆而来，使用的便是动物克隆技术。

英国和我国等国在80年代后期先后利用胚胎细胞作为供体，“克隆”出了哺乳动物。1996年7月5日克隆出一只基因结构与供体完全相同的小羊“多莉”（Dolly），世界舆论为之哗然。“多莉”的特别之处在于它生命的诞生没有精子的参与。研究人员先将一个绵羊卵细胞中的遗传物质吸出去，使其变成空壳，然后从一只6岁的母羊身上取出一个乳腺细胞，将其中的遗传物质注入卵细胞空壳中。这样就得到了一个含有新的遗传物质但却没有受过精的卵细胞。这一经过改造的卵细胞分裂、增殖形成胚胎，再被植入另一只母羊子宫内，随着母羊的成功分娩，“多莉”来到了世界。

但为什么其它克隆动物并未在世界上产生这样大的影响呢？这是因为其他克隆动物的遗传基因来自胚胎，且都是用胚胎细胞进行的核移植，不能严格地说是“无性繁殖”。另一原因，胚胎细胞本身是通过有性繁殖的，其细胞核中的基因组一半来自父本，一半来自母本。而“多莉”的基因组，全都来自单亲，这才是真正的无性繁殖。

克隆技术有着极其广泛的应用前景。在园艺业和畜牧业中，克隆技术是选育遗传性质稳定品种的理想手段，通过它可以培育出优质的果树和良种家畜。在医学领域，目前美国、瑞士等国家已能利用“克隆”技术培植人体皮肤进行植皮手术。这一新成就避免了异体移植可能出现的排异反应，给病人带来了福音。上海市第九人民医院整形外科专家曹谊林在世界上首次采用体外细胞繁殖的方法，成功地在白鼠上复制出人耳，为人体缺失器官的修复和重建带来希望。克隆技术还可用来大量繁殖许多有价值的基因，如治疗糖尿病的胰岛素、有希望使侏儒症患者重新长高的生长激素和能抗多种疾病感染的干扰素等等。

克隆是人类在生物科学领域取得的一项重大技术突破，反映了细胞核分化技术、细胞培养和控制技术的进步。

纳米技术

纳米技术是用单个原子、分子制造物质的科学技术。纳米科学技术是以许多现代先进科学技术为基础的科学技术，它是现代科学（混沌物理、量子力学、介观物理、分子生物学）和现代技术（计算机技术、微电子和扫描隧道显微镜技术、核分析技术）结合的产物，纳米科学技术又将引发一系列新的科学技术。

1981年扫描隧道显微镜发明后，诞生了一门以0.1到100纳米长度为研究的分子世界，它的最终目标是直接以原子或分子来构造具有特定功能的产品。因此，纳米技术其实就是一种用单个原子、分子射程物质的技术。

当前纳米技术的研究和应用主要在材料制备、微电子和计算机技术、医学与健康、航天和航空、环境和能源、生物技术和农产品等方面。用纳米材料制作的器材重量更轻、硬度更强、寿命更长、维修费更低、设计更方便。利用纳米材料还可以制作出特定性质的材料或自然界不存在的材料，制作出生物材料和仿生材料。

宇宙飞船

宇宙飞船是一种运送航天员、货物到达太空并安全返回的一次性使用的航天器。它能基本保证航天员在太空短期生活并进行一定的工作。它的运行时间一般是几天到半个月，一般乘2到3名航天员。

世界上第一艘载人飞船是“东方”1号宇宙飞船。它由两个舱组成，上面的是密封载人舱，又称航天员座舱。这是一个直径为2.3米的球体。舱内设有能保障航天员生活的供水、供气的生命保障系统，以及控制飞船姿态的姿态控制系统、测量飞船飞行轨道的信标系统、着陆用的降落伞回收系统和应急救生用的弹射座椅系统。另一个舱是设备舱，它长3.1米，直径为2.58米。设备舱内有使载人舱脱离飞行轨道而返回地面的制动火箭系统，供应电能的电池、储气的气瓶、喷嘴等系统。“东方”1号宇宙飞船总质量约为4700千克。它和运载火箭都是一次性的，只能执行一次任务。

1966年3月17日，“双子星座”8号的宇航员进行了首次太空对接。之后不久，由于飞船突然失灵，宇航员们不得不进行紧急着陆处理。宇航员尼尔－A－阿姆斯特朗和戴维－R－斯考特在计划为期3天的飞行使命中的第5圈飞行时，操纵其双子星座封舱与阿根纳号宇宙飞船对接成功。半小时后，双子星号密封舱开始旋转并失去控制。接着，宇宙飞船上12只小型助推火箭中的一只原因不明地起火。宇航员随即将其飞行器与阿根纳号分离，并成功地在太平洋上降落。

至今，人类已先后研究制出三种构型的宇宙飞船，即单舱型、双舱型和三舱型。其中单舱式最为简单，只有宇航员的座舱，美国第1个宇航员格伦就是乘单舱型的“水星号”飞船上天的；双舱型飞船是由座舱和提供动力、电源、氧气和水的服务舱组成，它改善了宇航员的工作和生活环境，世界第1个男女宇航员乘坐的苏联“东方号”飞船、世界第1个出舱宇航员乘坐的苏联“上升号”飞船以及美国的“双子星座号”飞船均属于双舱型；最复杂的就是三舱型飞船，它是在双舱型飞船基础上或增加1个轨道舱（卫星或飞船），用于增加活动空间、进行科学实验等，或增加1个登月舱（登月式飞船），用于在月面着陆或离开月面，苏联/俄罗斯的联盟系列和美国“阿波罗号”飞船是典型的三舱型。联盟系列飞船至今还在使用。

中国于2008年9月25日21时10分04秒988毫秒发射了神舟七号飞船，搭载物品有：中药、国家一级保护树种珙桐和国家二级保护树种鹅掌楸的种子各100克、陶瓷制品及一批深圳太空植物的种子，这些种子包括蝴蝶兰、瓜叶菊、球根海棠、灰毛豆、类芦和结缕草等品种。这次飞船主要试验项目有：实施我国航天员首次空间出舱活动，突破和掌握出舱活动相关技术，同时开展卫星伴飞、进行“天链一号”卫星数据中继等空间科学和技术试验。飞船运行期间，1名航天员着我国研制的“飞天”舱外航天服出舱进行舱外活动，回收在舱外装载的试验样品装置。

神舟七号飞船成功突破了飞船气闸舱、舱外航天服、航天测控中继卫星、伴飞小卫星等一系列关键技术。神七载人航天应用方面的一项新技术试验——伴随飞行的试验。航天员由舱内活动转向舱外活动，这是载人航天技术的一个重大跨越。为实现出舱活动，必须突破舱外航天服的微机电、航天员出舱活动的地面模拟训练等一系列关键技术，需要完成舱外航天服和飞船气闸舱的研制。这在技术层面上要求很高。火箭系统经过三年多的努力，采用了新技术抑制火箭飞行初期的振动，大大提高了航天员的飞行舒适性，这从三名航天员在飞船发射中招手的细节里得到了证实。在整个出舱活动中，供氧、供电、空气流通、话音支持等一切功能都成功实现。从直播中，可以清晰地听到翟志刚从宇宙发向地面的声音。这充分说明中国已经掌握了舱外航天服的技术。为了这一次的一些新的测控要求，我们国家利用一些新技术研制了一些新的测控雷达和测控装备。采用海上的新技术（新型“远望号”航天测量船的使用）和空中的技术（数据中继卫星的使用），“神七”的测控覆盖率有大幅度的提升。

中国航天员翟志刚走出飞船舱门迈进太空的第一步，标志着中国航天事业的又一个全新的开始。

互联网

互联网是指将两台计算机或者是两台以上的计算机终端、客户端、服务端通过计算机信息技术的手段互相联系起来的结果，人们可以与远在千里之外的朋友相互发送邮件、共同完成一项工作、共同娱乐。

互联网始于1969年，是在ARPA（美国国防部研究计划署）制定的协定下将美国西南部的大学加利福尼亚大学洛杉矶分校、史坦福大学研究学院、加利福尼亚大学和犹他州大学的四台主要的计算机连接起来。这个协定有剑桥大学的BBN和MA执行，在1969年12月开始联机。之后越来越多的公司加入。

互联网最初设计是为了能提供一个通讯网络，即使一些地点被核武器摧毁也能正常工作。如果大部分的直接通道不通，路由器就会指引通信信息经由中间路由器在网络中传播。

互联网是全球性的。这就意味着我们目前使用的这个网络，不管是谁发明了它，是属于全人类的。这种“全球性”并不是一个空洞的政治口号，而是有其技术保证的。互联网的结构是按照“包交换”方式连接的分布式网络。

这样一个全球性的网络，必须要有某种方式来确定联入其中的每一台主机。在互联网上绝对不能出现类似两个人同名的现象。这样，就要有一个固定的机构来为每一台主机确定名字，由此确定这台主机在互联网上的“地址”。然而，这仅仅是“命名权”，这种确定地址的权力并不意味着控制的权力。负责命名的机构除了命名之外，并不能做更多的事情。

同样，这个全球性的网络也需要有一个机构来制定所有主机都必须遵守的交往规则（协议），否则就不可能建立起全球所有不同的电脑、不同的操作系统都能够通用的互联网。下一代TCP/IP协议将对网络上的信息等级进行分类，以加快传输速度（比如，优先传送浏览信息，而不是电子邮件信息），就是这种机构提供服务的例证。同样，这种制定共同遵守的“协议”的权力，也不意味着控制的权力。

事实上，目前的互联网还远远不是我们经常说到的“信息高速公路”。这

不仅因为目前互联网的传输速度不够，更重要的是互联网还没有定型，还一直在发展、变化。因此，任何对互联网的技术定义也只能是当下的、现时的。

互联网给人们的生活和工作提供了越来越多的便利，比如网上游戏、网上购物、电子邮件、即时通信、视频连线等。

雷达

雷达就是利用电磁波探测目标的电子设备。发射电磁波对目标进行照射并接收其回波，由此获得目标至电磁波发射点的距离、距离变化率（径向速度）、方位、高度等信息。

各种雷达的具体用途和结构不尽相同，但基本形式是一致的，包括五个基本组成部分：发射机、发射天线、接收机、接收天线以及显示器。还有电源设备、数据录取设备、抗干扰设备等辅助设备。

雷达所起的作用和眼睛、耳朵相似，当然它不是大自然的杰作，同时它的信息载体是无线电波。事实上，不论是可见光或是无线电波，在本质上是同一种东西，都是电磁波，传播的速度都是光速 C，差别在于它们各自占据的频率和波长不同。雷达的原理是发射机通过天线把电磁波能量射向空间某一方向，处在此方向上的物体反射碰到的电磁波；雷达天线接收此反射波，送至接收设备进行处理，提取有关该物体的某些信息（目标物体至雷达的距离，距离变化率或径向速度、方位、高度等）。

电脑

1946 年 2 月 15 日，世界上第一台通用电子数字计算机“埃尼阿克”（ENIAC）宣告研制成功。“埃尼阿克”的成功，是计算机发展史上的一座纪念碑，是人类在发展计算技术的历程中，到达的一个新的起点。“埃尼阿克”计算机的最初设计方案，是由 36 岁的美国工程师莫奇利于 1943 年提出的，计算机的主要任务是分析炮弹轨道。美国军械部拨款支持研制工作，并建立一个专门研究小组，由莫奇利负责。总工程师由年仅 24 岁的埃克特担任，组员格尔斯坦是位数学家，另外还有逻辑学家勃克斯。“埃尼阿克”共使用了

18000 个电子管，另加 1500 个继电器以及其它器件，其总体积约 90 立方米，重达 30 吨，占地 170 平方米，需要用一间 30 多米长的大房间才能存放，是个地地道道的庞然大物。

这台每小时耗电量为 140 千瓦时的计算机，运算速度为每秒 5000 次加法，或者 400 次乘法，比机械式的继电器计算机快 1000 倍。当“埃尼阿克”公开展出时，一条炮弹的轨道用 20 秒钟就算出来，比炮弹本身的飞行速度还快。埃尼阿克的存储器是电子装置，而不是靠转动的“鼓”。它能够在一天内完成几千万次乘法，大约相当于一个人用台式计算机操作 40 年的工作量。它是按照十进制，而不是按照二进制来操作。但其中也用少量以二进制方式工作的电子管，因此机器在工作中不得不把十进制转换为二进制，而在数据输入、输出时再变回十进制。

“埃尼阿克”最初是为了进行弹道计算而设计的专用计算机。但后来通过改变插入控制板里接线方式来解决各种不同的问题，而成为一台通用机。它的一种改型机曾用于氢弹的研制。“埃尼阿克”程序采用外部插入式，每当进行软件中心一项新的计算时，都要重新连接线路。有时几分钟或几十分钟的计算，要花几小时或 1 – 2 天的时间进行线路连接准备，这是一个致命的弱点。它的另一个弱点是存储量太小。

在计算机诞生后不久，人们发现某些特定作业在许多不同的程序中都要被实施，比如说计算某些标准数学函数。出于效率考量，这些程序的标准版本就被收集到一个“库”中以供各程序调用。许多任务经常要去额外处理种类繁多的输入、输出接口，这时，用于连接的库就能派上用场。

20 世纪 60 年代，随着计算机工业化普及，计算机越来越多地被用作一个组织内不同作业的处理。很快能够自动安排作业时续和执行的特殊软件出现了。这些既控制硬件又负责作业时序安排的软件被称为“操作系统”。一个早期操作系统的例子是 IBM 的 OS/360。在不断地完善中，操作系统又引入了时间共享机制——并发。这使得多个不同用户可以“同时”地使用机器执行他们自己的程序，看起来就像是每个人都有一台自己的计算机。为此，操作系统需要向每个用户提供一台“虚拟机”来分离各个不同的程序。由于需要操作系统控制的设备也在不断增加，其中之一便是硬盘。因之，操作系统又引入了文件管理和目录管理（文件夹），大大简化了这类永久储存性设备的应用。此外，操作系统也负责安全控制，确保用户只能访问那些已获得允许的文件。到目前为止操作系统发展历程中最后一个重要步骤就是为程序提供标准图形用户界面（GUI）。尽管没有什么技术原因表明操作系统必须要提供这些界面，但操作系统供应商们总是希望并鼓励那些运行在其系统上的软件能够在外观和行为特征上与操作系统保持一致或相似。

随着电脑越来越普及，电脑几乎进入了所有的行业，扮演着举足轻重的角色。它已经成为当今社会得以正常运行不可缺少的工具。电脑在现代人的生活中占据着如此重要的地位，人们对电脑的依赖性如此之高，真不敢想象，没有了电脑生活会变成什么样子。

洗衣机

1858 年，一个叫汉密尔顿·史密斯的美国人在匹茨堡制成了世界上第一台洗衣机。该洗衣机的主件是一只圆桶，桶内装有一根带有桨状叶子的直轴，轴是通过摇动和它相连的曲柄转动的。同年史密斯取得了这台洗衣机的专利权。但这台洗衣机使用费力，且损伤衣服，因而没被广泛使用，但这却标志了用机器洗衣的开端。次年在德国出现了一种用捣衣杵作为搅拌器的洗衣机，当捣衣杵上下运动时，装有弹簧的木钉便连续作用于衣服。19 世纪末期的洗衣机已发展到一只用手柄转动的八角形洗衣缸，洗衣时缸内放入热肥皂水，衣服洗净后，由轧液装置把衣服挤干。

1880 年，美国又出现了蒸气洗衣机，蒸气动力开始取代人力。经历了上百年的发展改进，现代蒸汽洗衣机较早期有了无与伦与的提高，但原理是相同的。现代蒸汽洗衣机的功能包括蒸汽洗涤和蒸汽烘干，采用了智能水循环系统，可将高浓度洗涤液与高温蒸气同时对衣物进行双重喷淋，贯穿全部洗涤过程，实现了全球独创性的“蒸汽洗”全新洗涤方式。与普通滚筒洗衣机在洗涤时需要加热整个滚筒的水不同，蒸汽洗涤是以深层清洁衣物为目的，当少量的水进入蒸汽发生盒并转化为蒸汽后，通过高温喷射分解衣物污渍。蒸汽洗涤快速、彻底，只需要少量的水，同时可节约时间。对于放在衣柜很长时间产生褶皱、异味的冬季衣物，能让其自然舒展，抚平褶皱。“蒸汽烘干”的工作原理则是把恒定的蒸汽喷洒在衣物上，将衣物舒展开之后，再进行恒温冷凝式烘干。通过这种方式，厚重衣物不仅干得更快，并且具有舒展和熨烫的效果。

1910 年，美国的费希尔在芝加哥试制成功世界上第一台电动洗衣机。电动洗衣机的问世，标志着人类家务劳动自动化的开端。

1922 年，美国玛塔依格公司改造了洗衣机的洗涤结构，把拖动式改为搅拌式，使洗衣机的结构固定下来，这也就是第一台搅拌式洗衣机的诞生。这种洗衣机是在筒中心装上一个立轴，在立轴下端装有搅拌翼，电动机带动立轴，进行周期性的正反摆动，使衣物和水流不断翻滚，相互摩擦，以此涤荡污垢。搅拌式洗衣机结构科学合理，受到人们的普遍欢迎。

1932 年，美国本德克斯航空公司宣布，他们研制成功第一台前装式滚筒洗衣机，洗涤、漂洗、脱水在同一个滚筒内完成。这意味着电动洗衣机的型式跃上一个新台阶，朝自动化又前进了一大步！

第一台自动洗衣机于 1937 年问世。这是一种“前置”式自动洗衣机。靠一根水平轴带动的缸可容纳 4000 克衣服。衣服在注满水的缸内不停地上下翻滚，使之去污除垢。到了 40 年代便出现了现代的“上置”式自动洗衣机。

随着工业化的加速，世界各国也加快了洗衣机研制的步伐。首先由英国研制并推出了一种喷流式洗衣机，它是靠筒体一侧的运转波轮产生的强烈涡流，使衣物和洗涤液一起在筒内不断翻滚，洗净衣物。

90 年代，由于电机调速技术的提高，洗衣机实现了宽范围的转速变换与调节，诞生了许多新水流洗衣机。此后，随着电机驱动技术的发展与提高，日本生产出了电机直接驱动式洗衣机，省去了齿轮传动和变速机构，引发了洗衣机驱动方式的巨大革命。

随着科技的进一步发展，滚筒洗衣机已经成了大家熟知的产品。伴随着科技的进一步发展，相信新型更适合人们使用的洗衣机会给我们的生活带来新的方式。

空调

被称为制冷之父的英国发明家威利斯·哈维兰德·卡里尔于 1902 年设计并安装了第一部空调系统。美国纽约的一个印刷商发现温度的变化能够造成纸的变形，从而导致有色墨水失调，该空调系统就是为他设计的。卡里尔的专利 1906 年得到注册。

1902 年 7 月 17 日，卡里尔这名才从康奈尔大学毕业一年的年轻人，在“水牛公司”工作时，发明了冷气机。但最初发明冷气机的目的，并不是为人们带来舒适的生活环境，而是为一些死物服务。

话说当年水牛公司的其中一个客户——纽约市沙克特威廉印刷厂，它的印刷机由于空气的温度及湿度变化，使纸张扩张及收缩不定，油墨对位不准，无法生产清晰的彩色印刷品。于是求助于水牛公司。卡里尔心想既然可以利用空气通过充满蒸气的列管来保暖，何不利用空气经过充满冷水的列管来降温？空气中的水会凝结于列管上，如此一来，工厂里的空气将会既凉爽又干燥。

1902 年 7 月 17 日，空调的时代就由这家印刷厂首次使用冷气机而开始。很快，其它行业如纺织业、化工业、制药业、食品甚至军火业等，亦因空调的引进而使产品质量大大提高。1907 年，第一台出口的空调，买家是日本的一家丝绸厂。

1915 年，卡里尔成立了一家公司，至今它仍是世界最大的空调公司之一。但空调发明后的 20 年，享受的一直都是机器，而不是人。直到 1924 年，底特律的一家商场，常因天气闷热而有不少人晕倒，于是首先安装了三台中央空调，此举大大成功，凉快的环境使得人们的消费意欲大增。自此，空调成为商家吸引顾客的有力工具，空调为人们服务的时代正式来临了。

冰箱

冰箱是一种使食物或其他物品保持冷态、内有压缩机、制冰机用以结冰的柜或箱，带有制冷装置的储藏箱。

1910 年世界上第一台压缩式制冷的家用冰箱在美国问世。1925 年瑞典丽都公司开发了家用吸收式冰箱。1927 年美国通用电气公司研制出全封闭式冰箱。1930 年采用不同加热方式的空气冷却连续扩散吸收式冰箱投放市场。1931 年研制成功新型制冷剂氟利昂 12。

使用冰箱时，不应装得满满当当的，应留有适当空间，以利冷气穿透全部存品。此外，冰箱要定期消毒。3 ~4 周要用稀漂白粉水或 0.1% 高锰酸钾水擦拭一次，同时要定期清洗冰箱，包括各板层，特别是过滤网，此处常常是污垢和病菌的积聚场所。

冰箱存放食品有讲究

一、熟食品进入冰箱前须凉透。食品未充分凉透，突然进入低温环境中，食物中心容易发生质变。食物带入的热气引起水蒸气凝集，能促使霉菌生长，导致整个冰箱内食品霉变。

二、冰箱中取出的熟食品必须回锅。冰箱内的温度只能抑制微生物的繁殖，而不能彻底杀灭它们。如食前不彻底加热，食后就可能致病。

三、食物解冻后不宜再进冰箱。反复冷冻可使食品组织和营养成分流失。

四、冷冻食品宜缓慢解冻。需解冻的冷冻食品宜换置常温冰箱内缓慢解冻，一般不宜采用温热水浇浸等方式强制解冻。若急速解冻，由于冰晶体很快溶化，营养汁液不能及时被纤维和细胞吸收而外溢，会使食品质量下降。

冰箱的保养

定期适当保养可以延长冰箱的使用寿命。保养冰箱前务必拔下电源插头。

1. 经常清理冰箱背面或底部冷凝器和压缩机上的灰尘。可使用吸尘器或毛刷除尘。注意不要用湿布去擦冷藏器和压缩机上灰尘。

2. 冰箱长期停用时，应先切断电源，取出箱内一切食品，将箱内外清理干净，敞开箱门数日，使箱内充分干燥并散掉冰箱内的异味。

3. 检查排水管。如果排水管堵塞，水就会漏到冰箱内。要用铁丝捅一捅排水管，除去积在排水管上的东西。

4. 不要忽略门封胶条的清洗，将漂白剂用 10 倍的水稀释后用牙刷蘸湿清洗，最后用水将漂白剂冲去。胶条脏污易老化，会影响冰箱的密封性，增加耗电量。

5. 检查振动、噪音以及压缩机的温度。运行中摸压缩机外壳，不应有明显的振动感，白天不应听到压缩机明显启动的声音。

6. 注意检查电源线上是否有裂缝，防止漏电。

7. 用温水或中性洗涤剂将冰箱内外清洗并擦干，敞开冰箱门通风干燥一天。

手机

移动电话（Mobile），通常称为手机，日本及港台地区通常称为手提电话、携带电话，早期又有大哥大的俗称，是可以在较广范围内使用的便携式电话终端。

目前在全球范围内使用最广是所谓的第二代手机（2G），以 GSM 制式和

CDMA 为主。它们都是数字制式的，除了可以进行语音通信以外，还可以收发短信（短消息、SMS）、MMS（彩信、多媒体短信）、无线应用协议（WAP）等。在中国大陆及台湾以 GSM 最为普及，CDMA 和小灵通（PHS）手机也很流行。目前整个行业正在向第三代手机（3G）迁移过程中。

电话键盘部分手机除了典型的电话功能外，还包含了 PDA、游戏机、MP3、照相机、摄影、录音、GPS、上网等更多的功能，有向带有手机功能的 PDA 发展的趋势。在智能手机当中，还添加了 GPS 系统。

目前，国际上 3G 手机有 3 种制式标准：欧洲的 WCDMA 标准、美国的 CDMA2000 标准和由我国科学家提出的 TD－SCDMA 标准。

所谓 3G，其实它的全称为 3rd Generation，中文含义就是指第三代数字通信。1995 年问世的第一代数字手机只能进行语音通话；而 1996 到 1997 年出现的第二代数字手机便增加了接收数据的功能，如接受电子邮件或网页；第三代与前两代的主要区别是在传输声音和数据的速度上的提升，它能够处理图像、音乐、视频流等多种媒体形式，提供包括网页浏览、电话会议、电子商务等多种信息服务。相对第一代模拟制式手机（1G）和第二代 GSM、TDMA 等数字手机（2G），3G 通信的名称繁多，国际电联规定为“IMT－2000”（国际移动电话 2000）标准，欧洲的电信业巨头们则称其为“UMTS”通用移动通信系统。该标准规定，移动终端以车速移动时，其传转数据速率为 144kbps，室外静止或步行时速率为 384kbps，而室内为 2Mbps。但这些要求并不意味着用户可用速率就可以达到 2Mbps，因为室内速率还将依赖于建筑物内详细的频率规划以及组织与运营商协作的紧密程度。

未来的手机将偏重于安全和数据通讯。一方面加强个人隐私的保护，另一方面加强数据业务的研发，更多的多媒体功能被引入进来，手机将会具有更加强劲的运算能力，成为个人的信息终端，而不是仅仅具有通话和文字消息的功能。

地铁

地下铁道，简称地铁，亦简称为地下铁，是指在地下运行为主的城市铁路系统或捷运系统。

世界上首条地下铁路系统是 1863 年开通的伦敦大都会铁路，是为了解决当时伦敦的交通堵塞问题而建。当时电力尚未普及，所以即使是地下铁路也只能用蒸汽机车。由于机车释放出的废气对人体有害，所以当时的隧道每隔一段距离便要有和地面打通的通风槽。

到了1870年，伦敦开办了第一条客运的钻挖式地铁，在伦敦塔附近越过泰晤士河。但这条铁路并不算成功，在数月后便关闭。现存最早的钻挖式地下铁路则在1890年开通，亦位于伦敦，连接市中心与南部地区。最初铁路的建造者计划使用类似缆车的推动方法，但最后用了电力机车，使其成为第一条电动地下铁。早期在伦敦市内开通的地下铁亦于1906年全数电气化。

绝大多数的城市轨道交通系统都是用来运载市内通勤的乘客，而在很多场合下城市轨道交通系统都会被当成城市交通的骨干。通常，城市轨道交通系统是许多都市用以解决交通堵塞问题的方法。

磁悬浮列车

磁悬浮列车是一种靠磁悬浮力（即磁的吸力和排斥力）来推动的列车。由于其轨道的磁力使之悬浮在空中，行走时不需接触地面，因此其阻力只有空气的阻力。磁悬浮列车的最高速度可以达每小时500公里以上，比轮轨高速列车的300多公里还要快。磁悬浮技术的研究源于德国，早在1922年德国工程师赫尔曼·肯佩尔就提出了电磁悬浮原理，并于1934年申请了磁悬浮列车的专利。1970年以后，随着世界工业化国家经济实力的不断加强，为提高交通运输能力以适应其经济发展的需要，德国、日本等发达国家相继开始筹划进行磁悬浮运输系统的开发。

世界第一条磁悬浮列车示范运营线——上海磁悬浮列车，从浦东龙阳路站到浦东国际机场，30多公里只需8分钟。上海磁悬浮列车是“常导磁吸型”（简称“常导型”）磁悬浮列车，是利用“异性相吸”原理设计，是一种吸力悬浮系统。利用安装在列车两侧转向架上的悬浮电磁铁，和铺设在轨道上的磁铁，在磁场作用下产生的吸力使车辆浮起来。

列车底部及两侧转向架的顶部安装电磁铁，在“工”字轨的上方和上臂部分的下方分别设反作用板和感应钢板，控制电磁铁的电流使电磁铁和轨道间保持1厘米的间隙，让转向架和列车间的排斥力与列车重力相互平衡，利用磁铁排斥力将列车浮起 1 厘米左右，使列车悬浮在轨道上运行。

上海磁悬浮列车时速 430 公里，一个供电区内只能允许一辆列车运行，轨道两侧 25 米处有隔离网，上下两侧也有防护设备。转弯处半径达 8000 米，肉眼观察几乎是一条直线；最小的半径也达 1300 米。乘客不会有不适感。轨道全线两边 50 米范围内装有目前国际上最先进的隔离装置。

上海磁悬浮列车专线西起上海轨道交通 2 号线的龙阳路站，东至上海浦东国际机场，专线全长 29.863 公里。由中德两国合作开发的世界第一条磁悬浮商运线 2001 年 3 月 1 日在浦东挖下第一铲，2002 年 12 月 31 日全线试运行，2003 年 1 月 4 日正式开始商业运营。是世界第一条商业运营的磁悬浮专线。

这列当今世界上最酷的列车，带车头的车厢长 27.196 米，宽 3.7 米。中间的车厢长 24.768 米，14 分钟内能在上海市区和浦东机场之间打个来回。置身其中，您将亲身体验到这架“陆地客机”所带来的奇异感受。

国际空间站

国际空间站是指运行于距离地面 360 公里的地球轨道上的航空器。国际空间站设想是 1983 年由美国总统里根首先提出的，即在国际合作的基础上建造迄今为止最大的载人空间站。经过近十余年的探索和多次重新设计，直到苏联解体、俄罗斯加盟国际空间站，国际空间站才于 1993 年完成设计，开始实施。

该空间站以美国、俄罗斯为首，包括加拿大、日本、巴西和欧空局（11 个国家，正式成员国有比利时、丹麦、法国、德国、英国、意大利、荷兰、西班牙、瑞典、瑞士和爱尔兰）共 16 个国家参与研制。其设计寿命为 10—15 年，总质量约 423 吨、长 108 米、宽（含翼展）88 米，运行轨道高度为 397 千米，载人舱内大气压与地表面相同，可载 6 人。国际空间站结构复杂，规模大，由航天员居住舱、实验舱、服务舱，对接过渡舱、桁架、太阳能电池等部分组成，建成后总质量将达 438 吨，长 108 米。

在对地观测方面，国际空间站比遥感卫星要优越。首先它是有人参与到

遥感任务之中，因而当地球上发生地震、海啸或火山喷发等事件时，在站上的航天员可以及时调整遥感器的各种参数，以获得最佳观测效果；当遥感器等仪器设备发生故障时，又可随时维修到正常工作状态；它还可以通过航天飞机或飞船更换遥感仪器设备，使新技术及时得到应用而又节省经费。用它对地球大气质量进行监测，可长期预报气候变化。在陆地资源开发，海洋资源利用等方面，也都会从中受益。国际空间站在天文观测上要比其他航天器优越得多，是了解宇宙天体位置、分布、运动结构、物理状态、化学组成及其演变规律的重要手段。因为有人参于观测，再加上空间站在太空的活动位置和多方向性，以及机动的观察测定方法，因而可充分发挥仪器设备的作用。通过国际空间站，天文学家不仅能获得宇宙射线，亚原子粒子等重要信息，了解宇宙奥秘，而且还能对影响地球环境的天文事件（如太阳耀斑、暗条爆发等）作出快速反应，及时保护地球，保护在太空飞行的航天器及其成员。

国际空间站上的生命科学研究，可分为人体生命与重力生物学两方面：人体生命科学的研究成果可直接促进航天医学的发展，例如，通过多种参数来判断重力对航天员身体的影响，可提高对人的大脑、神经和骨骼及肌肉等方面的研究水平。重力生物学和材料科学的研究与应用有广阔的前景，而国际空间站的微重力条件要比和平号空间站和航天飞机优越得多，特别是在材料发展上可能起到一次革命性的进展。

仅就太空微重力这一特殊因素来说，国际空间站就能给研究生命科学、生物技术、航天医学、材料科学、流体物理、燃烧科学等提供比地球上好得多、甚至在地球无法提供的优越条件，直接促进这些科学的进步。同时，国际空间站的建成和应用，也是向着建造太空工厂、太空发电站，进行太空旅游，建立永久性居住区（太空城堡），向太空其他星球移民等载人航天的远期目标接近了一步。

“GPS”全球定位系统

GPS 是英文 Global Positioning System（全球定位系统）的简称。GPS 是 20 世纪 70 年代由美国陆海空三军联合研制的新一代空间卫星导航定位系统，其主要目的是为陆、海、空三大领域提供实时、全天候和全球性的导航服务，并用于情报收集、核爆监测和应急通讯等一些军事目的，是美国独霸全球战略的重要组成部分。经过20余年的研究实验，耗资300亿美元，到1994年3月，全球覆盖率高达98%的24颗GPS卫星星座已布设完成。

GPS由以下几个部分构成：

1. 空间部分

GPS的空间部分是由21颗工作卫星组成，它位于距地表20 200km的上空，均匀分布在6个轨道面上（每个轨道面4颗），轨道倾角为55°。此外，还有3颗有源备份卫星在轨运行。卫星的分布使得在全球任何地方、任何时间都可观测到4颗以上的卫星，并能在卫星中预存导航信息。GPS卫星因为大气摩擦等问题，随着时间的推移，导航精度会逐渐降低。

2. 地面控制系统

地面控制系统由监测站、主控制站、地面天线所组成，主控制站位于美国科罗拉多州春田市。地面控制站负责收集由卫星传回之讯息，并计算卫星星历、相对距离，大气校正等数据。

3. 用户设备部分

用户设备部分即GPS信号接收机。其主要功能是能够捕获到按一定卫星截止角所选择的待测卫星，并跟踪这些卫星的运行。当接收机捕获到跟踪的卫星信号后，就可测量出接收天线至卫星的伪距离和距离的变化率，解调出卫星轨道参数等数据。根据这些数据，接收机中的微处理计算机就可按定位解算方法进行定位计算，计算出用户所在地理位置的经纬度、高度、速度、时间等信息。接收机硬件和机内软件以及GPS数据的后处理软件包构成完整的GPS用户设备。GPS接收机的结构分为天线单元和接收单元两部分。接收机一般采用机内和机外两种直流电源。设置机内电源的目的在于更换外电源时不中断连续观测。在用机外电源时机内电池自动充电。关机后，机内电池为RAM存储器供电，以防止数据丢失。目前各种类型的接受机体积越来越小，重量越来越轻，便于野外观测使用。其次则为使用者接收器，现有单频与双频两种，但由于价格因素，一般使用者所购买的多为单频接收器。

由于GPS技术所具有的全天候、高精度和自动测量的特点，作为先进的测量手段和新的生产力，已经融入了国民经济建设、国防建设和社会发展的各个应用领域。

随着冷战结束和全球经济的蓬勃发展，美国政府宣布2000年至2006年期间，在保证美国国家安全不受威胁的前提下，使GPS民用信号精度在全球范围内得到改善，利用C/A码进行单点定位的精度由100米提高到20米，这将进一步推动 GPS 技术的应用，提高生产力、作业效率、科学水平以及人们的生活质量，刺激 GPS 市场的增长。据有关专家预测，在美国，单单是汽车 GPS 导航系统，2000 年后的市场将达到 30 亿美元，而在我国，汽车导航的市场也将达到 50 亿元人民币。可见，GPS 技术市场的应用前景非常可观。

全球定位系统的主要用途：（1）陆地应用，主要包括车辆导航、应急反应、大气物理观测、地球物理资源勘探、工程测量、变形监测、地壳运动监测、市政规划控制等；（2）海洋应用，包括远洋船最佳航程航线测定、船只实时调度与导航、海洋救援、海洋探宝、水文地质测量以及海洋平台定位、海平面升降监测等；（3）航空航天应用，包括飞机导航、航空遥感姿态控制、低轨卫星定轨、导弹制导、航空救援和载人航天器防护探测等。

GPS 在道路工程中的应用，目前主要是用于建立各种道路工程控制网及测定航测外控点等。随着高等级公路的迅速发展，对勘测技术提出了更高的要求，由于线路长，已知点少，因此，用常规测量手段不仅布网困难，而且难以满足高精度的要求。目前，国内已逐步采用 GPS 技术建立线路首级高精度控制网，然后用常规方法布设导线加密。实践证明，在几十公里范围内的点位误差只有 2 厘米左右，达到了常规方法难以实现的精度，同时也大大提前了工期。GPS 技术也同样应用于特大桥梁的控制测量中。由于无需通视，可构成较强的网形，提高点位精度，同时对检测常规测量的支点也非常有效。GPS 技术在隧道测量中也具有广泛的应用前景，GPS 测量无需通视，减少了常规方法的中间环节，因此，速度快、精度高，具有明显的经济和社会效益。

三维导航是 GPS 的首要功能，飞机、轮船、地面车辆以及步行者都可以利用 GPS 导航器进行导航。汽车导航系统是在全球定位系统 GPS 基础上发展起来的一门新 GPS 应用型技术。汽车导航系统由 GPS 导航、自律导航、微处理机、车速传感器、陀螺传感器、CD－ROM 驱动器、LCD 显示器组成。GPS 导航系统与电子地图、无线电通信网络、计算机车辆管理信息系统相结合，可以实现车辆跟踪和交通管理等许多功能。

机器人

机器人是自动执行工作的机器装置。它既可以接受人类指挥，又可以运行预先编排的程序，也可以根据以人工智能技术制定的原则纲领行动。它的任务是协助或取代人类的工作，例如生产业、建筑业，或是危险的工作。

机器人是高级整合控制论、机械电子、计算机、材料和仿生学的产物。在工业、医学、农业、建筑业甚至军事等领域中均有重要用途。

现在，国际上对机器人的概念已经逐渐趋近一致。一般说来，人们都可以接受这种说法，即机器人是靠自身动力和控制能力来实现各种功能的一种机器。联合国标准化组织采纳了美国机器人协会给机器人下的定义：“一种可编程和多功能的，用来搬运材料、零件、工具的操作机；或是为了执行不同的任务而具有可改变和可编程动作的专门系统”。

机器人能力的评价标准包括：智能，指感觉和感知，包括记忆、运算、比较、鉴别、判断、决策、学习和逻辑推理等；机能，指变通性、通用性或空间占有性等；物理能，指力、速度、连续运行能力、可靠性、联用性、寿命等。因此，可以说机器人是具有生物功能的三维空间坐标机器。

机器人一般由执行机构、驱动装置、检测装置和控制系统等组成。

执行机构即机器人本体，其臂部一般采用空间开链连杆机构，其中的运动副（转动副或移动副）常称为关节，关节个数通常即为机器人的自由度数。根据关节配置型式和运动坐标形式的不同，机器人执行机构可分为直角坐标式、圆柱坐标式、极坐标式和关节坐标式等类型。出于拟人化的考虑，常将机器人本体的有关部位分别称为基座、腰部、臂部、腕部、手部（夹持器或末端执行器）和行走部（对于移动机器人）等。

驱动装置是驱使执行机构运动的机构，按照控制系统发出的指令信号，借助于动力元件使机器人进行动作。它输入的是电信号，输出的是线、角位移量。机器人使用的驱动装置主要是电力驱动装置，如步进电机、伺服电机等，此外也有采用液压、气动等驱动装置。

检测装置的作用是实时检测机器人的运动及工作情况，根据需要反馈给控制系统，与设定信息进行比较后，对执行机构进行调整，以保证机器人的动作符合预定的要求。作为检测装置的传感器大致可以分为两类：一类是内部信息传感器，用于检测机器人各部分的内部状况，如各关节的位置、速度、加速度等，并将所测得的信息作为反馈信号送至控制器，形成闭环控制。另一类是外部信息传感器，用于获取有关机器人的作业对象及外界环境等方面的信息，以使机器人的动作能适应外界情况的变化，使之达到更高层次的自动化，甚至使机器人具有某种“感觉”，向智能化发展，例如视觉、声觉等外部传感器给出工作对象、工作环境的有关信息，利用这些信息构成一个大的反馈回路，从而将大大提高机器人的工作精度。

控制系统有两种方式。一种是集中式控制，即机器人的全部控制由一台微型计算机完成。另一种是分散（级）式控制，即采用多台微机来分担机器人的控制，如当采用上、下两级微机共同完成机器人的控制时，主机常用于负责系统的管理、通讯、运动学和动力学计算，并向下级微机发送指令信息；作为下级从机，各关节分别对应一个 CPU，进行插补运算和伺服控制处理，实现给定的运动，并向主机反馈信息。根据作业任务要求的不同，机器人的控制方式又可分为点位控制、连续轨迹控制和力（力矩）控制。

1968 年美国斯坦福研究所公布他们研发成功的智能机器人 Shakey。它带有视觉传感器，能根据人的指令发现并抓取积木，不过控制它的计算机有一个房间那么大。Shakey 可以算是世界第一台智能机器人，拉开了第三代机器人研发的序幕。

1969 年日本早稻田大学加藤一郎实验室研发出第一台以双脚走路的机器人。加藤一郎长期致力于研究仿人机器人，被誉为“仿人机器人之父”。日本专家一向以研发仿人机器人和娱乐机器人的技术见长，后来更进一步，催生出本田公司的 ASIMO 和索尼公司的 QRIO。

1973 年 世界上第一次机器人和小型计算机携手合作，就诞生了美国 Cincinnati Milacron 公司的机器人 T3。

1978 年 美国 Unimation 公司推出通用工业机器人 PUMA，这标志着工业机器人技术已经完全成熟。PUMA 至今仍然工作在工厂第一线。

1999 年 日本索尼公司推出犬型机器人爱宝（AIBO），当即销售一空，从此娱乐机器人成为目前机器人迈进普通家庭的途径之一。

2006 年 6 月，微软公司推出 Microsoft Robotics Studio，机器人模块化、平台统一化的趋势越来越明显，比尔·盖茨预言，家用机器人很快将席卷全球。

电视机

19 世纪中期，电话的发明、硒光敏特性的发现都是进行电视研究的最早启蒙。1884 年，德国科学家保罗·尼普科（Paul Nipkow）发明扫描版（Scan-

ning Disc)，将影像以线条状扫描到一块涂布着硒元素的感光平板上。这一发明，形成现代电视的雏形。1920～1930年间，许多科学家提出并实验了用机械扫描方法实现图像信号的发送与接收的方案。故称此时为“机械黑白电视阶段”。在机械电视的研制方面，做出卓越贡献的是英国的贝尔德，他建立了世界上第一个专门研究机械黑白电视的实验室，并于1925年10月25日终于获得了电视传送的第一张真人图片，也就诞生了世界上第一台机械黑白电视机。

1929年，美籍俄国科学家弗拉基米尔·科斯马·佐利金试制成功了电子电视系统和电视显像管。1931年，又研制成功了电子摄像管。1936年11月2日，在英国伦敦进行了第一次正式的电子电视系统的公开广播试验。至此，电子黑白电视时代就开始了。彩色电视的研究始于1925年，当时佐利金、贝尔德等人都从事过这方面的研究，并做出了一定的贡献。1940年，旅美匈牙利人彼得·戈德马制作出第一台彩色电视机。第二次世界大战之后，电视工业蓬勃发展。美国从1964年开始普及彩色电视。

拉链的发明

拉链又称拉锁，它是近代方便人们生活的十大发明之一。

1893年，一个叫贾德森的美国工程师，研制了一个“滑动式锁紧装置”，并获得了专利，这是拉链最初的雏形。1913年，瑞典人桑巴克改进了这种粗糙的锁紧装置，使其变成了一种可靠的商品。他采用的办法是把金属锁齿附在一个灵活的轴上。拉链最先用于军装，第一次世界大战中，美国军队首次订购了大批的拉链给士兵做服装。但拉链在民间的推广则比较晚，直到1930年才被妇女们接受，用来代替服装的纽扣。

电风扇

电风扇究竟是谁发明的，现在已经无从查证。据说，1882年，美国纽约的克罗卡日卡齐斯发动机厂的主任技师休伊·斯卡茨·霍伊拉，最早发明了商品化的电风扇。第二年，该厂开始批量生产，当时的电扇，是只有两片扇叶的台式电风扇。

1908年，美国的埃克发动机及电气公司，研制成功世界上最早的齿轮驱动左右摇头的电风扇。这种电风扇防止了不必要的360度转头送风，而成为以后销售的主流。

世界航天大事记

1. 1957年10月4日，苏联发射世界第一颗人造地球卫星。半年后，美国的人造卫星上天。

2. 1959年9月12日，苏联发射“月球”2号探测器，为世界上第一个撞击月球表面的航天器。

3. 1961年4月12日，苏联宇航员加加林成为世界第一位飞入太空的人。

4. 1969年7月20日，美国宇航员阿姆斯特朗乘坐“阿波罗”11号飞船，成为人类踏上月球的第一人。

5. 1970年12月15日，苏联“金星”7号探测器首次在金星上着陆。

6. 1971年4月9日，苏联“礼炮”1号空间站成为人类进入太空的第一个空间站。两年后，美国将“天空实验室”空间站送入太空。

7. 1971年12月2日，苏联“火星”3号探测器在火星表面着陆。5年后，美国的“海盗”火星探测器登陆火星。

8. 1981年4月12日，世界第一架航天飞机——美国“哥伦比亚”号航天飞机发射成功。

9. 1986年1月28日，美国航天飞机“挑战者”号在升空73秒后爆炸。

10. 1986年2月20日，苏联发射“和平”号空间站，服役超期8年，是目前最成功的人类空间站。

11. 1993年11月1日，美、俄签署协议，决定在“和平”号空间站的基础上，建造一座国际空间站，命名为阿尔法国际空间站。

人类第一艘载人宇宙飞船

1961年4月12日，苏联研制的世界上第一艘东方1号载人宇宙飞船升空，航天员尤里·加加林在人类历史上首次进入太空，并绕地球飞行了108

分钟。加加林代表人类第一次叩开了宇宙之门，开创了人类载人航天的新纪元。加加林成为宇宙时代的象征。

第一个登上月球的人

阿姆斯特朗是人类历史上第一个登上月球的人。1969 年 7 月 20 日，阿姆斯特朗乘坐阿波罗 ll 号（Apolloll）登月飞船在月球表面着陆，当天下午 10 时，阿姆斯特朗率先踏上月球那荒凉而沉寂的土地，成为第一个登上月球并在月球上行走的人，被载入史册。当时他说了一句此后常被引用的名言：“这是个人迈出的一小步，但却是人类迈出的一大步。”

当时，阿姆斯特朗是飞行任务的指挥官，奥尔德林是登月舱的驾驶员，这个小型航天器在登月时要与指令舱（主航天器）分离，而第三位机组成员迈克尔·科林斯则根据命令留在指令舱内绕月球轨道运行。奥尔德林在阿姆斯特朗登上月球 19 分钟之后，也踏上了月球表面，成为第二个踏上月球的登月英雄。他们在月球上度过了 21 个小时，21 日从月球起飞，24 日返回地球。到 2006 年为止，美国历史上共有 12 个人登上过月球。

第一颗人造卫星上天

1957 年 10 月 4 日，苏联在拜克努尔发射场发射了世界上第一颗人造地球卫星，直径 58 厘米，重 83.6 公斤，由一枚三级运载火箭发射。起飞以后的几分钟内，卫星从第三级火箭中弹出，达到第一宇宙速度（7.9 千米/秒），进入环绕地球飞行的轨道。它距离地面最远时为 964.1 千米，最近时为 228.5 千米，轨道与地球赤道平面的夹角为 65 度，96.2 分钟绕地球 1 周，比原来预计所需时间多 1 分 20 秒。卫星在天空中运行了 92 天，绕地球约 1400 圈，行程 6000 万千米，于 1958 年 1 月 4 日陨落。

世界十大航天发射基地

1. 肯尼迪航天中心：位于美国佛罗里达州东海岸的梅里特岛，是美国宇航局进行载人与不载人航天器测试、准备和实施发射的最重要场所。

2. 西部航天和导弹试验中心：位于美国洛杉矶北面的西海岸，是美国最重要的军用航天发射基地，航天发射次数居全美之首。

3. 拜克努尔发射地：位于哈萨克斯坦拜克努尔市西南 288 千米处，是苏联最大的导弹和各种航天飞行器发射场地。

4. 普列谢茨克基地：位于俄罗斯阿尔汉格尔斯克地区，主要用于发射侦察、电子情报、导弹预警、通信、气象和雷达校准卫星，是世界上发射卫星最多的发射场。

5. 酒泉卫星发射中心：位于中国甘肃酒泉以北的戈壁滩上，是利用长征系列火箭发射大倾角、中低轨道的各种试验卫星和应用卫星的主要基地。

6. 西昌卫星发射中心：位于中国四川西昌西北 65 千米的幽深峡谷中，专门用于发射地球静止卫星。

7. 种子岛航天中心：位于日本本土最南部种子岛南端，主要用于发射试验卫星和应用卫星。

8. 库鲁发射场：位于南美洲北部法属圭亚那中部的库鲁地区，是目前法国唯一的航天发射场所，也是欧空局（ESA）开展航天活动的主要场所。

9. 圣马科发射场：位于肯尼亚福莫萨湾海岸约 5 千米的海上，是世界是唯一的海上航天发射场，曾多次用美国的“侦察兵”火箭发射小型航天飞行器。

10. 斯里哈里科塔发射场：位于印度南部东海岸的斯里哈里科塔岛，是印度的导弹试验和卫星发射场。

飞机的大翼上为什么要装上小翅膀

这是因为飞机在空中飞行时，空气中的气流会在机翼后缘和翼尖处形成一个漩涡，它不但会破坏气流的稳定，而且能加大飞机在空中的迎风面积，增加阻力，影响飞机正常飞行。在机翼两端装上小翅膀后，就等于延长了机翼的有效长度，使气流漩涡转向、分散，降低漩涡形成的阻力，保证飞机正常飞行。

黑客

“黑客”一词是英语 Hacker 的音译，是指专门研究、发现计算机和网络

漏洞的计算机爱好者。黑客最早始于20世纪50年代，最早的计算机1946年在宾夕法尼亚大学出现，而最早的黑客出现于麻省理工学院，一般都是一些高级的技术人员，他们热衷于挑战、崇尚自由并主张信息的共享。一般来说，黑客对计算机有着狂热的兴趣和执著的精神，他们不断地研究计算机和网络知识，发现计算机和网络中存在的漏洞，喜欢挑战高难度的网络系统并从中找到漏洞，然后向管理员提出解决和修补漏洞的方法，他们的出现推动了计算机和网络的发展与完善。但是今天，黑客一词已经被用于那些专门利用计算机进行恶意破坏或违法犯罪的代言词，对这些人正确的叫法应该是cracker，有人也翻译成“骇客”，正是由于这些人的出现使人们把黑客和骇客混为一体。

博客

博客是英文单词Blog的音译，Blog是Weblog的简称。Weblog中的Web，指World Wide Web，即互联网；Log的原意则是“航海日志”，后指任何类型的流水记录。合在一起，Weblog就是“网络日志”。博客是一种十分简易的个人信息发布方式，任何人都可以免费注册一个博客地址，完成个人博客的创建、发布和更新。你可以充分利用超文本链接、网络互动、动态更新的特点，精选并链接全球互联网中最有价值的信息、知识与资源；也可以将你个人工作经历、生活故事、思想历程或个人作品等及时记录和发布，发挥您个人无限的表达力；更可以以文会友，结识和汇聚朋友，进行深度交流沟通。

数码照相机

数码照相机最早出现在美国，首先用于军事、国防，逐渐民用。最早使用数码照相机的是美国媒体，在1984年洛杉矶奥运会上，美国记者端着数码照相机拍照，背上背着大背包似的储存器。1994年，柯达公司推出了第一台面向市场的轻便数码照相机，像素仅30万。

机器人

机器人就是有独立的自动控制系统、可以改变工作程序和编程、具备一些与人或生物相似的智能能力，如感知能力、规划能力、动作能力和协同能力的高度灵活的机器。机器人是英语 robot 一词的意译。robot 来源于捷克剧作家恰佩克于 1920 年写成的科学幻想戏剧《罗素姆万能机器人》，剧中主人公梦想的无需情感、只要体力、肯遵命干活的人叫 robota，意为奴仆。20 世纪 40 年代，放射性材料处理中主从式机械手的应用，电子计算机控制的数控机床的出现，以及控制论、信息论等学科的兴起，为机器人的诞生打下了基础。60 年代初美国公司推出 Unimate 球坐标型和 Versatran 圆柱坐标型第一代工业机器人产品。随着人们对机器人技术智能化本质认识的加深，机器人技术开始源源不断地向人类活动的各个领域渗透。人们发展了各式各样的特种机器人和各种智能机器，如移动机器人、微机器人、水下机器人、医疗机器人、军用机器人、空中空间机器人、娱乐机器人等。对不同任务和特殊环境的适应性，也是机器人与一般自动化装备的重要区别。这些机器人从外观上已远远脱离了最初仿人型机器人和工业机器人所具有的形状，更加符合各种不同应用领域的特殊要求，其功能和智能程度也大大增强，从而为机器人技术开辟出更加广阔的发展空间。

黄梅戏的由来

黄梅戏，旧称“黄梅调”，也叫“采茶戏”、“花鼓戏”。黄梅戏源于湖北省黄梅县的采茶调，后来传人安庆一带，吸收了青阳腔、徽剧和当地民歌及其他戏曲的音乐精华，逐渐形成了今天自己独特的风格。黄梅戏用安庆语言念唱，唱腔淳朴流畅，以明快抒情见长，具有丰富的表现力，表演质朴细致，以真实活泼著称。

早期黄梅戏的演出剧目，大多为老艺人自编自演的反映底层民间生活的小戏。上世纪 50 年代，一大批有志于戏曲事业的知识分子加入黄梅戏传统剧目的发掘与再创造的行列，他们的加入，大大丰富了黄梅戏的表现形式，加强了黄梅戏的文学性，发展了唱腔和伴奏，使其原来的民俗性和通俗性得到质的升华，旋律更为优美，影响更为扩大，黄梅戏真正迎来了百花齐放推陈出新的艺术春天。随着众多优秀剧目的不断推出，使黄梅戏从乡村草台登上了都市的大雅之堂，最终成为驰名海内外的著名剧种，被外国友人誉为“中国的乡村音乐”。

京剧的由来

京剧是中国的国粹，是中国文化的重要组成部分。它是一个既古老又年轻的剧种。京剧的历史虽然不长，但它吸收了秦腔、昆剧、汉剧等历史悠久的古老戏曲的艺术精华。

对京剧形成有关键影响的事，就是1790年的四大徽班进京。1790年是乾隆80岁生日，北京城自然准备了盛大的庆贺典礼。当时有一个叫江鹤亭的盐商，为了讨好皇帝，联络一些达官贵人，投资组织了一个进京祝贺皇帝生日的戏班，名叫三庆班，这是历史上第一个进入北京的徽班。三庆班在北京很快取得了成功。紧接着，四喜班、春台班、和春班等许多徽班相继来到北京。这四个徽班在历史上称为“四大徽班”。徽班进京是徽班由南方的地方戏曲演变为京剧的第一步，所以，习惯上人们也把徽班进京算作京剧形成的开端。徽班进京后，为适应当时北京观众的需要，及时吸收了曾在京都流行的京腔、秦腔、昆曲等剧种的长处，迅速发展起来，并雄踞北京剧坛。以“老三鼎甲”（程长庚、余三胜、张二奎）为代表的一批艺术家的出现，标志着以皮黄腔为主的京剧诞生。

严格来说，1790年徽班进京带来的不是真正的京剧。京剧的出现不是一件突然发生的事情。京剧形成的过程也很复杂，从徽班演变成京剧，大概有几十年的时间。

京剧形成后得到上自皇室官僚、下到普通百姓的喜爱，很快成为最有中国特色的剧种，是我国的国粹。

相声的由来

相声，是以语言为主要表演手段的一种喜剧性曲艺艺术。含有相声艺术因素的文学形式，可以追溯到先秦时的俳优，后来经过复杂曲折的发展历程，吸收了众多的艺术营养，如魏晋时的笑语、唐代参军戏以及宋金杂剧里滑稽含讽的表演等。明代称为“象声”或“像声”的隔壁戏和笑话艺术的普及，都孕育了相声的诞生。至于兼备说、学、逗、唱艺术形式的相声形成于何时，已难以确考，但至迟不晚于18世纪中叶（清乾隆时期）。最初流行于北京和天津地区，以后逐渐遍布大江南北，成为具有广泛群众基础的艺术。

最初，“象生”是指模仿动物、飞禽活动的一种表演形式，其中也包括各种动物声音的表演。《百戏竹枝词》记载：“围设青绫好隐身，象声——妙于真。谁知众口空嘈杂，绝技从无第二人。”并注：“以青绫围，隐身其中，以口做多人嘈杂，或像百物声，无不逼真，亦一绝也。”这说明最早的这种模拟各种声音的口技已经成为专门的一种表演形式了，最后演变成现在的相声，而当时的口技被称为“暗春”，后来的相声则称为“明春”，意为公开表演的意思。

早期演出时，光学鸟叫并不能占用很多时间，所以一般演员在表演口技之前，说段笑话逗哏凑乐儿，有时也把口技和笑话掺在一起表演。这说明隔壁戏、口技发展到清代末年，出现在表演之前先说笑话的现象，虽然这时的隔壁戏还叫“象声”，但在表演中已包括说笑话在内。

相声的特点是寓庄于谐，即运用轻松诙谐的形式表现严肃的主题。它的特殊表现手段“包袱”，是根据促使人们发笑的心理作用和艺术手法而组织起来的笑料。讽刺是相声的主要艺术功能，既可以揭露鞭挞腐朽的事物，也可以讽刺人们的落后现象，亦能歌颂真善美。所以，相声一直受到人民群众的喜爱，是中华民族传统艺术宝库中的瑰宝。